商业银行经营管理实务热点论丛

商业银行
内部管理法治化

刘红林 ◎ 著

中国金融出版社

责任编辑：王效端　王　君
责任校对：孙　蕊
责任印制：张也男

图书在版编目（CIP）数据

商业银行内部管理法治化/刘红林著．—北京：中国金融出版社，
2021.3
（商业银行经营管理实务热点论丛）
ISBN 978 - 7 - 5220 - 1058 - 8

Ⅰ.①商…　Ⅱ.①刘…　Ⅲ.①商业银行—经营管理　Ⅳ.①F830.33

中国版本图书馆 CIP 数据核字（2021）第 037787 号

商业银行内部管理法治化
SHANGYE YINHANG NEIBU GUANLI FAZHIHUA

出版
发行　中国金融出版社

社址　北京市丰台区益泽路 2 号
市场开发部　（010）66024766，63805472，63439533（传真）
网 上 书 店　www.cfph.cn
　　　　　　（010）66024766，63372837（传真）
读者服务部　（010）66070833，62568380
邮编　100071
经销　新华书店
印刷　保利达印务有限公司
尺寸　180 毫米 ×250 毫米
印张　16.25
字数　241 千
版次　2021 年 4 月第 1 版
印次　2021 年 4 月第 1 次印刷
定价　60.00 元
ISBN 978 - 7 - 5220 - 1058 - 8
如出现印装错误本社负责调换　联系电话　（010）63263947

前言

　　在激烈的市场竞争中，各家商业银行都在为建立符合自己实际情况，有节力、有活力、有张力的管理模式而孜孜不倦地努力。在商业银行管理模式发展史上，主要有人治管理模式、制度管理模式和法治管理模式三种模式。其中，在国家法治社会建设的趋势下，法治管理模式是近年来部分商业银行探索实践的管理模式。

　　"依法治理是最可靠、最稳定的治理。"依法治国，是对古今中外人类历史上曾出现过的各种国家治理模式的总结，是我国现代化建设历程中对国家治理模式的选择、追求和实践。国家治理的现代化需要法治化，商业银行管理的现代化也需要法治化。这既是国家治理法治化在商业银行的落地实践，更是商业银行提高管理能力和管理效力的自我需求。

　　对商业银行而言，法治化的管理模式意味着制度至上、规则明确，注重公平、讲究程序、集思广益、科学决策，从而可以有效地处理好人、情、法的关系，可以将众多的机构和员工整合为一个形象、一个声音、一个行动，可以充分地调动内部机构和员工的积极性和创造力。但是，商业银行法治管理的核心，是对管理权力的约束和对权力运行的规制；能否科学有效地约束权力并制度化地运行权力，是商业银行实行法治化管理成功的基础。

　　对部分商业银行来说，如何科学地约束内部管理权力，如何有效地制度化运行管理权力，都是新课题、新挑战；需要商业银行上上下下都扎实地进行管理理念更新、管理体系更新、管理机制更新和管理方法更新；更需要管理层的共识和行动。

　　任何一种管理模式的运用和成功都不会从天而降，也不是简单地移植复制；而是需要现实场景者有需求、管理决策者有意愿、实务工作者有努力等因素共同作用并相互成就。商业银行内部管理的法治化，是对现有管理模式的扬弃，不会一蹴而就，需要时间的沉淀、实践的推动和效果的检验；需要法务工作者主动思考、主动谋划、主动推动，积小步为大步，最终成为现实。

　　为推进商业银行法治建设，本人在长期对商业银行管理模式进行观察、思考的基础上，撰写了这本《商业银行内部管理法治化》。本书着眼于商业银行内部管理模式的现代化和实效化，在回顾法治建设和商业银行内部管理模式演变的基础上，冷静回答了商业银行选择法治化管理模式的必然性和可行性；系统介绍了商业银行法治管理文化、法治管理体系、法治管理机制、法治管理评价的内容和要求。本书既有理性思考，也有实务操作；既是个人实践的思考，也充分借鉴了其他思考者的成果。本书的目的仅是为提高商业银行内部管理模式的效果添砖加瓦、贡献一点小小的力量。

　　在商业银行实践法治管理，是一个宏伟的工程，需要思考者、实务者和管理者共同努力。本人仅是在实践之外，坐观美鱼。然而，生命的意义就在于心有所念，即应无问西东、不顾悲喜，不抱怨、不放弃，坚毅不拔、与时俱进。当然，由于本人才疏学浅，书中难免存在疏漏之处，欢迎读者批评指正。

　　权当自序。

作者
2021 年 1 月

Contents **目 录**

第一章　商业银行法治管理概述

自 2017 年 12 月中央经济工作会议以来，我国三大攻坚战之一是打好防范化解重大风险攻坚战，重点是防控金融风险。这对全面加强金融法治建设，推进金融业治理体系和治理能力现代化提出了更高要求。正如习近平总书记所指出的："依法治理是最可靠、最稳定的治理。"国家要走向现代化，必须走向法治化；商业银行要走向现代化，也必须走向法治化。商业银行唯有主动顺应、适应这一要求，全力推进法治管理建设，让法治精神成为商业银行全体员工的基因（DNA），自觉遵纪奉法，才能适应新常态、抓住新机遇、打造新模式、开创新局面，成为金融业的"常青树"和银行业的亮丽风景线。

一、对法治的理解

法治（Rule of Law）是一个舶来品，是与"人治"相对应的一种国家治理和社会治理的模式。在这种治理模式中，以严格依法办事为核心，以制约权力为关键的社会管理机制、社会活动方式和社会秩序状态，是包括形式法治和实质法治、法治国家和法治社会在内的统一整体。①

（一）法治概念的发展史

1. 西方国家的法治概念

在西方社会，政治管理模式也经历了从人治到法治的发展历程，对法治的理解也一直处于发展之中。

古希腊的柏拉图主张"贤人政治"，在其《理想国》中写道："除非哲学家成为我们这些国家的国王，或者我们目前称之为国王和统治者的那些人物，

---

① 卓泽渊. 法治国家论［M］. 北京：法律出版社，2018：2.

能严肃认真地追求智慧，使政治权力与聪明才智合二为一；那些得此失彼，不能兼有的庸庸碌碌之徒，必须排除出去。否则的话，我亲爱的格劳孔，对国家甚至我想对全人类都将祸害无穷，永无宁日。我们前面描述的那种法律体制，都只能是海客谈瀛而已。"① "让真正的哲学家，或多人或一人，掌握这个国家的政权。"② 但柏拉图在其晚年，认识到"贤人政治"是不可得的、是无法实现的，法治才是最好的选择。在其《法律篇》中，详细论证了国家、政府和法律的关系："为众神服务的最高职位必须授予最善于服从已制定的法律，并在城邦中取得了此种成就的人。"③ "在法律服从于其他某种权威，而它自己一无所有的地方，我看，这个国家的崩溃已为时不远了。但如果法律是政府的主人并且政府是它的奴仆，那么就充满了希望，人们就能够享受众神赐给城市的一切好处。"④

古希腊的亚里士多德通过对城邦进行比较研究后，认为法治是最理想的国家治理模式，原因是："凡是不凭感情因素治事的统治者总比感情用事的人们较为优良。法律恰正是完全没有感情的；人类的本性（灵魂）便谁都难免有感情。"⑤ "让一个人来统治，这就在政治中混入了兽性的因素。"⑥ "法律是最优良的统治者。"⑦ 基于这些认识，亚里士多德提出了法治的主张及其定义，"法治应包括两重意义：已成立的法律获得普遍的服从，而大家服从的法律又应该本身是制定得良好的法律。"⑧ 亚里士多德虽然没有进一步定义什么是"良好的法律"，但无论后人如何解释"良好的法律"，亚里士多德对法治的定义都被广泛认可。

在工业社会时期，英国法学家戴雪认为，法治有三重意思：任何人不应因做了法律未禁止的行为而受到惩罚；任何人的法的权利或义务几乎是不可变地由普通法院审决；任何人的个人权利不是联合王国宪法赋予的，而是来

---

① [古希腊] 柏拉图. 理想国 [M]. 郭斌和，张竹明译. 北京：商务印书馆，1986：214-215.
② [古希腊] 柏拉图. 理想国 [M]. 郭斌和，张竹明译. 北京：商务印书馆，1986：310.
③ [古希腊] 柏拉图. 法律篇 [M]. 张智仁，何勤华译. 北京：人民出版社，2001：121.
④ [古希腊] 柏拉图. 法律篇 [M]. 张智仁，何勤华译. 北京：人民出版社，2001：123.
⑤ [古希腊] 亚里士多德. 政治学 [M]. 吴寿彭译. 北京：商务印书馆，1965：163.
⑥ [古希腊] 亚里士多德. 政治学 [M]. 吴寿彭译. 北京：商务印书馆，1965：171.
⑦ [古希腊] 亚里士多德. 政治学 [M]. 吴寿彭译. 北京：商务印书馆，1965：171.
⑧ [古希腊] 亚里士多德. 政治学 [M]. 吴寿彭译. 北京：商务印书馆，1965：199.

自宪法赖以建立的依据。① 法国的狄骥认为，"国家建立在强力的基础上，但这种强力当其行使得合法时才是合法的。"② "国家追求的目的有三项：①维持本身的存在；②执行法律；③促进文化，即发展公共福利、精神与道德的文明……我们如果深入事物的实质，则国家追求的这三个目的可以归结为实现法的唯一目的。"③

第二次世界大战后，西方国家理论界出现了"形式法治"和"实质法治"两种主张。形式法治，根据其代表人物之一富勒的主张，其核心原则是：法律的普遍性；公布；不溯及既往；法律的明确性；法律不自相矛盾；法律不规定不可能的事情；法律相对的稳定性；官方行为与颁布法律的一致性。实质法治则主张：权力受到有效的制约；法律保障人权或维护人的尊严；法律内容符合公平正义等价值观。两者的主要区别是形式法治：①以法统治——法律是政府的工具；②形式合法性——普遍、可预期、清楚、确定；③程序合法性——合意决定法律的内容。实质法治则在形式法治的基础上，增加了以下内容：①个人权利——财产、契约、隐私和自治；②尊严权和正义——帮助个人发展自决的能力；③社会福利——实质平等、福利、维护共同体。④ 简单而言，形式法治不否定"恶法亦法"；实质法治则明确主张"恶法不为法"。目前，实质法治是西方社会主流的法治观。

在现代的西方国家，对法治的定义描述可谓是汗牛充栋，没有一个公认的定义，但归纳起来，法治主要指：对立法权的限制；反对滥用行政权力的保护措施；获得法律的忠告、帮助和保护的大量的和平等的机会；对个人和团体各种权利及自由的正当保护；以实现公平、正义为目标；在法律面前人人平等。⑤

2. 国际组织的法治概念

近年来，一些国际性组织，如世界银行、联合国和世界正义工程等机构，

---

① ［英］沃克．牛津法律大辞典［M］．北京社会与科技发展研究所组织翻译．北京：光明日报出版社，1989：790.

② ［法］狄骥．宪法论（第1卷）［M］．北京：商务印书馆，1959：482.

③ ［法］狄骥．宪法论（第1卷）［M］．北京：商务印书馆，1959：483.

④ 孟涛．法治评估与法治大数据［M］．北京：法律出版社，2020：87－88.

⑤ ［英］沃克．牛津法律大辞典［M］．北京社会与科技发展研究所组织翻译．北京：光明日报出版社，1989：790.

对"法治"的概念，也提出了自己的看法。① 其中：

世界银行认为，法治就是代理人信任、遵守社会规则的程度，依据合同执行的质量、财产权、警察、法院、犯罪与暴力行为发生的可能性。不过，这个概念过于简单，且与合同执行等不相关的概念归纳在一起，容易引起混乱，因而受到了许多批评。

联合国于 2004 年在其秘书长年度报告中主张，对联合国而言，法治指这样一种治理原则：所有的人、机构和团体，无论是公共的还是私有的，包括国家本身，都必须对法律负责。而这种法律是公开发布、平等实施、独立裁决的，并与国际人权规范和标准保持一致。法治概念还要求采取措施来保证下列原则得到遵守：法律至高无上、法律面前人人平等、对法律负责、公平适用法律、三权分立、参与决策、法律确定、避免恣意以及程序和法律透明。

世界正义工程组织则认为，法治是一个以规则为基础，由四个普适性原则支撑的系统。这四个原则分别是：①政府及其官员均受法律约束；②法律明确、公开而稳定，保障人身安全和财产安全在内的基本权利；③法律制定、实施与执行的程序应公开、公平而高效；④审判者、律师或代理人、司法官员应人员充足，能干、独立且德才兼备，有着充分的资源，体现他们所服务的共同体的构成。这个定义获得了全球范围内最广泛的认可。

3. 西方国家和国际组织的法治基本内涵

综合西方学界和国际组织的论述，法治的基本内涵，可作如下理解：

（1）法治是一种治国方略或社会调控模式。这种治国方略是与人治相对立的。在这种治国方略中，治理国家的依据是经过特定程序制定并生效的法律，而不是国家最高权力者的个人意志。

（2）法治的基本内核是依法办事。法治作为一种社会治理模式，其基本的原则是依法办事；人人平等地依法办事是法治的基本要求和基本标志；而执政党、政府及其官员依法办事是现代法治的精髓。

（3）法治是一种良好的法律秩序和社会秩序。无论是作为治国方略，还是作为依法办事的原则，法治都代表了、也体现为一种良好的法律秩序。这

---

① 孟涛. 法治评估与法治大数据［M］. 北京：法律出版社，2020：23－24.

种法律秩序是各种法律关系的总和，表现为：社会生活的方方面面基本都已经法制化；社会成员和社会组织等法律主体的权利和义务都有明确的法律规定；每个法律主体都依法自觉履行自己的法定义务，积极而正确地行使和维护自己的法定权利；这种法律秩序是法治运行和实践的结果。达到这种法律秩序，既是法治的目标和结果，也是检验是不是实质法治的一个重要指标。

（4）法治是一种具有价值标准的社会生活方式。法治不是单纯的法律秩序，最终都要体现为一种具有一定价值标准的社会生活方式。有国家以来，任何国家都有相应的法律秩序，但并不是任何一种法律秩序都是法治意义上的法律秩序。法治是有特定价值基础和价值目标的法律秩序，即是有价值标准的社会生活方式。在现代社会，法治的价值标准至少应包括以下内容：法律规范必须体现人民主权原则，必须是人民根本利益和共同意志的反映，并且以维护和促进全体人民的综合利益为目标；法律必须承认、尊重和保护人民的权利和自由；法律面前一律平等；法律承认社会主体利益的多元化，对一切正当的合法的权利和利益都给予无差别、无歧视性的保护。

（5）法治所体现的法律秩序和社会生活方式，只能以体现多数人的意识为前提，并以贯彻多数人的意识为目标。首先，体现多数人的意识是法治的前提。法治状态下的法律，必须体现多数人的意志、反映多数人的诉求；而根据少数人或极个别人意志制定出来的法律，就可能被专制者所掌控，不仅难以得到社会大众的认可，也难以在社会实践中得到有效的贯彻落实和遵守执行。其次，贯彻多数人的意识是法治的目标。法治，包括立法、执法、司法和守法，它不能以自身作为目标；而贯彻多数人的意识是人民主权、主权在民，是多数人的统治，以贯彻多数人的意识作为法治的目标，能够体现多数人的意志，反映社会整体意志，维护社会整体利益。是否将体现贯彻多数人的意识作为法治的基础，将贯彻多数人的意识作为法治的目标，是区别实质法治和形式法治的重要标准。

（二）中国的法治实践

1. 中国法治概念的历史发展

在中国清末以前，也存在着"依法治理"的思想，曾出现了"法家"流派。先秦时期，法家思想的代表韩非子主张："法者，编著之图籍，设之于官府而布之于百姓者也。""国无常强，无常弱。奉法者强则国强，奉法者弱则国弱。""明法者强，慢法者弱。""明其法禁，察其谋计。法明，则内无变乱之患；计得，则外无死虏之祸。故存国者，非仁义也。""废常上贤则乱，舍法任智则危。故曰：上法而不上贤。""君臣上下贵贱皆从法。""法不阿贵、绳不挠曲。""刑过不避大臣，赏善不遗匹夫。"还有人主张："法律政令者，吏民规矩绳墨也。"① "不别亲疏，不殊贵贱，一断于法，则亲亲尊尊之恩绝矣。"② 北宋王安石进一步认为："夫合天下之众者财，理天下之财者法，守天下之法者吏也。吏不良，则有法而莫守；法不善，则有财而莫理。"③

如果说，上述主张是中国"法治"思想的萌芽，在古代中国漫长的历史时期，人治的思想更加根深蒂固，人治的模式一直是核心的国家治理模式。孔子就主张：为政在人。政治人物"其身正，不令而行；其身不正，虽令不从。"④ "哀公问政。子曰，文武之政，布在方策。其人存，则其政举；其人亡，则其政息。人道敏政，地道敏树。夫政也者，蒲卢也。故为政在人。为政在人，取人以身，修身以道，修道以仁。"⑤ "为国以礼，治国不以礼，犹无耜而耕也。"⑥ "为政以德，譬如北辰居其所而众星共之。"⑦ 在中国古代不同历史时期曾先后出现过的"礼治""德治""孝治"等主张和实践，都是人治的不同表现形式。

纵观古代中国国家治理史，人治是国家治理基本模式，坚如磐石、无可撼动。即使如火星般偶尔出现的"以法为本""道体法用"等所谓的"法治"主张和思想，都不同于近代以来的"法治"意义，都是有法制无法治，有依法办事无公平公正，都是在专制制度下，为了维护人治、强化人治的不同措施而已。而且，因为秦王朝二世而亡，被后世认为是"严刑峻法"的暴政所致，"法家"也因此饱受诟病。导致后续的封建王朝，虽然法律制度一直在膨胀、在完善，但"法家"作为一种思想或一种学说，在秦朝之后，就急速式

---

① 《管子·七臣七主》。
② 司马迁：《史记·太史公自序》。
③ 王安石：《度支副史厅壁题名记》。
④ 《论语·子路第十三》。
⑤ 《礼记·中庸》。
⑥ 《礼记·礼运》。
⑦ 《论语·为政》。

微，再无发展，只是作为一种管理或统治的知识依附于儒家思想，法律也彻底地沦为了一种统治工具。

在中国，第一个引入西方"法治"概念的是梁启超。他在《中国法理学发达史论》中，多次使用了"今日之法治国"这个词语，认为"法治主义，为今日救时唯一之主义。立法事业，为今日存国最急之事业。稍有识者，皆能知之。"① 在坚船利炮的冲击下，1901 年，中国清朝政府开启了"变法自强"行动，根据当时西方发达国家的六法体系，先后拟制了宪法、民律、商律、刑律、刑事诉讼律、民事诉讼律等法律草案，并制定了金融、税制、商标、新闻、教育等行政法规，对中国传统法制进行了重大改革，迈开了探索中国法治道路的第一步。此后，"法治"逐渐成为中国一个"显词"，并从学术界的鼓与呼走进了实务界的践与行。但由于时局动荡，法治的实施与成果极其有限。

2. 当代中国的法治建设

（1）当代中国法治建设的开启和探索。中国真正意义上的法治建设，始于 1978 年 3 月公布的"1978 年宪法"。其后，对法治的认识不断深入，法治的实践则加速丰富，走出了一条"提倡依法办事—主张依法治国—实现理想法治"和"党治—国治—法治"的发展道路。② 改革开放后，在发展社会主义民主、健全社会主义法制的基本方针指引下，现行宪法和刑法、刑事诉讼法、民事诉讼法、民法通则、行政诉讼法等一批基本法律先后出台，中国法治建设进入了新的发展阶段。在 1997 年中共第十五次全国代表大会上，我国首次提出了"依法治国，建设社会主义法治国家"的治国基本方略和法治发展目标。1999 年 3 月全国人民代表大会对宪法进行了修改，在宪法中明确规定："中华人民共和国实行依法治国，建设社会主义法治国家。"2002 年中共十六大会议上，提出了要全面落实依法治国基本方略；2007 年中共十七大会议上，要求加快建设社会主义法治国家；2012 年中共十八大会议上，宣布全面推进依法治国。2014 年中共十八届四中全会作出了《中共中央关于全面推

---

① 梁启超．中国法理学发达史论，载范忠信选编梁启超法学文集［M］．北京：中国政法大学出版社，2000：71．

② 卓泽渊．法治国家论［M］．北京：法律出版社，2018：249 - 250．

进依法治国若干重大问题的决定》（以下简称《决定》）。该《决定》明确指出，全面推进依法治国，总目标是建设中国特色社会主义法治体系，建设社会主义法治国家。要实现这个总目标，必须坚持以下原则：坚持中国共产党的领导，坚持人民主体地位，坚持法律面前人人平等，坚持依法治国和以德治国相结合，坚持从中国实际出发。

（2）当代中国法治建设的目标、任务和内容。2019年，中共十九届四中全会通过的《中共中央关于坚持和完善中国特色社会主义制度　推进国家治理体系和治理能力现代化若干重大问题的决定》中，系统阐述了"坚持和完善中国特色社会主义法治体系，提高党依法治国、依法执政能力"的内容。即建设中国特色社会主义法治体系、建设社会主义法治国家是坚持和发展中国特色社会主义的内在要求。必须坚定不移走中国特色社会主义法治道路，全面推进依法治国，坚持依法治国、依法执政、依法行政共同推进，坚持法治国家、法治政府、法治社会一体建设，加快形成完备的法律规范体系、高效的法治实施体系、严密的法治监督体系、有力的法治保障体系，加快形成完善的党内法规体系，全面推进科学立法、严格执法、公正司法、全民守法，推进法治中国建设。同时详细指明了当前法治建设的四个方面的重点内容：①健全保证宪法全面实施的体制机制。依法治国首先要坚持依宪治国，依法执政首先要坚持依宪执政。加强宪法实施和监督，落实宪法解释程序机制，推进合宪性审查工作，加强备案审查制度和能力建设，依法撤销和纠正违宪违法的规范性文件。坚持宪法法律至上，健全法律面前人人平等保障机制，维护国家法制统一、尊严、权威，一切违反宪法法律的行为都必须予以追究。②完善立法体制机制。坚持科学立法、依法立法，完善党委领导、人大主导、政府依托、各方参与的立法工作格局，立改废释并举，不断提高立法质量和效率。完善以宪法为核心的中国特色社会主义法律体系，加强重要领域立法，加快我国法域外适用的法律体系建设，以良法保障善治。③健全社会公平公正法治保障制度。坚持法治建设为了人民、依靠人民，加强人权法治保障，保证人民依法享有广泛的权利和自由、承担应尽的义务，引导全体人民做社会主义法治的忠实崇尚者、自觉遵守者、坚定捍卫者。坚持有法必依、执法必严、违法必究，严格规范公正文明执法，规范执法自由裁量权，加大关系群众切身利益的重点领域执法力度。深化司法体制综合配套改革，完善审判制度、检察制度，全面落实司法责任制，完善律师制度，加强对司法活动的监督，确保司法公正高效权威，努力让人民群众在每一个司法案件中感受到公平公正。④加强对法律实施的监督。保证行政权、监察权、审判权、检察权得到依法正确行使，保证公民、法人和其他组织合法权益得到切实保障，坚决排除对执法司法活动的干预。拓展公益诉讼案件范围。加大对严重违法行为处罚力度，实行惩罚性赔偿制度，严格刑事责任追究。加大全民普法工作力度，增强全民法治观念，完善公共法律服务体系，夯实依法治国群众基础。各级党和国家机关以及领导干部要带头尊法学法守法用法，提高运用法治思维和法治方式深化改革、推动发展、化解矛盾、维护稳定、应对风险的能力。

　　近现代中国历史的反复，客观证明了建设社会主义法治国家是历史的必然：①法治是迄今为止最合理的国家治理方式。法治是对人治的否定，是对人治弊端反省的结果。人治与法治是中外历史上出现的两种国家治理模式，两者的基本区别是国家运行的基本模式和框架是依靠法律还是依靠个人意志，即"划分法治与人治的最根本标志，应该是法律与个人意志（或者少数执政者的意志）发生冲突的时候，是法律的权威高于个人意志，还是个人意志凌驾于法律之上。凡是法律权威高于任何个人意志的治国方式都是法治，凡是法律权威屈从于个人意志的治国方式都是人治。"[①] 由于法治具有集体智慧性、内容稳定性、权力制衡性、程序优先性、公平公正性等特征，所以法治是比人治更合理、更科学的国家治理方式，是当前文明社会国家的通行治理模式。②法治是社会秩序的稳定器和塑造器，是社会发展的催化剂和推动剂。重视法治则国泰民安；忽视法治则国乱民怨。

　　正是基于对历史的总结，我国提出了"依法治国"的国家治理模式改革目标，并且在向纵深发展。就我国目前状况而言，国家已经描绘了法治建设的蓝图，只要我们坚持方向不变、道路不偏、力度不减，就一定能够实现"到2035年，各方面制度更加完善，国家治理体系和治理能力现代化基本实

---

　　① 何华辉，马克昌，张泉林. 实行法治就要摒弃人治. 载法治与人治问题讨论集［M］. 北京：社会科学文献出版社，2003：47-48.

现；到本世纪中叶，实现国家治理体系和治理能力现代化"的宏伟目标。

二、商业银行内部管理的理解

（一）内部管理的范围界定

作为一种经营风险、错配资金、高杠杆的大中型企业，商业银行是众多社会关系的总和，在业务经营和日常运行中，涉及管理的内容较多。以不同的标准，可将商业银行的管理进行不同的分类。如：公司治理、公司管理；党、工、团、青、妇管理；业务管理、风险管理、财务管理、员工管理；等等。

在市场经济体制和法治社会中，商业银行的所有经营管理活动，无论公司治理还是公司管理，无论党工团青妇管理还是业务管理、风险管理等，都应遵循法治的要求，合法合规进行。而且，商业银行的党工团、公司治理等，是内部管理的依靠力量和保障力量，离开了党工团、公司治理的支持，内部管理就无法进行，内部管理的法治化更无从谈起。但鉴于商业银行管理活动的广泛性以及不同管理活动之间的差异性，为论述方便，本书仅涉及商业银行的公司管理，即内部管理的法治化问题。在本书中，如无特指，商业银行管理指商业银行内部管理；商业银行法治管理指商业银行内部管理的法治化。

（二）内部管理的发展阶段

企业管理的本质就是要确定做什么（目标）、怎么做（执行）、怎么做得更好（激励与改进）；其重点其实是客户、流程和绩效。商业银行的内部管理指商业银行通过有效组织并利用其所拥有的人、财、物、信息和时空等要素，借助管理手段，以最优的投入产出比，实现商业银行经营目标的过程。

在市场经济体制和法治社会中，理想状态，即商业银行自成立之日起，就必须实施法治化的内部管理。但商业银行内部管理的法治化需要一定的成本，这就决定了商业银行法治化的实施，需要结合商业银行的不同发展阶段，分阶段、分步骤地推进。根据商业银行的发展规模和管理成熟度，商业银行的内部管理可以分为三个发展阶段，形成了三种不同的管理模式，而且不同的发展阶段，其内部管理对法治化的需求不同，法治建设的力度和实际效果也会有所差异。

1. 初级阶段人管人

在商业银行成立初期，规模小、员工少、员工来源多样化。管理者根据自己以往的经验实行管理，管理理念、思路、机制、技术等都处于多样化的磨合阶段。数量不多的管理者和员工，主要依靠创业理想和创业激情聚集在一起。在这个阶段，商业银行的内部管理可以实行扁平化、粗线条的管理方式。人管人是这一阶段的重要特点，也是相对有效的管理方式。为避免管理失控，初创阶段的商业银行，在实行人管人模式的同时，也要注重推进规章制度建设和文化整合，以统一管理思想、管理模式和管理要求。

2. 中级阶段制度管人

当商业银行度过创业时期进入立业时期，积累了一定的资本，扩大了资产规模，增加了员工数量，在同行业中产生了一定影响力的时候，员工数量、机构数量、业务品种、业务规模，都会越来越多、越来越大。此时，人管人的方式已经不能满足商业银行发展的需要；如果还依赖人管人的管理方式，轻则频频引发各类风险事件，重则可能最终会导致商业银行破产倒闭。为满足立业时期内部管理的需要，商业银行必须建立一套完善的规章制度来规范各项业务操作和管理活动，以保证商业银行的正常经营运行。通过制度管人，意味着商业银行建立了制度化的管理模式，商业银行也进入了规范化的管理阶段。

3. 高级阶段法治管人

商业银行做大做强进入稳业时期，多数都会设立宏伟的目标和清晰的愿景，经营方向已经从规模经营转向品牌经营，在银行业内逐步形成了主流的影响力，建立健全了法治化的管理模式，也培育了与自身的发展定位、发展目标相适应的企业文化，不同层级的管理者、员工与商业银行已经融为一体。在这个阶段，根据科学的制度实施管理，已经成为一种习惯、一种文化和一种道德。通过法治化的管理机制进行内部管理是这个阶段的主要特点，因而可以称为自主化管理阶段。

上述三种管理模式，法治式管理（简称法治管理）模式，是对人治式管理模式的否定，是对制度式管理模式的扬弃。而在三个不同的管理阶段中，法治管理模式萌芽于初级阶段，建设于中级阶段，成熟于高级阶段。商业银行内部管理的法治化建设，需要尊重并主动适应于这三个阶段的实际情况和不同需求，才能有效地推进法治建设，也才能真正地实现法治化。

（三）内部管理的主要内容

商业银行内部管理千头万绪、内容众多、要求不一，其重点主要是厘清流程、经营客户、完成绩效。商业银行内部管理的法治建设，必须紧紧围绕内部管理的这三个重点来进行。为厘清商业银行法治管理的内容与要求，对商业银行内部管理的主要内容简述如下。

（1）管理目标：商业银行内部管理的直接目标是实现利润最大化和保障银行利益最大化。创办商业银行的初心是创造利润、永续经营、奉献社会、贡献国家。为此，商业银行内部管理的使命任务是通过销售创造利润，并通过成本控制杜绝或减少浪费以减低成本。为实现上述目标，商业银行内部管理必须围绕董事会制定的发展战略和经营目标，根据董事会授权，利用好商业银行的人力、物力、财力、信息等资源，并通过管理措施，保证经营活动得以顺利地开展，使商业银行的经营管理取得最大的投入产出效率，以有效实现管理目标。

（2）管理主体：商业银行内部管理的主体是多层级的管理主体结构，包括总行的高级管理层、总行各管理部门的负责人和各级分支机构的负责人。其中：总行高级管理层主要负责事关商业银行全局性的战略执行、体制机制建设、业务布局、资源配置、综合考核、激励约束等重要、重大的事项，其他层级的管理者主要负责经营活动中的具体事项。

（3）管理要素：商业银行内部管理要素包括人、财、物、信息、时空五个要素。内部管理的重点是如何将这五个要素，在不同的条线、渠道、区域、机构之间，进行有效的分布和组合，以获得最优的核心竞争力，取得整体最有效的投入和产出效益。在五个管理要素中，人才梯队建设和人、财、物等资源的时空配备是重中之重。

（4）管理手段：商业银行内部管理可以运用的管理手段主要有强制、交换、沟通、激励、惩罚五种方式。其中：强制指上级管理者要求下级员工，必须从事某项活动；交换指商业银行按照员工的工作绩效，给予相应的肯定、否定和回报。根据所管理的事项、对象、处境等情形，管理手段可以单独运用，也可以综合运用。管理手段运用得当，可以对被管理的对象发挥正向激励作用；否则，可能会对被管理的对象起到负向作用。

（5）管理过程：商业银行内部管理的过程主要包括管理规则的确立、目标的确定与分解、管理资源的配置、组织实施与过程控制、效果评价、总结、奖惩七个环节。在管理实务中，这七个管理环节可以分解后由不同的管理部门承担；但完整的管理过程是这七个环节所形成的闭环，任何一个环节的缺失或不到位，都会影响到管理的最终效果。内部管理的要点是通过上级管理者统一分解、驾驭这七个环节，使整体管理过程分解有理、运行有序、结果有力。

（6）管理要求：内部管理中最核心的要求是执行力，即执行董事会战略和上级机构目标任务的能力。好的战略、规划、政策和团队，如果没有有效的执行，都会无法落地、成为空谈。商业银行内部管理的基本要求是各级管理者以超强的执行力贯彻落实各项管理要求，保证战略目标得以快速、有效地实现。

（7）管理效果的评价：商业银行所有的内部管理活动，都要进行科学客观的效果评价；否则，内部管理最终都会走向流于形式、变为吹捧、死于表扬和自我表扬的道路。效果评价包括评价标准和评价结果的运用，其中评价标准是基础。对商业银行内部管理效果的评价标准主要是"三维三比"。其中，"三个维度"指：①发展速度，即商业银行在一个年度内或在一段期限内（如三年、五年、十年等），其资产规模、营业收入、利润等方面的增长速度。②发展质量，即在一个年度或一段时期内，商业银行的资产质量、品牌效应和市值；特别是资产质量状况，直接反映和决定了商业银行的发展质量。③成果分享，即商业银行的经营成果在股东、员工、商业银行之间的分配与共享。其中，员工以及员工之间的成果分享状况，直接决定了员工的获得感、幸福感和满意度，也直接决定了商业银行核心竞争能力的构建状况。"三个比较"指：①与目标相比。商业银行整体以及各层级的分支机构，要以月度、季度、年度为周期，与年初既定的经营目标相比，确认是否完成了目标任务。②与同期相比。与前一年度同期相比，自己的发展速度、发展质量、目标完成等情况的变化。③与同业相比。与市场上的同业相比，特别是与主要的对标对象相比，自己的发展速度、发展质量及员工主动离职率的变化。商业银行的各级机构、各个条线都要定期进行"三维三比"，商业银行的总行要由相对独立的管理部门负责对全行和各级经营机构进行"三维三比"；各级职能管理部门也要参照经营机构的"三维三比"原则，自觉客观地评估部门的工作效果。数据是最直接、最客观的展示。没有比较，进步就无从谈起。只有经过务实的对比和评估，才能客观地认识自己的成长与不足，才能有力地刺激自己的发展动力，从而推动商业银行的持续改进和不断进步，走向百年老店、成为真正伟大的标杆性银行。

三、商业银行法治管理的含义

（一）法治管理与法治建设的定义

1. 法治管理的定义

商业银行法治管理指在商业银行内部管理实践中，以科学立规为前提、以严格执规为关键、以公正执规为保障、以全员守规为基础、以促进商业银行有效实现经营发展目标为目标的内部管理机制、管理活动和管理秩序。这里的"规"，从狭义角度而言，仅指商业银行制定的规章制度；从广义角度而言，既包括商业银行制定的规章制度，也包括国家的法律法规、规范性文件、监管政策。在本书的后续内容中，如无特别说明，"规"指广义角度上的"规"。

商业银行践行金融法治要求，全面实施法治管理，就是要使其经营管理活动，于内形成运行规范、运转高效、运营安全、动力强劲的健康生态；于外符合经济环境、监管环境、社会环境和市场规则的法治化要求。

2. 法治建设的定义

与法治管理密切相连的是法治管理建设，又称法治建设，指商业银行为实现法治管理目标，而根据法治精神在管理理念、管理架构、管理机制、管理技术、管理文化等方面，所进行的调整、优化等活动。具体来说，就是通过运用法治的思维、方法与能力改造和完善其治理架构、运行机制、文化建设和员工建设等，把依法合规的理念、要求落实到经营管理的全过程，充分发挥法治在经营决策、市场竞争、业务创新、制度体系、执行操作等方面的指引力、规范力和保护力；通过法治的思维、方法与能力，在商业银行中建立一种法治化的管理模式和管理秩序，保障和推动商业银行更好地实现其经营发展目标。

简而言之，法治管理指一种价值观念和管理模式；法治建设则是为实现法治管理而采取的各种措施。

（二）法治管理的内容

商业银行法治管理的内容，主要有以下几个方面。

1. 以科学立规为前提

科学立法是推进全面依法治国、建设法治中国的前提；科学立规则是商业银行推进法治管理、建设法治银行的前提。商业银行内部管理的法治化，首先就需要有法可依、有规可依；但对于法治意义上的内部管理来说，有规可依只是解决了有与无的问题，在有与无的基础上，还存在好与坏的问题。如邓小平所言："制度更带有根本性、全面性、稳定性和长期性。制度好可以使坏人无法任意横行，制度不好可以使好人无法充分做好事，甚至会走向反面。"只有"好"的规章制度，即"良规"，才能有效地实现商业银行内部管理的法治化，保障实现内部管理的"善治"，从而真正促进商业银行的有序发展。

衡量一项制度是否是好的制度，主要的标准包括：是否符合所规范事项的发展规律；是否立足所规范事项和适用对象的实际情况；是否为所规范事项和适用对象的未来发展留有一定的空间；是否在一定的期限内保持稳定性。好的制度既表现为内容好，也体现为制度制定程序好。唯有好的制度，才是有生命力的制度。而科学立规既是提高和保障规章制度制定质量的根本途径，也是延长制度生命周期的主要途径。

对于商业银行而言，科学立规主要体现在以下几个方面：

（1）内容科学。商业银行所制定的与内部管理相关的规章制度要能够充分反映商业银行的实际情况，符合商业银行内部管理的客观规律。实际情况和客观规律主要包含三个方面：①商业银行作为市场经济体制下"自主经营、自负盈亏"的企业，应遵循竞争性公司企业通常适用的客观规律。②商业银行作为经营风险、错配资金、高杠杆的金融机构，应遵循银行业金融机构所应遵循的客观规律。③商业银行也分为国有商业银行、股份制商业银行、地方性商业银行、新型民营银行等多种类型，不同类型的商业银行在遵循普遍性客观规律的基础上，也要考虑自身的差异性等实际情况。只有充分反映该商业银行实际情况和客观规律的规章制度，才能在这家商业银行真正有效地落地实施。

（2）方法科学。规章制度的制定，要符合制定规律。具体表现为三个方面：①规章制度制定的循序渐进性。推进商业银行内部管理的法治化，确实需要一种时不我待的紧迫感和责任感，要讲求效率，加快推进实施；但要求短时间内制定一套科学有效的规章制度，不符合规章制度的制定规律。立章建制讲究"成熟"，成熟一个推出一个，急功近利、匆匆推出的规章制度，可能适得其反，不仅不能促进和提高管理的法治化和有效性，反而可能阻碍相关管理活动的开展。因此，在制定规章制度时，需要有效把握质量和效率的平衡，做好立章建制的规划。可以将商业银行中基础性、全局性、前瞻性的管理事项作为立章建制的重点，优先推进。②规章制度之间的衔接性。商业银行内部管理内容众多、事项繁杂，每项管理活动都需要有相应的规章制度予以规范，而这些规章制度通常都由相应的主管部门负责制定，难免会出现诸如与内部管理相关的规章制度数量多，且规章制度之间可能存在一些遗漏、冲突、摩擦等问题。科学立规要消除这些遗漏、冲突、摩擦，使各项规章制度之间相互衔接、有机统一，并与商业银行的发展、经营管理的需要相适应、相促进。③规章制度要保持相对的稳定性。作为经营管理活动的依据，规章制度应保持一定的稳定性，不能朝令夕改，否则，将会使规章制度的制定、修改变成一场儿戏，不仅会让相关机构、员工无所适从，也会贬损管理的权威。

（3）程序科学。程序科学指商业银行在制定规章制度时，相关的主管部门要通过一定的渠道和途径，尽量地让相关部门和员工参与其中，广泛听取各方面的意见，以保障规章制度能充分体现管理活动的实际情况，满足管理活动实际的需要。程序科学并不是要求每项规章制度所有员工都参与，而是要对规章制度的制定实行分类管理。其中，对于薪酬待遇、问责处理等涉及员工切身利益的制度，应根据法律的要求充分听取全行员工的意见；对于一些具体的管理制度，仅听取相关适用机构、涉及其中的员工意见即可。

（4）依法立规。商业银行内部管理规章制度的内容和制定程序都要依法合规：①内容合法。商业银行制定的内部管理规章制度，在内容上要符合国家法律法规、规范性文件、监管政策和监管要求，不能与法律法规、监管政策相违背、相抵触，不能违法立规。除法律法规、监管政策等外部法律依据外，作为商业银行内部最大的"法"，商业银行的公司章程是内部管理的直接依据，内部管理的规章制度也不能与商业银行的公司章程相违背、相抵触。②程序合法。规章制度的制定、修改和废除，在发起、立项、拟稿、审核、批准等程序上，要遵循商业银行内部"立法法"的规定，要按照既定的程序推进，而不能随意推进、随意废改立。

2. 以严格执规为关键

严格执法是推进全面依法治国、建设法治中国的关键；严格执规，是推进全面依法治行、建设法治银行的关键。严格执规意味着商业银行的一切内部管理行为都必须根据规章制度的规定及其原则和精神进行；任何机构、个人都应该在规章制度的规范下行事，不能有超越规章制度的特权。制度的生命力在于执行，而不在于逻辑。好的制度，如果没有得到执行，仅仅是说在嘴上、挂在墙上、写在纸上，也只能是一纸空文，成为摆设。只有下决心、下力气狠抓制度的执行，将制度规定和要求落实在实际行动上，体现在具体工作中，才能发挥制度的效用。

在商业银行法治管理实践中，严格执规主要体现在以下几个方面：

（1）有规必依。商业银行各项内部管理活动，都应该根据相应规章制度的规范进行，不能无视制度规范而任意进行。在管理活动的实践中，有三种特殊情况，需要根据实际妥善处理：①没有制度规范的管理活动。由于内部管理的实践探索永不停息、永无止境，而规章制度的制定需要时间，这样就会出现有管理活动而没有规章制度规范的情形。"有制度按制度，没制度要请示"，是处理这种情形的基本原则。也就是说，对于新出现的、没有制度规范的管理活动，可以由需要开展该管理活动的机构，通过特定事项请示，报经有权限的审批人审批通过后再行实施。在一事一议，解决该个案的同时，相关主管部门应及时跟进，尽快制定相应的规章制度予以规范化、制度化。

②规章制度落后于管理实践。有些管理活动适用的规章制度的规范已落后于管理实践的发展，不能满足当前管理实践的需要。对于这种情形，相关主管部门应及时甄别，如果规章制度确实落后于管理实践，可以根据请示制度暂时解决个案问题，并及时修改完善相关管理制度；如果规章制度虽落后于管理实践，但暂时还能满足管理实践需要的，仍然应根据制度的要求办理。

③不适用规章制度的特殊情况。商业银行的规章制度一般都是由总行主管部门负责制定，适用于全国所有的分支机构。但中国各省市存在一定的差异性，由此便产生了内部管理规章制度的全国普遍性和地区差异性的问题。对于这个问题，"普遍适用是原则，个案特殊是例外"。也就是说，对于商业银行内部管理，应该做到全国一盘棋，不能存有另外；但对于港澳台、少数民族等特殊地区，在一些特殊的事项上，可以存在一些另外。对于这些另外的处理方式，主要有两种：一是可以在规章制度中直接明确规定另外情形；二是可以通过请示制度予以解决。

（2）依规执行。规章制度的执行指商业银行内部有关管理部门根据规章制度从事管理，具体适用规章制度，将规章制度付诸实践的过程。这个过程既是规章制度的适用过程，也是规章制度的实施过程，更是将规章制度转化为员工自觉行为的过程。在商业银行法治建设实践中，坚持严格执规、坚持依法依规执行，重点要处理好两个关系：①要坚持和落实管理部门及其管理者的依规执行。管理部门和管理者依法合规管理，是依规执行的重点和核心。相关管理部门及其管理者根据商业银行的授权履行管理职责，需要对商业银行负责，对自己制定的规章制度负责。他们是商业银行法治建设的组织者、推动者和实施者，在商业银行法治建设进程中具有举足轻重的地位，如果管理部门及其管理者不能做到依规执行，就无法建设法治银行。依规执行要求管理部门及其管理者必须遵守外部的法律法规和内部的规章制度，严格依法依规办事。在经营管理实务和法治建设实践中，既要防止有规不执，也要防止有规乱执，特别要防止越权执规、违规执规和逐利执规。②要树立管理部门，特别是总行管理部门的权威。对商业银行内部管理秩序的维护不力，对各种违规行为的放任，都会对商业银行和员工的利益造成侵害，这不是法治的本意。内部管理秩序的维护、对违规行为的责任追究，都需要由管理部门来承担，而总行的管理部门，对维护全行管理秩序负有更大的责任。因此，需要维护管理部门，特别是总行管理部门的权威，也是建设法治商业银行的需要。管理部门依规执行和维护管理部门的权威，两者并不矛盾。前者是对管理部门的约束，后者是对管理部门的保护。是否能同时有效地实现这两个管理要求，既需要商业银行建立有效的法治化管理机制，予以规范和保障；也需要管理部门具备一定的法治素养和相应的管理能力，如此，才能将两者有机统一，并行不悖。

（3）违规必究。对于违反规章制度的行为，都应该追究责任。一些制度之所以难以落实，很大程度上是因为违反制度的行为没有及时受到查处，违规责任人没有受到应有的惩戒。对违规者追究责任，是实施规章制度、建设法治银行的最后保障。在商业银行法治建设实践中，宣传教育是必不可少的手段，但责任追究才是最管用的。数次苦口婆心式的宣传教育不如一次真正的责任追究。违规必究主要体现为以下三个方面：①同等追责。对任何人的任何违规行为，都要一视同仁地追究相应的责任，而不能对违规责任人有选择性、差异化的责任追究。②依规追责。对违规人的责任追究，应根据适用的规章制度的规定进行追责，不能因人设规、因事设规。③责罚相等。违规责任人承担的责任种类、责任大小、处罚轻重，应与其违规情形、违规后果相适应，不能事小责大重处，也不能事大责小轻罚。

（4）追责必严。在责任追究时，必须严肃、严格，不能宽、松、软。追责必严主要体现为以下三个方面：①追责程序要严肃。对于发现的违规行为，要根据问责制度规定的权限和流程，由相应的管理部门负责事实调查、问责发起、问责决议、问责实施，而不能随意问责、越权问责或缺位问责。②责任承担要严格。在议定是否需要问责，以及承担何种责任时，要严格按照问责制度的规定，既不能随意从重、从轻，也不能随意追责、免责。③违法犯罪的行为要追究刑事责任。对于存在诸如违法放贷等涉嫌违法犯罪的员工，一些商业银行为了外部声誉，通常仅采取内部问责处理措施，而不会移送司法机关处理。其实，对违法犯罪分子的纵容，就是对遵纪守法员工的打击。因此，对涉嫌违法犯罪的员工，商业银行不能袒护，而要有刀刃向内的勇气，果断"刮骨疗伤"，及时移送司法机关处理。

3. 以公正执规为保障

公正司法是推进全面依法治国、建设法治中国的保障；公正执规则是推进依法治行、建设法治银行的保障。公正是法律的重要价值目标和价值追求；公平公正是法治的灵魂和生命。商业银行内部管理的公正执规是社会公平公正的重要组成部分，是社会公平公正在商业银行内部管理的体现。公正执规是依法治行得以实现的必要方式、重要标志与检验尺度。只有公正地执行规章制度，依法治行才能达到预期的效果，才能赢得员工的理解、信赖与支持。

对于商业银行来说，公正执规主要体现在以下几个方面：①依规实施管理。商业银行内部管理活动都要依据规章制度进行，各级管理部门、管理机构在行使管理权限、管理相应事务时，都要服从，且只能服从规章制度的规定与要求。②不受非正常干扰。各级管理部门、管理机构在根据规章制度实施管理活动时，具有相对的独立性和自主性，不受上级或其他机构的任意干扰。③享有相应的权威。各级管理部门、管理机构在职责范围内开展管理活动时，享有相应的权威。这种权威表现在经有权限的审批人审批同意后，相关机构必须落实执行。如果在执行过程中发现错误的决定，应及时上报反馈，再通过制度规定的程序加以变更或修正，而不能对错误的决定置之不理或继续执行错误的决定。④实现公正和有效。公正是管理活动中最为动人的口号和原则；公正和有效是管理活动最理想的价值指导和终极目标。商业银行有必要通过制度制定和机制建立，最大限度地维护和促进内部管理活动实现公正和有效的目标，并将不公正的、无效或低效的管理活动降低或减少到最低的程度。

要实现公正执规，商业银行需要根据法治管理的要求，在以下几个方面进行努力：①执有所据。即所执行的规章制度要符合公正的要求。公平的制度通过公正的执行，肯定会有公正的结果；不公平的制度，即使通过公正的执行，也难以有公正的结果。因此要求商业银行在制定规章制度时，除事务性管理制度外，涉及员工权益的管理制度，都要充分体现公平性原则。具体要求如下：一是处理好商业银行权益和员工权益之间的平衡关系。除员工外，商业银行还有股东、客户等利益相关方，需要商业银行对几个主体之间的利益关系进行平衡。二是要平衡员工之间的利益关系。每个层级的管理者会强调自己所管理的经营活动的重要性，每个员工也会强调自己工作的价值，但资源是有限的，更高的管理者要能够识别各项管理活动在商业银行经营管理中的真正价值和应占有的资源权重，并通过制度化的管理予以动态调节。根据不同机构及不同员工对商业银行经营成果的实际贡献，确认和保护这些机构及员工的合法权益，是制度公平公正的重要依据和体现。②管理公开。管理公开即商业银行的内部管理活动应对相关机构和相关员工公开。管理公开是管理公正的客观保障，是确保执规公正的重要措施和有效手段。公开化的管理可以在一定程度上防止管理活动的"暗箱操作"，既可以防止管理舞弊的发生，又可以消除相关员工的误解，从而给相关的管理活动树立一个清正廉明、不偏不倚的形象。在一些商业银行内部管理实践中，都存在管理不公开的情况。这种情况根源于传统的管理神秘主义，认为"规不公开，威不可测"。其实，目前商业银行中从管理者到员工，都具有相当的素养和素质。管理神秘主义多数情况下是管理者的自我感觉。管理公开的推行和落实，必将有助于商业银行法治建设的进行和切实有效的推进。③完善配套。能否客观公正的执行规章制度，规章制度的执行机制是主要的内在因素。但法治是一个整体，人力资源管理、财务管理、考核评价管理等相关的管理活动及其制度规定，都是影响和制约规章制度执行效果的重要外在因素。对于商业银行法治建设而言，推进和完善规章制度的执行机制是保障公正执规的重点内容。商业银行其他配套经营管理体制的同步完善，也是至关重要的。对于商业银行的法治建设来说，公正执规，需要商业银行平衡当前的问题处理和长效的体制机制建设之间的关系。当前的突出问题必须及时解决，但长效的体制机制建设更为重要。对有效的管理体制机制规范化、制度化，不仅有利于保障体制机制的有效运行，也有利于保障法治化的推进。

4. 以全员守规为基础

全民守法是推进全面依法治国、建设法治中国的基础；全员守规则是推进依法治行、建设法治银行的基础。全员守规指商业银行的全体员工，包括高级管理层在内的各级管理者和普通员工，都要自觉遵守和服从规章制度，坚持按照法律法规和规章制度的规定从事经营管理的行为及其过程的总称。全员守规要求商业银行的各级机构和全体员工，都必须在法律和规章制度规定的范围内活动，坚持法律法规和规章制度地位的至上性和适用的平等性，任何机构和个人都不具有凌驾于法律和规章制度之上的特权，杜绝以权压规、以言代规、徇私枉规。员工的守规状况反映了一家商业银行员工对规章制度、法律法规的认知和态度。一家商业银行的法治状况与该商业银行员工的守规意志、守规行为密切相关。只有在商业银行内部形成全体员工都自觉学规、尊规、敬规、守规、护规的良好习惯和自觉行为时，才能有效地树立和维护法治的权威，从而实现法治银行的建设目标。

要实现全员守规，商业银行需要在以下几个方面持续改进：

（1）各级管理者要带头守规。商业银行的各级管理者带头守规是全员守规的关键。各级管理者既是依法治行、建设法治银行的领导者，也是依法治行中的守规者。各级管理者是商业银行员工队伍中的中坚力量，是商业银行规章制度的制定者和执行者，掌握着商业银行的管理力量和管理资源，在很大程度上决定着依法治行、建设法治银行的方向、道路和进度。全员守规中，各级管理者是"关键少数"，必须要发挥领头和带头作用，为全体员工树立榜样。

（2）要持续抓好法治宣传和教育。随着国家法治建设的推进，我国的法治建设取得了突飞猛进的发展，全民法治素养、商业银行员工的法律意识和守规意识都明显提高，但仍有一些不尽如人意的地方。信权不信法、信人不信法、"打擦边球"等现象还在一定范围内和一定程度上存在。这些现象和状况都影响了法治建设的推进。全员守规就是要引导全体员工形成自觉遵守法律和规章制度的意志和氛围。为此，商业银行需要采取以下措施提高员工的守规意识：①扎实推进法治宣传和教育活动。通过宣传培训，积极营造"学法尊法守法用法"的氛围，使全体员工树立法治意识，并掌握基本的法律知识，使法治精神深入人心，成为员工的自觉行为，使每一个员工都能真正地学法、尊法、守法、用法。只有加快推动全员守规意识的培养，才能加快建设法治银行的进程，为建设法治银行奠定坚实的认知基础。②塑造守规的先进典型。对自觉学法尊法守法用法，并在法治建设、法治运用方面作出突出贡献的机构、个人，树立为先进典型，通过典型的身边人、身边事，影响和带领周围的员工从要求走向自觉、从他律走向自律，逐渐成为自觉遵纪守法的员工。

（三）法治管理的目标

1. 总体目标

法治本身不是法治管理的目标，法治管理的目标是实现一种价值追求、一种社会秩序和一种社会方式。推进商业银行法治管理建设的目标不是为了法治而法治，而是通过法治建设构建一种良制善管的管理秩序和经营秩序，保障商业银行合法合规经营，以有效实现商业银行的经营发展目标。商业银行内部管理的目标是实现利润最大化和银行利益最大化，法治化的内部管理是内部管理的一种模式，其目标自然要以有效实现商业银行经营发展目标，即以实现利润最大化和银行利益最大化为目标。

2. 短期、中期、长期目标

从期限维度，商业银行法治管理的目标，主要有短期、中期、长期目标三个层次：

（1）短期目标：帮助实现年度经营发展目标。作为企业，商业银行都有各自的年度经营发展目标，如存贷款规模、业务收入、利润、不良余额与不良率、成本收入比、ROA、ROE等。这些经营发展目标是商业银行所有内部管理的指引和导向。商业银行内部管理要围绕年度经营发展目标而排兵布阵。实现年度经营发展目标是商业银行经营管理层能有序、有效地推进内部管理模式优化改进的基础和前提；由此，法治建设要服从于、服务于年度经营发展目标，紧紧围绕年度经营发展目标而开展和推进。法治建设要成为商业银行实现年度经营发展目标的推动和促进力量，而不是干扰和阻碍力量。

（2）中期目标：构建稳健发展、可持续发展的经营管理秩序。在市场经济体制中，经济和市场是有周期的。作为在市场中竞争的企业主体，商业银行的经营也会有周期性，其年度经营发展的结果会有起有落、有快有慢，这是市场经济体制的必然结果。因此，实现年度经营发展目标仅是商业银行内部管理的短期目标。在追求实现短期目标的基础上，商业银行内部管理更应着力于将构建稳健发展、可持续发展的经营管理秩序和能力作为自己的中期目标。这种经营管理秩序和能力可以保障商业银行经受住市场周期的冲击，保持一种平稳的发展态势，穿透经济周期。其经营结果既不会高速增长而给市场带来惊喜若狂，也不会停滞倒退而给市场带来目瞪口呆，而是始终保持一种平稳的增长态势。在这种发展态势下，商业银行积小胜为大胜，经过一段时间后，便会取得对同业的发展优势。作为内部管理的一种模式，商业银行法治建设也要围绕商业银行内部管理的中期目标，即构建稳健发展、可持续发展的经营管理秩序而展开。法治本身就是一种管理秩序，奉行法治的商业银行，自然能依法合规经营，长时间、自主地依法合规经营，也是一种稳健发展、可持续发展的经营管理秩序。

（3）长期目标：巩固和提升核心竞争能力。在市场经济环境下，构建稳健发展、可持续发展的经营管理秩序，是对所有商业银行的共同要求。建立了这种管理秩序的商业银行，可以取得比同业更有利的竞争优势。但随着其他商业银行也逐渐建立了这种管理秩序，因这种管理秩序所带来的竞争优势也将不复存在。商业银行要想长期取得并保持对同业的竞争优势，需要在建立这种管理秩序的基础上，持续构建、巩固和提升自己的核心竞争能力。而构建、巩固和提升核心竞争能力，不仅是商业银行内部管理的长期目标，也应该是一种需要管理者时时在意、处处留心的经常性管理目标。

核心竞争能力是商业银行竞争力中最基本的、能使整个商业银行保持长期稳定的竞争优势、获得稳定超额利润的竞争力。它是一个以知识、创新为基本内核的商业银行内某种关键资源或关键能力的组合，是能够使商业银行在一定时期内保持现有或潜在竞争优势的动态平衡系统，是商业银行推行内部管理性战略和外部交易性战略的结果。在激烈的市场竞争中，商业银行要生存和发展，特别是长期保持比同业具有竞争优势，就必须提高自己的核心竞争能力，打造自己的竞争优势。而具有核心竞争能力的商业银行也可以凭借着核心竞争力产生的动力在激烈的市场竞争中脱颖而出，使自己的产品和服务的价值在一定时期内得到显著提升。

一般而言，核心竞争能力具有以下五个特点：①价值性：即能很好地实现客户所看重的价值，如显著地降低成本，提高产品质量，提高服务效率，满足客户金融需求的同时增加客户的附加值，从而给商业银行带来竞争优势。②稀缺性：即这种能力只有少数或某些商业银行拥有。③难以替代性：即这种能力在为顾客创造价值的过程中，其他的商业银行很难通过其他能力来替代它。④难以模仿性：即这种能力是一家商业银行所特有的，并且是其他商业银行难以模仿的。这种难以模仿的能力，能为商业银行带来超过行业平均水平的利润。⑤难以长久保持性：一家企业所具有的核心竞争能力可以为该企业获得竞争优势，但这种竞争优势是难以长期维持和保有的。这也是在企业发展史上，有的企业昙花一现，有的中途陨落，有的历经坎坷仍生生不息的重要原因。据统计，自 1896 年以来，被道·琼斯工业股票平均指数选作首批成分股的 12 家享有盛名的公司如今只剩下 GE 一家。① 而那些销声匿迹的企业都曾经拥有过较强的核心竞争力，其由盛而衰只是因为核心竞争力的丧失或得而复失。因此维持核心竞争力是包括商业银行在内的每个企业，尤其是已经获得成功的商业银行等企业所面临的重要课题。

长久地保有核心竞争能力是企业股东和管理者孜孜以求的目标，学术界的专家和实务界的管理者提出了多种方式。被多数人认可的措施归纳起来主要有：坚守主业，审慎对待多元化；运用核心优势，正确把握商机；守成与创新结合，防止核心刚度；分类分级管理，防止关键要素流失；适度扩张，避免核心能力过度稀释；完善制度，保证权利传承；等等。其实，商业银行是由各种要素及其活动组成的价值链。商业银行要建立可持续的核心竞争能力，就要不断改善价值链上各种要素及其活动之间的关系。通过整合构成要素，发挥、提升构成要素的综合效能，以取得并长久地保有核心竞争能力。法治恰好是理顺企业各种关系、配置企业各类资源的有效管理方式。

对于一般性企业来说，资源、人才、技术、品牌、机遇、制度等，都是其核心竞争力的构成要素。但作为经营风险的商业银行，属于人力资本密集型企业，团队才是其核心竞争能力的构成要素。对商业银行而言，所有的竞争最终都归结为人的竞争和团队的竞争。

一个企业团队是否具有可持续的核心竞争力取决于三个核心要素：纵向管控的有力、横向竞争的有序和人才梯队的有续。

纵向管控的有力。商业银行是一个企业，是一种"压力型体制"②，总行对分行、分行对支行，实行逐级管控。但上级机构对下级机构管控的实际力

---

①　阿布等. 核心竞争力. 搜狗百科 ［EB/OL］. ［2020 - 05 - 14］. http：//baike. sogou. com.
②　王若磊. 国家治理法治化的实践逻辑 ［M］. 北京：法律出版社，2019：43.

度和实际状况，在不同的商业银行之间以及商业银行内部分行之间，并非是相同的。由于种种原因，总行对分行、分行对支行的无可奈何，也是时常存在的现象。在实务中，上级机构为了实现对下级机构的管控，一般会采取以下措施：①选拔机制。选拔机制即根据一定的规则来选拔干部。能担任更高一级的管理者是众多银行从业人员的追求。商业银行普遍实行的是"上管一级"的管理者管理体制。这种体制，决定了下级服从上级，上级对下级有绝对的控制权。②薪酬政策。薪酬政策即根据"多劳多得、多创收多薪酬"的原则，决定各级机构的管理者和员工的薪酬待遇。上级机构可以通过分解目标任务、确定内部资金价格、调整考核系数等措施，影响下级机构的经营结果，从而影响下级机构实际所获得的薪酬待遇。③考核政策。商业银行的内部考核既有总体考核，也有各条线的考核，名目繁多、指标复杂，是商业银行最有效的管理措施之一。上级机构通过定期的考核评价，以及由考核评价所决定的物质奖励、精神奖励和职务晋升等结果，将经营压力层层传递至最基层的业务单元和员工，指引和督促各级机构围绕总行的经营目标而努力。④责任制。商业银行总行，将年度经营目标、管理目标分解至总行各条线、各分行；总行各条线、各分行再进一步分解到基层各经营机构。在分解过程中，通过签订"目标责任书""责任状""授旗""挂牌"、副职"联系行"等方式，将目标分解仪式化、强调化，以提高下级机构的责任感和使命感。⑤分级授权制。将各级机构的经营管理权限、授信审批权限等日常经营管理权限，根据各自的逻辑和规则，从总行逐级递减式授予下级机构。在授权范围内的工作，下级机构可以直接决定；超过授权范围的工作，需要报请上级机构审批。⑥过程督查督导。为保证总行的政令畅通、执行到位，通过内控合规、审计、巡视等措施，全面强化过程的监督和督导，以真正压实责任。

商业银行内部纵向上的上述管理模式，在不同的商业银行，具体内容会有所不同；但基本的逻辑和结构是相同的。但不同商业银行，或者同一商业银行的不同时期，实际的管控力度其实是不同的。有时，上级轻轻招招手，下级就应者云集、全力以赴；有时，上级声嘶力竭地喊破嗓子、扯破袖子，下级明面上是全力以赴，实际上是有所保留。造成这种差异的原因，除客观的经济金融形势在不断变化而影响经营效果外，与纵向管理机制的实际运行状况也息息相关。"徒法不足以自行"，管理机制和管理制度本身是不能自动运转的，需要人来执行。执行人在推动管理机制和管理制度运行过程中的态度、力度、标准和方法，决定了它们的实际运行状况。

横向竞争的有序。商业银行内部的晋升机制，经历了从按资排辈到按业绩选拔的转变。按业绩选拔的方式，体现了员工与员工之间、机构与机构之间的竞争。商业银行的内部组织架构，基本框架是总分支，总行和分行内部分设部门，部门内又分设中心、处室和科室。这些相同层级的机构，在同一个上级机构内部属于竞争关系。即同一个分行辖内的所有支行是竞争关系；同一个部门下设的各个处室是竞争关系。这种模式被称为"以经济绩效为核心指标的官员晋升锦标赛模式"。① 正是这种"赛马"机制，推动着商业银行的快速发展。

目前，大部分商业银行都实行了这种"赛马选拔"机制，但为什么各商业银行的经营管理表现并不一样呢？其原因在于，这种机制要充分发挥作用，需要具备以下一些条件：①机制的真实性。即要真正实施赛马机制，以发现和提拔那些想干事、能干事、干成事，且品德没有瑕疵的员工，让他们在更高的位置、更大的舞台上干事创业；而不能口头讲"赛马"，实际看关系，或者时而"赛马"时而关系。②机制的公平性。即这种赛马机制要适用于同一层级的所有员工；不能借"赛马"之名，行安插之实。③机制的持续性。即这种机制，要有一定的延续性、持续性，不能今年这样、明年那样。④规则的明确性。"选马""赛马""奖马"的规则，都要明确，不能含糊不清，留下太多的操作空间。当然，现实是复杂的，不是绝对的，但要让不同层级的员工都能看到希望，从而自我奔跑，是这套机制发挥作用的基础和前提。这种机制讲起来很容易，实施起来很难。一些管理者台上讲的是"赛马"，台下实行的却是"插马"。这种不一致势必会影响到下级管理者和员工的动力。

人才梯队的有续。商业银行中可谓人才济济，大部分员工都是某一个领域的人才。但人才仅仅是具备竞争能力的基础性要素，真正影响团队竞争能力的是人才梯队，而且还是发展有续、后继有人的人才梯队。人才梯队的有续，具体含义如下：①具有一定竞争能力的人才梯队。为政在人。商业银行

---

① 周黎安. 中国地方官员的晋升锦标赛模式研究［J］. 经济研究, 2007（7）.

员工的素质、能力和态度，直接决定了商业银行的经营表现，因此具有一定竞争能力的人才梯队，是商业银行核心竞争力的最重要构成要素。这个概念包括有三个关键词：一是人才。即具有商业银行的专业知识，或在客户关系管理、风险管理、科技开发和运营等方面具有专门技能，能进行创造性工作，并对商业银行产生价值的员工。他们是商业银行人力资源中能力和素质都较高的员工。二是人才梯队。人才不是商业银行的核心竞争力，人才梯队才是。人才梯队指具有广度和深度的人才结构。其中，深度指人才在老中青、优良好、管理型业务型操作型、开创型模仿型保守型等不同维度，具有梯次性的组合；广度则是每个维度、每个层级都有一定数量的人才。三是有一定竞争能力。人才是相对的，在市场经济环境下，满足商业银行需要的人才既在商业银行内部是人才，在同业间也是人才。行业或板块内的顶级型人才是商业银行梦寐以求的，但由于成本、管理风格、价值认同等原因，商业银行的人才梯队内并不需要都是顶级型人才，具有一定竞争能力的人才即可。②团队的凝聚力和向心力。一个团队的战斗力是能力、动力和持久力的综合。建立一支有一定竞争能力的人才梯队仅解决了团队的能力问题，战斗力的形成和发挥还需要解决团队的动力和持久力问题。凝聚力和向心力是解决动力问题的最有效力量。具有凝聚力和向心力的团队，其大部分成员都认可商业银行的经营发展理念、发展愿景、价值追求、激励政策、核心价值观和管理政策，都愿意为了商业银行的经营目标而全力以赴。③团队的流动与新陈代谢。"流水不腐，户枢不蠹"，团队的生命力在于流动。一个不流动的、没有新鲜血液注入的团队，必将是板结并逐渐消沉的团队。这样的团队多数都会因成功而自豪、因自豪而自傲、因自傲而停滞、因停滞而平庸；有的还可能组成利益共同体，成为商业银行核心竞争力的破坏力量。因此，对团队进行适当的有规划、有秩序的流动与新陈代谢，是有效保障和促进团队保持旺盛、持久战斗力的有效手段。此处的流动与新陈代谢，既包括在商业银行内部不同分支机构、部门之间所进行的人员流动与新陈代谢；也包括商业银行与外部机构之间进行的人员流动与新陈代谢。

怎样才能实现纵向的管控有力、横向的竞争有序、人才梯队的有续呢？"理想激励人、事业吸引人、平台成全人、薪酬肯定人、情感挽留人"是团队建设的主要经验。其实，抽丝剥茧，商业银行的员工最关注的，无非就是两个：一是有成长空间和做事机会；二是物有所值、劳有所得的劳动回报。而无论是做事机会还是劳动回报，事实上都是一种预期。有吸引力的、稳定的、能兑现的预期，是商业银行打造团队，从而打造、提升和保有核心竞争力的最重要、最有效的法宝。

有吸引力的、稳定的、能兑现的预期，不是凭口头说说就能形成的，而是要表达于制度、落实于实践，这样才能形成。在这个过程中，相关制度的建立和制度的落实执行都与法治息息相关，都是法治建设的具体体现。法治强调的就是规则、公平、秩序。根据法治精神建立健全商业银行的内部管理制度和管理机制，可以保障和维持纵向的管控有力、横向的竞争有序和人才梯队的有续，从而推动商业银行构建和保有核心竞争能力。从另一个方面来说，推动商业银行实现其经营发展目标，特别是帮助商业银行建立、保有核心竞争能力的法治管理，才是成功的法治管理。

（四）法治管理的特点与要求

1. 法治管理的特点

根据法治的内涵，商业银行的法治管理具有以下特点：

（1）规则至上性。在法治管理模式中，将通过制度明确划定可以做的和禁止做的事情，各个事项的工作流程，奖惩的内容与标准等。而且，这些制度规定都会被遵守执行。这种管理的规则体系具有确定性、稳定性、可操作性、可预期性等特点，这将会使关系简单化、思考理性化、工作有序化、心态安定化，从而有利于员工自我约束、自我激励地按照制度规定做好各项工作。

（2）权利义务性。在法治模式中，将根据权利和义务对等、权力和责任对等、责任和利益对等的原则和精神，明确规范各级管理者和员工的责、权、利。在市场经济体制下，责权利对等是企业管理的通行要求，但并不一定在所有的企业中都能得到落实和实施。而在法治管理模式下，责权利对等是法治的基本要求，也是判断真法治和假法治的标准。法治就是从责权利对等的角度，来看待问题、分析问题和解决问题；并通过责权利对等的运行，来实现规制的指引、评价、预测、肯定、惩戒功能。

（3）利弊权衡性。企业管理就是在混沌中实现秩序、不确定中实现确定。法治作为定分止争的实践理性，其突出特征之一就是对各种诉求、价值和利益的合理平衡，综合权衡利弊、兼顾各方，从而使各方的诉求和纷争，达到一种良性的平衡。实行法治管理，要求行为人在思考问题、决策问题时，必须权衡和处理好短期和长期的关系、个人和集体的关系、局部和整体的关系、特殊和一般的关系。这种处理问题的方式，更有利于把问题考虑得更周全、把方案设计得更紧密、把负面影响尽量降到最低、最大限度实现正向价值。

（4）程序优先性。程序的本质是一种形式合理性、内容可实践性的理性。程序优先是法治的基本特征，也是根本性保障。程序优先性意味着一个人不能既做运动员，又做裁判；相同情况要相同对待、相同处理；让权力在阳光下行使，在监督下运行。通过实践程序优先性，可以使不同的利益博弈和价值衡量，都在法治的轨道上公开、公平、公正地解决，人情、关系、偏见等非理性因素将会被有效地控制在很低的程度。

（5）发展建设性。法治的生命在于实践发展，在于建设社会、维持良性的社会关系，并修复被损害的社会关系。纵观人类社会发展史，法治从来都是建设性力量，而不是破坏性力量；从来都是社会发展的推动力量，而不是阻碍力量。商业银行实施法治就是为了建设商业银行，维持良好的内部关系，以此推动商业银行不断发展。

2. 法治建设的特点

当前，为在商业银行内部实施法治管理而开展的法治建设，具有以下特点：

（1）紧迫性。自1997年我国宣布建设"社会主义法治国家"以来，法治建设被历次党代会所强调，"依法治国""建设法治国家"已成为我国法治建设的总体目标和国家治理模式改革的总要求，并已经取得了众多的成就。建设法治国家，需要国家的大力推进，需要公民的主动参与，也需要企事业单位的主动实践。一些企业通过实施法治式管理也获得了相对的竞争优势。商业银行是企业类主体中的重要力量，无论是顺应国家治理模式的发展趋势，还是提高自身的管理能力与管理效果，都需要认清管理模式的发展趋势，以舍我其谁的责任感和时不我待的紧迫感，自觉投入法治建设的伟大事业中。

（2）主动性。作为一种新型的企业管理模式，法治式管理不会在商业银行中自发产生、定型和成熟；而且，在市场经济体制和法治社会环境下，能适应这种外部形势的企业，才能取得竞争先发优势。这些都要求商业银行去主动适应法治社会、主动变革管理模式、主动实践法治建设。由于商业银行是一种总行集权式管理，法治建设的主动尤其表现为商业银行自上而下的主动，这就需要商业银行的总行和总行高级管理层主动谋划、主动实施、主动推进。通过总行带动分行，分行带动支行，高级管理者带动中层管理者，管理者带动员工，最终实现全行主动实施法治管理。

（3）长期性。"依法治行"目标的实现体现为商业银行的法治意识普及，法治文化盛行，法治制度健全和法治机制畅通。要实现这些目标需要时间来进行探索、论证、实施和完善。这就决定了商业银行的法治建设是一个长期的建设过程。那种以为开几次会、发几份制度，就可以毕其功于一役，快速建立法治银行的想法，是不切实际的。长期性也不意味着商业银行可以"等靠要"，等其他的商业银行先行探索与实践，相对成熟后，直接应用于自家银行。商业银行的管理模式是可以相互学习和直接移植的，但管理模式要发挥作用需要与该商业银行的企业文化、管理风格、员工素养等客观环境相融合。这种融合也需要时间。对于竞争越发激烈的商业银行来说，与其被动等待，不如主动实践，在主动实践的过程中，走出一条适合自己的法治道路，从而建立一种真正有生命力的法治式管理模式。

（4）渐进性。商业银行的法治管理建设需要从认识到实践，从被动到主动，从点到线再到面，这决定了法治管理建设是一种渐进式建设过程。这种渐进性表现为：一是先易后难。在法治建设中，可以根据工作的难易程度，从相对容易的工作着手，再逐步深入。如法治知识的普及可以立即开展；法治思维和法治精神可以在法治建设的过程中逐步建设；一些新型的、规模较小的、管理者主动性高的业务和管理板块可以先行先试，一些传统的或规模大的业务和管理板块，可以作为后续实施对象。二是由点到面。可以通过项目制方式，选择几个积极性高、难度弱的业务和管理条线、机构，作为法治建设的试点，先行探索。在取得突破、打开缺口后，再向其他的条线、机构推进。

（5）笃定性。我国人治式管理历史悠久，有些观念根深蒂固，想要改变这些观念不是容易的事情；法治式管理模式是对人治式管理模式的扬弃，要打破一些固有的观念、约束一些任性的权力、调整一些板结的利益，其阻力可想而知。而且，其作用的发挥和优势的显示又需要时间。这就决定了在商业银行中推进法治建设的难度相当大，不仅会遇到许多阻力，而且也存在反复、倒退的可能。这就要求法治建设的组织者、推动者必须要有坚定的信念、坚毅的勇气，笃定前行。其中的关键是商业银行的高级管理层要有共识，既然要实行法治式管理模式，就应该坚定不移地推进落实，特别是对组织者和推动者给予大力支持。

3. 法治管理的要求

商业银行在推进法治管理建设时，既要遵循国家法治建设的基本要求，又要根据自身的特点，遵循自身的具体要求。

就国家法治建设的基本要求而言，中共十九大报告中提出的"科学立法、严格执法、公正司法、全民守法"，是我国新时期依法治国的"新十六字方针"，是法治中国建设的衡量标准，是贯彻依法治国理念的一个重要亮点，也是我国法治建设的基本要求。

就商业银行法治管理的具体要求而言，当前，商业银行在推进法治管理建设时，除遵循我国法治建设的基本要求外，还应遵循以下具体要求[①]。

（1）法治文化要兴。兴法治文化指要根植法治精神，推动商业银行整体法治意识和法治能力提升，让商业银行全体员工都成为法治的忠实崇尚者、自觉遵守者和坚定捍卫者。抓法治文化建设，"做实"是关键，重点要把握三项原则：①不能一蹴而就，要分阶段推动实现不同教育目标。初级阶段要自上而下、由外而内地推行依法治行，向员工灌输法治知识，达到扫除"法盲"的目的；中级阶段要自下而上地实行依法行动，引导员工通过法律方式解决发展难题、自愿寻求法律支持、主动学习法治知识，达到提升法治能力的目的；高级阶段要形成法治自觉，自内而外地践行依法守诺、诚信经营、忠实履职，使法治成为企业的核心价值追求。②教育方式不能一概而论，对不同

---

① 郑万春. 民生银行郑万春：建设法治银行. 河北新闻网 [EB/OL]. [2018 - 02 - 22]. http：//finance. hebnews. cn.

教育对象选择不同的方式。约束管理者，强化高管层对建设法治理念和文化的基本责任，发挥其依法合规经营的带头作用；鼓励优秀者，树立依法合规正面典型，切实提升银行整体对法治合规创造价值的认同感，形成示范作用；惩戒违规者，通过合规谈话、违规扣分、问责惩处等起到警示作用；提升普通者，树立合规底线和风险纠偏意识。③不能为学而学，根据不同的目标要求，建立不同的督导机制。坚持对培训教育有记录、有考核、有督导、有评价，将员工法治培训达标与资格准入、职业学习规划、评优推先相关联，将机构学习成效与负责人履职评价相关联，提升学法效能。

（2）制度规范要硬。在各种管理方式中，制度是最可靠的方式，商业银行应将制度建设作为推进法治管理建设的"牛鼻子"。①制定商业银行的基本法，明确商业银行的核心价值观、发展方向、管理理念、基本准则等长期稳定运行的基本纲领和行为规范。②持续完善立法，实行总行集中牵头立规，及时结合监管政策要求、新业务开发、内部管理变化进行制度的制定、梳理、优化，实现制度规范的全覆盖、协调性和有效性。③强化制度执行的刚性控制，逐步推进制度流程化、流程岗责化、控制系统化；定期开展制度执行状况的检查与评估、梳理与更新，确保业务操作中有制度可循，确保制度在执行中可控。

（3）运行机制要实。商业银行推进依法治理，构建高效有序的运行机制，需做好顶层设计与法治合规建设的主动统筹管理，实现充分协作、有效制衡、凝聚合力，不断提升主动防范化解系统性风险的能力。①健全依法合规经营管理的主体责任，筑牢合规风险管理的三道防线，形成前中后、全流程、一体化的合规风险管控防线，做到早识别、早预警、早发现、早处置。②加强重大经营决策、重要产品创新等重点领域法治管理，强化法治的前置化和过程化规范。③着力防范重点风险，加强对易产生合规风险的基层机构、面向客户的经营场所及销售行为的风险排查，抓早、抓细、抓实整体防控。④强化法治绩效监督考核，健全法治合规评估标准，定期开展全行性检查评估，考核结果与机构、员工的考核升迁等相关联，充分发挥法治导向作用。

（4）违规问责要严。问责是内部管理得以实施的最后保障。严肃、严厉的问责，可以在商业银行内部塑造风清气正、依法合规的工作氛围。在当前的经济金融环境和监管形势下，商业银行必须高度强调"既不能违规做坏事，也不能违规做好事"的理念，对两者都要严厉问责。具体包括三个要求：①明晰违规问责的标准，形成明确的行为指引。②调整违规问责的导向，从以结果为主，向结果与行为并重转变。③完善违规问责的手段，要坚持内部行政处罚、经济处罚、外部民事责任追究和刑事责任追究等手段的综合运用，坚决避免违法违规人员一走了之，坚决推进重大违法违规的司法追责制，提高违法违规成本。

（5）专业队伍要强。建设法治型银行需要一支强有力的专业队伍作为保障。①建立专职法律顾问专业团队，确立法律顾问对行长负责、与董事会沟通、向监管机构报告等工作机制，确保法律顾问团队有效履职。②全面发挥法律队伍在辨析法律方向、管控法律风险、维护合法权益方面的专业作用，为保障法律部门与业务运行全流程的高效接轨创造条件。③确保法律专业团队履职的独立性和权威性，充分发挥法律风险管理和法治运行的价值。当然，在商业银行内部，权力可以由组织、上级赋予，而权威则需要自己通过业绩树立。法律专业队伍是否能真正强大、真正具备能力和权威，组织和上级仅能给予机会，真正的强大和真正的权威，需要法律部门通过扎扎实实地推进法治建设、管控法律风险、服务和促进商业银行的经营发展等工作，并取得比较突出的业绩来树立。

四、商业银行推进法治管理的原因

在当前我国大力推进市场经济和法治建设的形势下，商业银行推进法治建设，是外有所要、内有所需，既是贯彻落实我国依法治国战略的重要内容，也是主动适应我国经济发展新常态、持续保持稳健发展的必然选择。

（一）外部形势的要求

1. 新常态下金融风险和挑战的要求

近年来，在国际国内经济下行压力和多种因素综合影响下，商业银行经营管理的缺陷和短板逐渐暴露，面临很多的风险和挑战。从来源看，商业银行面临的风险集中表现在以下三个方面：①来自金融企业外部领域的外生性风险。供给侧结构性改革、利率市场化、金融科技发展挑战等因素导致经营环境日趋复杂，资产质量下滑、利差收窄和传统业务扩张难以为继。②来自金融体系内部的集聚性风险。在金融脱媒大背景下，以大资管业务为代表的金融产品衍生出复杂的功能结构，形成巨大的杠杆规模和跨市场、货币、产业的格局，使金融体系的关联风险、交叉风险和系统性风险的隐患不断累积。③来自商业银行个体的内在缺陷性风险。商业银行的基础管理建设未能同步跟进，基础管理不足、内部运行失范的后果开始集中暴露。这三类风险相互交织，构成了当前金融业面临的主要风险。同时，经济全球化深入发展、国际金融危机外溢性加大，防范化解系统性金融风险的形势日益严峻，金融安全已成为国家安全的重要组成部分。

党中央审时度势，自 2017 年中央经济工作会议以来，围绕金融安全和系统性风险防范作出了一系列决策部署，要求强化金融机构防范风险的主体责任。中国银保监会则对打赢防范化解金融风险攻坚战作了一系列具体的部署。如 2020 年，中国银保监会的主要工作之一，就是要坚决打赢防范化解金融风险攻坚战①：稳妥处置高风险机构，压实各方责任，全力做好协调、配合和政策指导。继续拆解影子银行，特别要大力压降高风险影子银行业务，防止死灰复燃。坚决落实"房住不炒"要求，严格执行授信集中度等监管规则，严防信贷资金违规流入房地产领域。对违法违规搭建的金融集团，要在稳定大局的前提下，严肃查处违法违规行为，全力做好资产清理，追赃挽损，改革重组。深入推进网络借贷专项整治，加大互联网保险规范力度。继续努力配合地方政府深化国有企业改革重组，加快经济结构调整，化解隐性债务风险。有效防范化解外部冲击风险，做好银行保险机构压力测试，完善应对预案，稳定市场预期。

防范和化解金融风险，商业银行要承担主体责任。要有效防范和化解金融风险，关键要明确防范和化解风险的责任主体、权利义务、化解方式和激励约束；既不能在解决存量风险的同时又产生新的风险，也不能让冲在一线的员工有责无权，更不能让其身陷明枪暗剑而不能善终自保。这种状况，唯有通过法治化的管理才能实现。

---

① 申佳平．银保监会：2020 年要坚决打赢防范化解金融风险攻坚战．人民网［EB/OL］．［2020 - 01 - 13］．http：//economy. qmw. cn.

2. 依法治国、建设现代法治国家的要求

自党的十八届四中全会对全面推进依法治国作出战略部署后，我国开启了全面推进依法治国的新征程。《中国银监会党委关于贯彻落实〈中共中央关于全面推进依法治国若干重大问题的决定〉的指导意见》（银监党发〔2015〕5号）中，对在银行业推进法治建设作了详细和具体的部署，即：①提升银行业依法合规经营水平。要将银行业金融机构设立专职总法律顾问纳入监管要求，保证总法律顾问在重大决策中发挥重要作用。强化银行业金融机构法律合规部门在依法合规经营、审核把关、维护合法权益等方面的积极作用。②提高银行业法治意识。依法规范银行业金融机构的经营行为和从业人员行为，查处违法、违规经营问题，防范金融法律风险，保护存款人和金融消费者合法权益。要将有关法律知识测试纳入银行业金融机构董事（理事）和高级管理人员任职资格考试，提高银行业金融机构董事（理事）和高级管理人员法律水平。提高银行业从业人员学法、知法、守法的自觉性，树立"合规就是效益、守法就是发展"的信念，坚守合规底线。对依法监管和银行业依法经营表现突出的，予以通报表彰。

党的十九大四中全会对坚持和完善中国特色社会主义制度，推进国家治理体系和治理能力现代化作出全面战略部署后，我国的法治建设进入了新阶段。中国银保监会在《关于推动银行业和保险业高质量发展的指导意见》（银保监发〔2019〕52号）中再次强调，要大力整治违法违规金融活动。即：坚决清理和取缔未经批准从事金融业务的机构和活动。坚持打防结合、标本兼治的原则，推动建立健全对非法金融活动全产业链、全生态链的防控打击体系。加强监测预警，着力打早打小，指导地方做好非法集资案件处置工作，坚决遏制增量风险，稳妥化解存量风险。有效发挥大数据、人工智能等技术在打击非法集资、反洗钱、反欺诈等方面的积极作用。深入开展互联网金融风险专项整治，推动不合规网络借贷机构良性退出。筑牢风险"防火墙"，严防非法金融活动风险向银行保险机构传染渗透。

对法治建设的倡导和要求，对违法违规金融活动的大力整治，都要求商业银行必须自觉推进法治建设，规范自己的行为，依法合规开展业务，才能获得法律的认可和保护；逆势而为，不但无法立足，还会受到严厉打击，最终被形势所抛弃。

（二）自身发展的需要

商业银行实施法治管理，推进法治建设，除外部政治、经济、金融形势要求外，更是其内在强化管理、提升管理的需要。

1. 有利于解决管理中所存在的现实问题

商业银行发展到一定时期，机构网点增多、资产规模扩大、员工数量增多，容易出现两类问题：

（1）显性问题：即会爆发种种风险问题。这些问题主要表现为：①违规行为屡禁不止。一些商业银行在经营管理中，重经营、轻管理，重业绩、轻合规，违规行为屡有发生。为整顿违规经营行为，近几年来，中国银行业监管机构相继开展了"两加强、两遏制""市场乱象整治""市场乱象整治回头看"等专项行动，并配套严厉的违规处罚，对遏制、整顿、纠正商业银行的违规经营行为起到了重要的作用，依法合规经营得到了各家商业银行的高度重视和积极落实。但也遗憾地看到，一些商业银行违规行为还是时有发生。②违反刑法的行为偶有发生。少数商业银行的管理者，为了一己私利，置党纪国法于不顾，贪污受贿、违规违法放贷。这些直接触犯刑法的行为，也时常见于报道。③负面舆情时有报道。一些商业银行的违法行为、违规行为、乱作为行为，被各类媒体报道，给相关商业银行带来了极其不良的影响。④不良资产包袱沉重。伴随着经济进入新常态，商业银行的不良资产一直高位运行，给商业银行的经营带来了很大的压力，而且，在清收处置中可以看到，成为不良资产的业务，在其办理过程中多数都存在违规行为或不规范操作行为，给后续的不良资产清收处置带来了种种障碍。这些问题，虽然在不同的商业银行有不同的表现，但其结果都给商业银行的正常经营发展带来了困难和干扰。

（2）隐性问题：即可能会慢慢地沾染上"大企业病"。这种病的"病灶"，突出表现为：①机构本位主义。任何事情都以本部门、本分行为重，机构利益至上；纵向管理尚可，横向协作较难。严重时可能出现"山头"现象。②官僚现象。将部门或岗位的职责当作个人的权力；把管理当作命令；唯上不看下。③权责分离。市场一线人员有职责（经营任务）而没有职权；中后台人员则是有职权而没有职责。④集权低效。一些机构将大部分管理权限上收总行。总行和基层的距离越来越远，管理和沟通的链条越来越长。如果总行的部门、人员存在官僚现象，效率会越来越慢，抱怨会越来越多。⑤短期绩效至上。商业银行作为企业，注重绩效、追求绩效是一种很正常的事情。但有些机构过于追求短期绩效，并将管理简单化，只是对员工一味强调：你不能赚钱，就可以走人；能赚多少钱，我给你发多少钱。这种倾向，只是把员工当作赚钱的机器，而无视了商业银行的持续发展是建立在员工队伍能力的持续发展基础之上。⑥"贴膏药式"管理。出现问题后并不是在现有的管理框架中谋求解决之道，而是通过设置一个新的机构（部门、处室、中心等），增加几个管理人员来负责相关问题的管理；或直接制定新的管理制度。今天贴个膏药、明天打个补丁，经年累月下来，结果就是在管理组织架构上，叠床架屋，部门越来越多；管理制度越来越多、越来越厚。⑦形式主义。过于注重汇报：上级走访调研听汇报，下级展示工作靠汇报。没有人认真地透过汇报看实际，造成了员工把太多的时间和精力用于整理汇报材料，且容易形成"干活的不如做PPT的"现象。⑧偷懒思想。对存在的问题，不是自己下功夫深入实际去了解情况、研究解决办法，而是先看看别的商业银行的做法、听听咨询公司的意见。直接照抄照搬，也不管水土服不服。⑨沉迷过去。对过去的成就沾沾自喜，而不知谨慎反思、与时俱进。⑩沦为装饰的企业文化。每个商业银行都有自己的企业文化，并将其作为自己的核心价值观。但一些商业银行的管理者，做的和说的不一样，久而久之，使企业文化就沦为喊在嘴上、挂在墙上的装饰品。当然，并不是所有的商业银行都存在上述所有的问题，而是表现为不同方面、不同程度。隐性问题虽然没有显性问题表现明显，但属于温水煮青蛙，日积月累，对商业银行的伤害不可小视。商业银行的"大企业病"，都是内部管理出现问题而逐步形成和积累的。

对于上述这些问题，商业银行的管理者都在寻找解决之道，也提出了很多解决办法，采取了很多措施，取得了一定的成效，但多数情况是按下葫芦浮起瓢，解决了这个又出现了那个。究其根本，商业银行的传统管理模式是产生上述问题的温床。管理模式不进行变革，对这些问题的解决都是治标不治本。法治作为一种强调制度至上、依法依规办事、平等、公平、权力约束等精神的管理模式，并不能解决上述所有问题，但可以为上述问题提供解决的思路和框架。

2. 有利于应对金融风险的挑战

商业银行服务于社会经济各个领域，是一个特殊的高风险行业。伴随经济新常态下的风险积聚、利率市场化和"互联网＋"浪潮的巨大冲击，新业态、新模式、新竞争层出不穷，商业银行能否在法治化轨道上改革创新、转型发展，是一个事关生死存亡的重大课题。而且，国际金融危机爆发以来，国际银行监管界实施了大量改革，出台了更加严格的监管标准，国外先进银行也纷纷加强了内控建设和合规管理。合规就是效益，守法就是发展。在经济金融环境发生深刻变化的形势下，商业银行要想活下去、活得好，必须主动研究法律法规，以拓宽发展空间。对法律法规研究得透、准备得足、运用得好的商业银行，就能够在竞争中赢得先机。因此，加强法治建设应当成为商业银行的自觉选择。

3. 有利于践行金融法治

当前，全面依法治国正在深入推进，社会成员知法、信法、守法、用法是依法治国方略实施的社会基础。我国宪法明确规定，一切国家机关和武装力量、各政党和社会团体、各企事业组织都必须遵守宪法和法律。商业银行作为企业也不例外。在国家法治建设的伟大工程中，商业银行既要将内部治理提升到法治的新高度，又要主动拥抱机遇，积极投身于法治环境下更充分、更有序、更有能动性的竞争中。同时，新常态下金融运行呈现出监管趋严的特征。在这种形势下，商业银行只有依法而治、奉法求强，才能从思想意识、企业文化上改造传统、树立新风，将依法合规作为根本发展理念和驱动力；才能从制度规范与机制设计上，保障政策要求、管理要求与风险防范要求的实施落地，将各类经营管理行为关进制度的笼子；才能从根本上避免违反金融市场秩序行为的发生，更好服务实体经济发展和防范系统性风险，促进经济和金融良性发展。

4. 有利于提高内部管理的有效性

为满足经营发展的需要，商业银行都在持续强化内部管理。但在商业银行领域也不时暴露出一些违法乱纪行为，甚至发生一些大案要案；不良资产则总是挥之不去。出现这些问题的原因是多方面的，但法纪不张、规矩不振是主要原因。少数人为追求短期目标，突破合规底线，罔顾规则、牟取私利，违法违规经营。对于这些乱象，商业银行需要标本兼治，一方面，严惩违规，严守底线，整肃行风行纪；另一方面，自上而下地推行依法治行、行法振威，自下而上地推进法治建设，将法治意识和法治要求内化于心、外化于行，由内而外地坚持依法守诺、诚信经营。商业银行只有持续增强法治建设的内在动力，持续提升依法合规经营水平，以法治手段维护、巩固、深化、扩大业务经营成果，用法治手段防范、警示、打击、消除违法乱纪行为及其恶果，才能建设风清气正的内部经营管理环境，保障商业银行得以实现依法合规经营、稳健持续发展。

5. 有利于维护商业银行的合法权益

市场经济与法治经济体制都内在的要求市场主体的合法权益能平等地获得国家公权力的有效保护，避免陷入由市场逐利性造成的恶性循环和博弈中；但合法权益是否能够真正得到保护，也需要市场主体自身去努力争取。商业银行在办理各种业务中，与借款人、存款人、理财产品购买人等各类客户都是平等的民事主体，都是通过合同约定双方的权利义务，需要双方都履行自己的合同义务以实现自己的合同权利。但在贷款业务中，商业银行先贷出、借款人后归还是其主要特征，因此会出现借款人不归还贷款的可能性。在不良资产清收处置中，一些借款人或其实际控制人以投诉举报甚至聚众等方式直接对抗清收，或者通过转移财产等方式间接逃废债务。作为债权人的商业银行一方面面临重重阻挠，另一方面则赢了官司却拿不到钱，其合法权益常常难以正常实现。长期存在的执行难问题，不仅损害了商业银行的合法利益，也不利于金融业务和金融市场的良性发展，还严重损害国家司法机构的权威性。对这一难题的破解，既需要国家继续推进法治建设和司法体制改革，也需要商业银行强化自身权益的保护。在司法体制改革完全到位前，商业银行也可以使用法律的武器，维护自己的合法权益。如：只给"讲诚信、重合同"的企业贷款；贷款逾期后，及时采取诉前保全；直接扣划借款人账户资金；诉讼执行时，追讨借款人转移的资产；等等。这些都是法律赋予商业银行的合法权利，可以依法充分行使。因此，商业银行推行法治建设，既是对自我行为的一种约束和规范，也是对自我权益的有效保护。

6. 有利于保护商业银行员工的安全

近年来，由于国家法治建设和金融反腐力度的加强，商业银行业刑事案件时有发生。根据公开数据统计，2012 年 1 月至 2018 年 2 月期间，全国各级法院审结的金融犯罪类裁判文书总量共计 1270 份，其中：2016 年为 193 份，2017 年为 340 份，2018 年为 308 份。① 金融领域案件高发的原因，既有金融从业人员为牟取私利铤而走险的原因，也有国家法治健全的原因。随着依法治国的推进，我国刑法罪名日益增多，法网日益严密，刑事风险也相应增加。据统计，1979 年刑法的罪名数量为 128 个，2019 年增加至 470 个，且还有继续增加的趋势。稍不防范，"罪名四百七，总有一款适合您"！② 其中，除为大众所熟悉的贪污受贿罪等罪名以外，与金融业务直接相关的罪名有 38 个，分别是：伪造货币罪，出售、购买、运输假币罪，金融工作人员购买假币、以假币换取货币罪，持有、使用假币罪，变造货币罪，擅自设立金融机构罪，伪造、变造、转让金融机构经营许可证、批准文件罪，高利转贷罪，骗取贷款、票据承兑、金融票证罪，非法吸收公众存款罪，伪造、变造金融票证罪，妨害信用卡管理罪，窃取、收买、非法提供信用卡信息罪，伪造、变造国家有价证券罪，伪造、变造股票、公司、企业债券罪，擅自发行股票、公司、企业债券罪，内幕交易、泄露内幕信息罪，利用未公开信息交易罪，编造并传播证券、期货交易虚假信息罪，诱骗投资者买卖证券、期货合约罪，操纵证券、期货市场罪，背信运用受托财产罪，违法运用资金罪，违法发放贷款罪，吸收客户资金不入账罪，违规出具金融票证罪，对违法票据承兑、付款、保证罪，逃汇罪，骗购外汇罪，洗钱罪，集资诈骗罪，贷款诈骗罪，票据诈骗罪，金融凭证诈骗罪，信用证诈骗罪，信用卡诈骗罪，有价证券诈骗罪，保险诈骗罪。这些罪名为金融违法犯罪行为编织了一个天罗地网，商业银行员工一旦有违法犯罪行为，一定会受到法律的制裁。有效防止触犯刑律，一方面需要依靠员工"心中有法、敬畏法律"，另一方面也需要商业银行建立健全有效的管理机制，预防员工从事违法犯罪行为。通过法治建设、加大法律知识培训、法律风险宣传与警示教育、管理制度建设、业务流程约束、业务监督检查等措施，是帮助商业银行员工避免违法犯罪、保护员工依法合规履职的最有效机制。

---

① 阎丽. 金融犯罪大数据分析报告. 德和衡律师事务所［EB/OL］.［2019－03－15］. http://jcgh. tiandl. com.

② 江必新. 新时代企业经营管理人员法治素养［M］. 北京：人民出版社，2019：417.

五、法治管理与相关管理模式的比较

商业银行内部管理的核心是要兼顾并处理好效率与公平的关系。在商业银行发展史上出现过多种管理模式。在同一时期，不同的商业银行也会采用不同的管理模式。为进一步加深对商业银行法治管理的理解，现对与法治管理相关的概念、相关管理模式或管理方式的关系进行比较分析。

（一）法治管理与人治管理

1. 人治式企业管理的概念

人治是与法治最直接相对应的一种管理模式。人治是一种以人治人、以人管人的内部管理模式。人治是比法治历史更为悠久的社会历史现象。在企业管理领域，人治模式既久远又普遍。在一些商业银行成立初期或规模较小的时期，也经常采用人治的管理模式。

在企业管理实务中，人治普遍存在，其根源是基于人的本性和人的自然性。人治式的管理模式突出表现为以感情，即以血缘、地缘、人缘或同学、同乡、前同事（简称"三缘三同"）为信任基础，以点对点的个人信任关系为纽带维系企业运转。

2. 人治式企业管理的特征

企业中的人治式管理模式具有以下特征：

（1）个人意志性。人治的依据是企业实际控制人或实际管理者的个人意志或极少数人的意志。在人治式管理模式中，企业实际控制人或实际管理者具有绝对的权威，其个人意志是企业的行动指南。企业的发展方向、业务重点、资源配置、选人、用人等，都由企业实际控制人或实际管理者个人决定。人治型企业也设有董事会等公司治理机构，但形同虚设，所有事情都由企业实际控制人或实际管理者一个人说了算，决策由一个人作出，这个人的思想观念体现在企业的各个方面，他的"语录"成为最高指示，他甚至会成为企业的神，企业成了人的化身①。

（2）随意变动性。在人治式管理模式下，企业的发展方向、发展规划、

---

① 蓝岚.企业法治建设的意义与内容.一法网［EB/OL］.［2018－07－12］. http：//mp. weixin. qq. com.

人力资源、考核激励等，都依赖于企业实际控制人或实际管理者的个人意志，而个人的意志容易发生变动，不可避免地在企业管理中出现随意变动、反复等情况。

（3）轻视规则性。在人治式管理模式中，企业也会制定管理制度，但制度可以制约别人而不能制约企业实际控制人或实际管理者；而且管理制度的地位低于企业实际控制人或实际管理者的个人意志。管理制度仅是企业实际控制人或实际管理者手中的工具，是维护其个人管理的手段。企业实际控制人或实际管理者也可以根据个人意志，直接制定、修改或废除管理制度。

（4）缺乏参与性。企业内部事务，特别是重大的内部事务，均由企业实际控制人或实际管理者个人或少数人说了算，其他管理者、员工都是执行者，既没有参与的可能，也没有参与的动力。即使有时允许部分人参与其中，更多的也是为了对企业实际控制人或实际管理者表示支持，而不是为了给企业贡献更多的智慧。

3. 人治式管理与法治式管理的优缺点

（1）人治式管理的优缺点。存在即合理。人治之所以在许多企业普遍存在，是因为其具有一定的优势：①凝聚力强，战斗力高。打虎亲兄弟，上阵父子兵。由相互间存在"三缘三同"关系的人组成的企业，或在企业中存在"三缘三同"关系的人员，文化比较接近，心往一处想，劲往一处使，相互之间较少推诿或掣肘，凝聚力较强，战斗力也较高。②有感情成分，幸福指数高。在有感情的群体之间，相互之间比较容易理解和包容，协作也会比较顺畅和愉悦。即使出现问题，如果没有涉及切身利益，多数会看在感情的情面上相互妥协。③管理成本低，响应速度快。由于没有制度和流程的规范和约束，在处理一些事情时，可以因人而异、因时而异、因事而异，处理方式灵活，效率比较高。

但是，人治的缺点也非常明显：①难以覆盖，难以一体。在企业规模大、管理层级较多时，企业实际控制人或实际管理者的感情无法覆盖到企业或"三缘三同"中的每个成员，只能实行逐级覆盖。因此，可能会出现两种结果：一是感情会逐级递减。人员越多、层级越多、感情就会逐级衰弱，末端的人员往往不能感受到前端的情感。二是感情会逐渐变形。感情在传递过程中，因参与人的理解不同或部分参与人加入了自己的情感，感情在传递过程中就会变形。其结果是在企业中容易形成不同的派系。②难以平衡，难以公平。在人治式管理模式下，由于是根据"三缘三同"来传递和维系感情、处理事情，企业实际控制人或实际管理者有时难以平衡情与事的关系，容易出现"三治三不治"现象，即"治疏不治亲""治下不治上""治奖不治罚"。而这种有差别的治理模式，会在员工队伍中制造不平等，使其他员工不能感受到公平。其结果无疑会既伤团队，又伤企业。③难以兼顾，难以培养。人治式企业中，所有的事项都需要企业实际控制人或实际管理者进行决策，容易出现事事亲力亲为、一竿子插到底的情况。但人的精力和时间是有限的，亲力亲为无法兼顾做事的深度和宽度。一个没有深度和宽度的企业，是缺乏风险抵御能力的，也是没有竞争能力的。同时，也会减少其他人的做事机会，影响他们的积极性和主动性，不利于团队的培养和成长。④难以稳定，难以复制。感情是抽象的、主观的，容易出现情绪化，具有不稳定性。而且，感情是一对一的，是无法复制的，在逐级传递或新老更替时，无法保持感情的一致性。而且，那些对企业作出重大贡献的人，或者是带领企业由小变大的强人，或者是企业的创始人。因为成功，他们受到员工的真心尊敬甚至崇拜，往往会被神化或自我神化，成为企业中至高无上的管理者。这些都会导致企业或团队难以做大、做长。我国企业平均寿命仅有 3.9 年，中小企业平均寿命仅有 2.5 年；原因较多，其中与普遍存在的人治式管理有很大关系。因为，人治式管理模式必然导致企业呈现"其兴也勃焉，其亡也忽焉"的特点。在出现天才式的管理者时，企业能在短时间内快速扩张，成为大型企业；但因种种原因失去这样的管理者时，企业也会急速萎缩，甚至失败。

（2）法治式管理的优缺点。与人治式管理模式相比，法治式管理则具有更多的优点：①制度至上，有利管理。在法治式管理模式中，管理的依据是国家的法律法规和企业自行制定的规章制度，而且，管理制度具有至上性。各级管理者和操作执行者只需要根据制度的规定开展自己的工作，而不用过多考虑企业实际控制人或实际管理者的意思。以客观的制度规定而不是主管的个人意志为管理基础，自然更有利于管理，更有利于保持和提高企业的生产效益。②规则明确，便于执行。制度的内容清楚明白，而个人的意志则飘忽不定。与飘忽不定的个人意志相比，清楚明白的制度规则，更有利于企业员工开展工作。而企业实际控制人或实际管理者通过参与、引导制度的制定，将个人意志转换为制度规范，也更有利于贯彻落实其个人意志。③标准统一，可以复制。企业要做大做强，需要众多员工的共同努力。而企业要做成百年老店，更需要几代人的努力。但在人治式管理模式中，个人意志是个人思维、认知和经验的体现，难以前后连贯，也难以复制、传递和实施。在法治式管理模式中，无论是制度规范，还是法治管理机制，都是客观的，可以复制的。通过不断地记录、总结、传递管理经验，可以保障企业持续地做大做强。④集体决策，减少犯错。在企业日常经营中，需要做无数的决策。小的决策事关企业的运转，大的决策事关企业的生死。一些错误的决策可能将企业带入"死胡同"。在法治式管理模式中，通过坚持和落实集体领导和个人分工相结合的管理权力行使原则，对企业的重大改革改制、重要建设项目、重大决策、大额度资金的调度和使用、重要干部任免等，都需要严格按照党和国家的方针政策和法律法规，从企业的实际情况出发，科学决策、集体决策和规范决策，从而保障决策的科学性和正确性，可以有效地防范出现重大的错误决策，即使出现错误的决策，也可以及时发现和纠正。⑤制定严谨，相对科学。无论是国家的法律法规，还是企业制定的规章制度，都是多人共同参与的结果，都是多人智慧的结晶。在制度制定过程中，虽然要体现和反映企业实际控制人或实际管理者的个人意志，但在多人参与下，也会体现和反映事项本身的需求和规律。多数情况下，多人的智慧融合无疑会比个人的智慧更全面系统、深入细节、遵循规律，多人智慧碰撞出来的制度比根据个人意志制定的制度，更科学、更有效。

　　法治式管理也存在一定缺点：①成本较高。无论建立法治式管理的机制和规章制度，还是维持管理机制和管理制度的运行，都需要一定的成本。而且，法治式管理模式效能的发挥也需要一定的时间。在其效能真正发挥作用前，成本都是必须支付的沉淀成本，对一些企业而言，可能会有一定的压力。②灵活性差。在法治式管理模式中，管理机制和管理制度的变更都需要经过一定的程序。相对于人治式管理模式下的灵活机动，显得有些迟缓。

4. 人治式管理与法治式管理的综合比较

综合起来，作为企业管理两种不同的模式，人治式管理与法治式管理的不同之处主要有以下几个方面①：

（1）人治以人为导向，法治以事为导向。在处理企业内部人际关系时，特别在选人用人或追责问责时，人治式管理和法治式管理有明显区别。人治强调的是感情和关系，通常会有意或无意地对员工进行分类。法治强调的是规则和标准。在规则和标准面前，人人平等、机会相同。在这种情况下，人治容易出现关系复杂化、人员山头化、氛围庸俗化的情况，既容易歪曲事情的是非曲直，也容易引导员工把工作的重心用于钻营关系；法治则相对比较简单，制定规则和标准后，大家都围绕规则和标准行事，员工的工作重心会放在工作上。

（2）人治重在个人能力，法治重在整体机制。在人治式管理模式中，企业也会建立管理机制和管理制度，但二者地位不显、作用不明，企业实际控制人或实际管理者可以随意改变管理机制和管理制度，企业实际是以企业实际控制人或实际管理者为中心，其个人意志决定了企业的运转。在这种管理模式下，企业实际控制人或实际管理者的能力决定了企业的能力；企业实际控制人或实际管理者的高度决定了企业的高度。而个人能力和个人高度难以代际传承。人在政举、人亡政息是人治式管理模式的通常结果。在法治式管理模式中，企业实际控制人或实际管理者也非常重要，但其作用更多地体现为建立一套管理机制，并通过整套管理机制来管理、推动和保障企业运转。管理机制成熟后，企业实际控制人或实际管理者的个人作用则相对淡化；而且管理机制可以实现代际传承，可以避免企业因管理者的变更而发生重大的变化。

（3）人治讲情理法，法治讲法理情。情理法是中国社会处理人际关系的三个重要依据。对一件事情的处理，同时满足三个要求是上上策。但现实是复杂的，同时满足三个要求很困难，在三者中进行取舍是常态；而不同的思路和不同的管理模式会影响到取舍的标准。人治强调的是感情，容易把感情放在首位；法治强调的是规则，会把制度放在首位。而感情是主观的，其标

---

① 杨斌. 职业经理的革命［M］. 北京：企业管理出版社，2016：229 - 232.

准容易变动且难以把握；制度是客观的，其标准是公开的、容易把握的。由此，法理情与情理法相比，更尊重事实和规则，处理结果也更加公开、公平和公正，更有利于有效管理。

（4）人治偏艺术，法治偏科学。任何管理模式都是艺术与科学的结合；管理效果取决于对艺术和科学之间"度"的拿捏。在人治式管理中，企业实际控制人或实际管理者的个人意志起主导作用，而个人意志因人而异，没有客观的标准。因此，人治式管理是一种艺术式的管理，而艺术也是主观概念。对艺术的评价完全依赖于个人的喜好和个人的感觉。在法治式管理模式中，起主导作用的是管理机制和管理制度。无论是管理机制还是管理制度，都是客观的，是许多人深思熟虑的结果。因此，相对人治而言，法治更偏重科学。科学是可以论证的，是客观的，也是可以量化评价的。

5. 由人治走向法治是企业管理的必然选择

人治式管理与法治式管理的优缺点，决定了法治式管理是企业管理的必然趋势与主流模式。成功的企业都必须经历由人治向法治的转变。企业由人治走向法治是一个过程。一个企业在创办的初期，人，特别是能人至关重要，有（能）人则生、无（能）人则死。但随着规模的增大、人员的增加，到达一定规模后必然走向法治。在一段时间内取得成功的企业，有时管理者会陶醉在过去的辉煌中，留恋过去的管理经验，不能及时调整管理思路和管理模式，导致企业在不知不觉中开始走下坡路。企业从人治式管理模式转向法治式管理模式，关键在于企业的实际控制人或实际管理者。他们能否主动放弃个人的权威，愿意接受一套相对不太熟悉的管理机制和管理制度的约束，是企业从人治走向法治的关键。企业的实际控制人或实际管理者能否及时、恰当地完成这个转变，将决定企业的下一步发展状况。顺利完成转变的，企业将走向康庄大道；难以完成转变的，企业将走向没落衰退，最终逃脱不了死亡的命运。

6. 法治管理中人的作用

强调实行法治式管理模式并不是否定个人在企业管理中的作用。企业是人的聚合，人是企业最重要的资源和财富。个人在企业经营发展中发挥了举足轻重的作用。在企业管理中，个人的作用主要有以下几点：

（1）管理机制和管理制度的建立需要人来推动。一家企业的管理机制和管理制度需要企业的员工，特别是实际控制人和高级管理层的推动来建立。没有实际控制人和高级管理层的发起、推动和选择，难以建立整套的管理机制和管理制度。实际控制人和高级管理层的意志、追求和选择直接决定了该企业的管理机制和管理制度的模式与内容。实际控制人和高级管理层的风格和价值标准直接决定了该企业的风格和价值追求。在同行业、同类型的企业中，虽然不同的企业管理模式都是大同小异，但恰恰是其中的"异"，既是实际控制人和高级管理层风格差异的体现，也是决定企业发展前景、发展状况的基础。

（2）管理机制和管理制度的运行需要人来实施。无论机制还是制度都不能自我运行，而需要有人来实施。没有人实施的机制和制度，只是死的机制和制度。管理机制和管理制度运行的效果与实施人的主观能动性息息相关。同样的管理机制和管理制度，由不同的人来实施，结果会截然不同。企业成败的决定因素是企业人员的工作状况，特别是企业实际控制人和高级管理层的工作状况。

（3）管理机制和管理制度的巩固和提升，需要人来坚持和努力。建立管理机制和管理制度后，并不是可以一劳永逸了，还会存在进步与倒退的问题。经济金融形势是始终向前发展的，但企业管理者可能会有三种方式来应对外界的变化：①尊重和顺应变化，改造自我。一些企业管理者会根据客观规律，契合发展趋势，持续改进，从而保障和推动管理机制和管理制度持续进步，其结果是基业长青，企业保持旺盛的生命力。②漠视和厌恶变化，迷信自我。一些企业管理者不能正视和回应外界经济金融形势的变化，盲目相信自己的判断和过往的经验。少数企业管理者可能会因驾驭不了外界的变化，而采取鸵鸟政策，一味坚持已有的管理机制和管理制度。在这种情况下，管理机制和管理制度就会慢慢落后于形势的发展，不能满足新形势的需要，结果就是逐渐变得平庸乃至失败。③抗拒和遏制变化，退化自我。一些企业管理者能正视外界经济金融形势的变化，但认为这种变化不符合自己的价值判断，因而采取抗拒乃至遏制的对策。对于企业管理者而言，这种对策的实施难度比较大，但在企业内部还是有实现的可能。这种应对的结果自然是被形势所抛弃。这三种应对方式都是客观存在的，但给企业带来的结果却截然不同。好的管理机制和管理制度，如果没有人实施和改进，也会停滞和倒退。

其实，与法治相对应的是人治，而不是人。人是法治的主体和客体，人是企业法治建设能否成功的关键要素。人可以将企业的管理模式引向法治，也可以将企业的管理模式引向人治。在企业法治建设实践中，要注意防范和克服的，甚至否定的是人治，而不是人。相反，还需要充分发动、鼓励员工参与法治建设，通过引导、肯定员工落实法治、运用法治从事经营管理活动，才是将法治建设真正地落到实处，才是成功的法治建设，企业法治也才是有生命力的法治。

7. 商业银行法治管理中的"人"

商业银行在推进法治管理建设过程中，既要克服人治式管理模式的影响，又要充分发挥人的作用，重点是处理好商业银行各级管理者之间的关系。

（1）法治管理建设离不开管理者的支持。商业银行的各级管理者，对商业银行的管理活动具有一定的影响力。不同管理人员的经营思路、管理风格、价值追求、个人偏好等都会有所不同，这是客观存在的，也是为内部管理所需要的。商业银行的法治建设必须紧密团结各级管理者，充分发挥各级管理者主动参与、推动法治建设的积极性。没有各级管理者支持的法治建设是不能成功的。

（2）管理者应尊重并遵守规章制度。在企业中，需要管理的事务可以分为个案性事务和类型化事务两种。这类似于行政管理中的行为被分为具体行政行为和抽象行政行为。其处理的基本原则是：个案事务个案决策，类型事务制度规范。管理者对个案事务进行个案决策应受到鼓励和保障，但对于类型化事务，则应当纳入规章制度管理范畴。在商业银行法治建设中，需要防范与注意的是将类型化事务也作为个案事务处理，由管理者个案决策。原因在于个案决策带有个人特色，不稳定，也难以复制；而规章制度的制定、修改和废除都要遵循一定的程序，不会因为商业银行管理者的变化及其爱好、注意力的改变而随意改变。对于一家稳健的商业银行来说，管理者的理念、思路、想法和要求都应该通过一定的程序制定为规章制度，并以规章制度作为管理的依据，作为贯彻自己理念、思路、想法和要求的凭借。能否处理好商业银行管理者意识与规章制度的关系，将直接决定法治银行建设的成效。如果一家商业银行的管理者具有法治意识，能自觉遵守法治要求，并依据规章制度从事管理活动，这家商业银行的法治建设则事半功倍；反之，如果一家商业银行的管理者长官意识严重，完全根据自己的意愿从事管理活动，这家商业银行的法治建设基本就无从谈起。

（3）法治管理是对管理者的保护。对商业银行经营管理而言，管理与权力密不可分。管理建立在权力基础之上，管理就是要行使权力。特别是商业银行的总行，拥有企业管理所必不可少的管理权力。即所谓的"事在四方，要在中央，圣人执要，四方来效。"① 但企业管理权力的行使，只有当其被合法行使时才是合法的、有效的。即如美国的 E. 博登海默所说："法律的进步作用之一乃是约束和限制权力，而无论这种权力是私人权力还是政府权力。在法律统治的地方，权力的自由行使受到了规则的阻碍，这些规则迫使掌权者按一定的行为方式行事。"② 商业银行管理者行使管理权力时，需要遵守以下三种约束：一是权力的内容合法合规。如根据《劳动合同法》的规定，对于怀孕期间的女员工，不能随意辞退。二是权力的来源合规。如分支机构的授信业务审批权，必须来源于总行的授权，而不是分支机构管理者的自我赋权，没有总行的授权或超出总行授权的审批行为，即为越权行为。三是权力的行使程序合规。如制定涉及员工切身利益的问责制度、裁员方案时，应该按照法律的要求，经过职工代表大会或工会的同意。对企业管理权力行使的要求还有很多。这些要求散布于不同的法律法规和规章制度中，管理者并不知晓熟悉所有的要求，通过法治建设，可以制定一套可靠的机制，来保证各级管理者依法合规行使权力，从事管理。

（二）法治式管理与制度化管理

1. 制度化管理的概念

在商业银行管理实务中，与法治管理相类似的术语是制度化管理。所谓的制度化管理，指将管理事项和管理要求制度化，并根据制度规范进行的管

---

① 《韩非子·杨权》。

② ［美］E. 博登海默. 法理学——法律哲学与法律方法［M］. 邓正来译. 北京：中国政法大学出版社，1999：358.

理。其中的制度有两层含义：一是指规章制度的简称；二是指制度的体系、体制与架构的总体。在商业银行的法治建设中，制度非常重要，制度是载体，必不可少；但正如法制并不等同于法治，制度化管理也不等同于法治式管理。

2. 法治式管理与制度化管理的区别

（1）两者的内涵不同。法治是"法律制度治理"的简称；制度仅仅指法律制度、规章制度。因而，制度的概念不包含价值判断，法治则包含了价值内涵。在国家层面，对于法制，"恶法亦法"，对于法治，"恶法不为法"；引申到商业银行，对于制度，"恶规亦规"，对于法治，则是"恶规不为规"。即制度没有明确的"平等、公平"等价值标准，强调商业银行静态意义上的制度与规则。因此，制度化管理是没有明确的"平等、公平"等价值标准的管理模式。而法治是必定具有"平等、公平"等价值标准的管理模式，强调商业银行动态意义上依法治理、依法办事的一种状态。这种状态说明：一是这家商业银行具备了完善且良好的规章制度；二是这些规章制度都得到了普遍而自觉的遵守；三是根据相互制约、相互监督的原则，建立健全了一套保障法治得以正常有序运转的管理机制。总而言之，制度化管理是一种依法（制）治行、依法（制）办事的管理方式；法治式管理则是一种依法（制）治行、依法（制）办事、法律（制度）至上、正当行使权力的管理方式。

（2）两者的要求不同。制度化管理的基本要求是将商业银行各项管理活动全部制度化、规范化，并做到有规可依、有规必依、执规必严、违规必究；而法治式管理的基本要求是在各项管理活动制度化、规范化的基础上，强调制度的至上性、权威性和管理的公平公正性，具体包括科学立规、严格执规、公正执规、全员守规。在一定意义上，制度化管理是管理者的一种手段；法治则是对管理者的一种制约。

（3）两者的适用环境不同。不同时期和各种形态的企业，包括实行人治式管理模式的企业，都会有规章制度，有些企业的规章制度甚至非常健全。但只有在市场经济体制中，认同法治精神与法治原则、主动接受法治要求的企业，才可能实施法治。

（4）两者需要的实施条件不同。制度化管理对实施条件要求较低，只要企业有需要，就可以制定各项规章制度，并适用于管理事务。但法治则不同，其所要求的实现条件要高很多，如公正的制度制定机制，灵活创新的制度实施机制，独立完善的制度监督体系，高素质的法律职业队伍，全体员工自觉的学法、尊法、守法、用法、护法意识；等等。

（5）两者实施的标志不同。制度化管理的实施标志主要是一个商业银行制度的制定、执行和监督等，都有比较完备的制度规定；而法治的实施标志则主要是一个商业银行的全体员工，包括高级管理层在内，都严格地遵守法律法规和规章制度，并严格地依照法律法规和规章制度从事经营管理活动。

3. 法治式管理与制度化管理的联系

制度化管理与法治式管理虽然有上述种种区别，但两者并不是绝对割裂的，而是有着密切的联系。在商业银行推进法治建设中，不能简单地将制度与法治割裂与对立，而要将两者统筹考虑、一体推进。

（1）制度是法治的载体，法治是制度的升华。法治的精神、原则和要求，法治的实质内容和运行机制，都要依赖制度予以明确规范。离开了制度，法治就是空谈。商业银行是否根据法治的要求，建立健全规章制度，直接关系到法治能否真正实现。另外，缺乏法治的精神和法治机制，制度就会成为没有善恶区分的规范；而在法治机制下建立的制度，都是善的制度，即良规善法。从这个意义上讲，法治可以有效避免出现"恶"的制度，将管理制度都升华为"善"的制度。

（2）制度化管理是法治式管理的基础，法治式管理是制度化管理的目标。制度化管理，相对于法治式管理而言，是较低层次的，处于相对静止状态的管理，它解决的是有规可依的问题，或者解决有与无的问题。相对于制度，法治处于较高层次，是一种有价值内涵的管理秩序，解决的是科学立规、严格执规、公正执规、全员守规的问题，即要解决好与坏的问题。因而，制度是法治的前提与基础，法治是制度的目标与归宿。

（三）法治管理与法律风险管理

1. 法律风险管理的概念

法律风险指商业银行在经营管理中，基于法律法规规定或合同约定的行为、事务，由于商业银行内外部环境变化或商业银行及其利益相关者的作为或不作为，而对商业银行产生负面影响的可能性。

法律风险管理指商业银行针对法律风险而开展的风险识别、风险评估、风险控制、风险控制成效评估等一系列的管理活动；是商业银行通过一定的管理政策、管理策略、管理措施进行有效管理，以避免、规避法律风险的产生，或管控、处置已经产生的法律风险，或直接承担法律风险。这些管理措施是根据风险经营的理念和要求，从不同的角度预防、应对和处置法律风险，以将法律风险有效地控制在风险偏好度和风险容忍度之内。

2. 法治管理与法律风险管理的关系

从上述法律风险管理的内涵可以看出，法治管理与法律风险管理密不可分。

（1）两者的内容部分相同。两者的依据都是法律法规，两者的目的都是为了不违法、预防和处置法律风险、维护自身的合法权益。因此，法律风险管理是法治管理的主要内容。

（2）两者的内涵有所不同。法治管理是一种管理模式，法律风险管理是一种风险管理种类。法治管理是商业银行的一种管理模式，是法治化的管理思维、管理方式、管理机制和管理秩序的综合体。除了具体的法律风险管理外，法治管理还要求在商业银行所有的其他管理事务如风险管理、人力资源管理、考核评价管理中，都要体现和落实法治精神和法治思维，都要根据法治的要求，进行制度建设、制度执行和效果评估。因此，法治管理是一种涉及全局性的管理模式。而法律风险管理更多的是一种具体的风险管理种类，是根据风险管理的基本原则、管理模式和管理要求来进行的一种风险管理。法律风险管理可以通过风险计量、风险承担、风险规避、风险转移等措施来进行经营式管理；而法治管理是一种系统式的管理模式，是通过与人治式管理和制度化管理的比较而选择的一种管理模式，是无法通过风险计量来进行的经营式管理。法律风险管理无疑要体现和落实法治管理的要求，但法律风险管理并不能要求其他的管理领域都体现和落实法治管理的要求。

（3）法治管理是法律风险管理的升华。在法治管理实施中，法治建设紧紧围绕经营发展的重点任务统筹规划、同步推进，充分发挥法治工作的服务保障、规范管理和价值创造作用。法治管理的这种作用，将使法律风险管理实现"三个转变"：管理主体将由主要依靠法律人员推动，向由商业银行主要负责人承担第一职责转变；参与主体将由法律部门单兵作战，向商业银行各部门共同参与、协调作战转变；管理事项由审查合同办理诉讼为主，向风险防范、规范管理的一体化推进转变。在实现三个转变的基础上，法律风险管理将实现"一个升华"：从专项业务工作向全面覆盖、全员参与的全局性、战略性工作升级，使"依法治行"成为商业银行的核心理念和全体员工的自觉行为，贯穿于商业银行内部管理的各领域、各环节，成为商业银行的重要软实力。

（四）法治管理与风险管理

1. 风险管理是银行重要的管理内容

正如美联储前主席格林斯潘所言："银行的基本职能就是预测、承担和管理风险。"风险管理①是商业银行内部管理中的基础性、全局性、关键性内容。无论是监管机构，还是商业银行，都高度重视风险管理，并将其作为内部管理的重中之重。尤其是近年来，在经济新常态形势下，监管机构和商业银行都加强了风险管理领域的建设和实施力度。

（1）监管机构的努力。为提高商业银行风险管理的成效，近年来，监管机构的监管更趋于专业、刚性、严肃，并通过以下途径指导、督促和推动商业银行强化风险管理领域的建设和落实：①制度要求。监管机构先后制定了《商业银行全面风险管理指引》《商业银行内部控制指引》《商业银行合规风险管理指引》等系列规范性文件，对商业银行风险管理的责任机制、管控机制、履职机制、保障机制、监管沟通机制以及跨境监管机制等方面，都作出了明确的规定和要求，指导、规范、督促商业银行加强风险管理。②强化自律。为督促商业银行依法合规经营，自2014年以来，监管机构先后组织开展了"两加强、两遏制""金融乱象治理整顿"等专项活动，督促、监督商业银行通过自我清理、自我整改的方式，强化自律管理。③现场检查。多年来，监管机构通过专项性、综合性、抽查性等现场检查方式，敦促商业银行强化风险管理。④违规处罚。对各类违规行为，通过"双重处罚""上追两级"

---

① 在实务中，风险管理有广义和狭义之分。狭义的风险管理即商业银行全面风险管理，包括信用风险、市场风险、流动性风险、操作风险、国别风险、银行账户利率风险、声誉风险、战略风险、信息科技风险以及其他风险十类风险的管理；广义的风险管理则是除狭义的风险管理内容外，还包括内部控制等。本书中，如无特别说明，风险管理指广义上的风险管理。

"依法从重"等标准，严厉打击、严肃处理、毫不手软。根据公开数据显示，2015年以来，中国银行业受到的监管处罚，无论是处罚笔数，还是处罚金额，都存在增长态势。其中：2019年，中国银保监会及其各地监管局，对银行业总共处罚金额约为14亿元，有2800多家银行被处罚，而全国银行共有4400家左右。① 监管趋专、趋刚、趋严的态势非常明显。

（2）商业银行的努力。为管理好、经营好各类风险，商业银行都进行了不懈的努力。虽然具体做法各有不同，但都围绕风险文化、管理架构、管理机制、管理技术、管理团队等方面而开展工作，投入了大量的资源，进行了卓有成效的实践。这些努力为商业银行的稳健发展和长治久安提供了坚实的保障。

2. 风险管理效果还有待进一步提高

从管理结果来看，强化风险管理的建设，保障商业银行的健康发展，对于商业银行的发展有着重要的作用。但也要清醒地看到，在一些商业银行的风险管理中也存在诸多问题，需要进一步加强。这些问题主要表现为以下几个方面：

（1）不良资产持续高位。据统计，自2011年初到2019年底，我国商业银行的资产质量持续恶化。其中，不良率从1.0%上升到1.86%，增幅为86%；不良余额则从4279亿增加到24100亿，增幅为463.22%。而且，从趋势上看，还会有所增加。

（2）违规行为屡禁不止。屡查屡犯、屡改屡犯，一直是商业银行合规管理的顽疾。近年来，经监管机构严厉处罚和商业银行内部严肃问责的双重整肃后，违规行为有所收敛，但还是难以杜绝。稍不注意就会出现违规行为。

（3）违法行为时有发生。从公开报道的信息来看，时常有商业银行工作人员因违规放贷、违法放贷、票据诈骗、贪污受贿等违法行为被定罪量刑。触犯刑法是严重的违规违法行为，一旦被查实，不仅会被追究刑事责任，也意味着自己职业生涯的终结和个人及家庭幸福的断送。但即便如此，还是有人前赴后继。

---

① 杨贵院. 商业银行法律风险管理. 阿尔法渔［EB/OL］.［2020 - 03 - 21］. https：//mp. weixin. qq. com.

（4）部分银行经营困难。极少数的银行，因风险管理不到位，出现经营困难，最终不得不被接管。

在如此极重视、强监管、高投入的情况下，为什么还会出现上述结果？该如何加强改进？这值得每个商业银行从业人员进行深刻反思。

3. 风险管理出现问题的原因

导致商业银行风险管理出现上述问题的原因，主要有以下三个：

（1）缺乏审慎经营的风险管理文化。目前为止，没有一家银行因谨慎放贷而失败破产，只有因过度发放贷款而倒闭的银行。如果一家商业银行的贷款业务、员工行为经常出现问题，其原因并不是缺乏贷款风险管理的体系、政策、制度和程序，而是因为它缺乏占主导地位的风险管理文化，不能使这些系统、政策、程序真正被执行并发挥作用。风险管理是管理机制和管理技术，也是管理文化，是管理文化与管理机制、管理技术的综合结果。商业银行的风险文化主要体现在风险管理内容、风险管理制度和风险管理执行三个方面。一些商业银行没有良好的风险管理文化，或虽然有风险管理文化的概念和要求，但并没有认真贯彻执行；起主导作用的文化，是业绩文化、英雄文化、只重结果不重过程的文化。在这种文化的引导下，各机构和员工都各自行事，根据自己对风险管理制度和要求的理解，基于对自我的要求来从事经营活动。在这种情况下，那些经营理念成熟、三观正确、有畏惧心理而自我要求严格的管理者和员工，其行为会相对审慎，根据风险管理要求拓展业务；而那些经营理念不当、三观不正、无所畏惧的管理者和员工，其多数行为是相对激进的，且缺乏有效的约束。而且一些商业银行的风险管理也缺乏硬度、弹性较大。事中的审批和事后的问责，或者态度不明，或者因人而异。其结果就是，激进的吃饱、审慎的羡慕，最后谁会审慎？风险管理的效果可想而知。

（2）没有处理好内部的利益关系。企业是一种利益综合体。在商业银行内部，总分支之间，银行与员工之间，在利益一致的基础上也有利益的分歧。管理不可能让所有人员都满意，但要让大部分人员满意。让大部分人员满意的基本准则是处理好内部的利益关系。商业银行，因为没有处理好利益关系，导致一些员工中存在"三没有、三不管"思想：没有以行为家，不管银行的生存与发展，只是将商业银行作为一个谋生的场所，甚至是捞取私利的场所；没有对风险的敬畏，不管风险的危害，只管自己的当前利益，甚至为了自己的利益不惜破坏制度和公然违反制度；没有认同风险管理的要求，不管风险管理的实际效果，只是机械地执行制度的要求或者做一些表面的动作。这种"三没有、三不管"思想的背后，都是没有将自己的利益和商业银行的利益紧密捆绑，导致一些人想方设法牟取私利，从而破坏风险管理制度，不执行风险管理制度；一些人则是事不关己高高挂起，对存在的一些不作为、乱作为现象，视而不见。这种管理导致的结果就是乱象丛生。

（3）风险管理的政策与要求不完全符合实际情况。风险管理政策也存在是否合理、科学和适用的问题。中国的经济结构、发展状态、人文环境都有一定的区域特色，各分支机构都是在当地的经济环境和人文环境中谋取生存和发展。能适应和满足当地实际情况的风险管理政策和管理要求是该地区分支机构发展的利器，也能得到较好的执行。理想的风险管理政策应兼顾全国统一性和区域特殊性，但这确实存在一定的难度。因此，多数商业银行是在制定适用于全国各分支机构政策的基础上，对各地政策进行适度的调整。调整合适的政策能够基本满足各分支机构的实际情况和实际需要；调整后不合适的政策，与各分支机构、区域特色或一些相对落后地区的实际情况和实际需要，会存在一定的差距。有些员工可能会接受这种差距，有些员工可能会想方设法突破。在既有的政策和规则下，突破政策或规则的结果不是违规就是风险。

4. 法治对加强风险管理的作用

法治与风险管理有着不同的管理对象、管理内容和管理方式，是并行不悖的关系。实行法治式管理，加强法治建设，虽然不能完全解决商业银行所存在的不良资产持续高位、违规行为屡禁不止、违法行为时有发生等问题，但可以有效提高风险管理的管理效果，从而降低这些问题的发生频率和影响程度。

（1）有利于塑造好风险文化。各家商业银行都有自己的风险文化，但风险文化的内涵和实际情况差异较大。法治式管理可以从两个方面促进风险文化的塑造和风险文化的实施：一方面，法治管理是一种注重实质公平的法治文化。在这种文化的熏陶下，经营目标任务的确定、风险管理政策的制定、资源配置、考核评价的标准等，都会注重公平和各地的实际情况，从而使风险管理政策和管理要求更符合各分支机构的实际情况和实际需要。另一方面，法治管理是一种强调依规办事、追求管理秩序的管理机制，这种管理机制有利于落实风险管理的各项要求。

（2）有利于处理好利益关系。风险管理的实际效果，既来自管理者施加的外部强制和引导，更来源于执行者内在的自觉自愿。员工对于风险的自觉自愿，很大程度上是认为风险管理能满足自己的利益诉求。法治管理其实是一种根据法治精神、法治原则来处理、调节各种利益关系的管理模式。在法治式管理模式下，"平等、公平"等原则的体现和落实可以妥善处理商业银行内部的各种利益关系，可以让大部分员工相对满意；而且，还可以通过职工代表大会等方式，保障和落实员工的知情权、参与权和监督权，引导员工充分、主动地参与风险管理，真正关心商业银行的前途命运、真正认同风险管理要求、认真执行各项管理要求，从而提高风险管理的实际效果。

（3）有利于制定好管理制度。法治式管理的第一个要义就是科学立规，制定良好的管理制度。对于风险管理而言，商业银行要管理好、经营好，首先需要有好的制度作为管理的依据。好的管理制度要对各事项都有明确的、可操作执行的制度规定。制度内容要合理，各项制度之间要相互衔接，没有遗漏与冲突，制度要保持一定的前瞻性。在传统管理模式下，商业银行的管理制度由各主管部门制定，容易出现管理制度"良劣并存"现象，表现为"杂乱无序""多头管理""新旧并存""层层加码"，其最终结果就是"劣规驱逐良规"。① 制度内容不完善，不会带来好的管理结果。在法治式管理模式下，通过统筹制度建设，充分听取与论证各方面的意见，可以有效避免在"部门立规"模式下，制度偏重于个人经验、部门利益而带来的前述种种弊端，从而可以消除因管理制度不完善、不科学、没有作用所带来的问题。

（4）有利于保障好制度执行。法治式管理的第二个要义是执行好管理制度。为此，需要建立一套法治执行机制，以保障法治的实施和制度的执行。法治执行机制包括授权管理、法律审查、检查监督、违规问责等。这些机制

---

① 杨贵院. 对商业银行合规管理与金融法治建设的认识与思考［J］. 上海法学研究，2019（1）.

与风险管理等息息相关，能够保障有序、有效地开展与风险管理、内部控制和合规管理相关事项的发起、落实执行、效果评估、风险处置、问责追究等工作。

有了好的管理文化，好的管理制度，员工积极主动地参与管理，并且有好的制度执行保障机制，风险管理的效果自然会好。这种"好"并不能够完全防止商业银行发生风险问题，但可以有效地预防风险的发生，且在风险发生后，也可以有效地解决好、管控好，阻止风险进一步蔓延，从而保障商业银行的稳健、可持续发展。

（五）法治与创新

在过去相当长的时期内，实行的是牌照特许和利率管制的银行经营管理体制。在这种管理体制下，商业银行的发展道路是"吸收存款—发放贷款—补充资本"。除少数意欲有所作为的商业银行有所创新外，多数商业银行即使因循守旧，但依靠息差也可以生存发展。随着利率市场化的逐步到位和金融市场对外的进一步开放，商业银行的经营环境将发生极大的变化。真正意义上的市场竞争将成为商业银行经营发展中的主旋律。在激烈的市场竞争环境中，原有的粗放式、外延式增长模式已不能适应新的经济金融形势，商业银行必须走集约式、内涵式增长道路；而且，要获得优势就必须进行持续的创新。在市场经济体制下，创新是商业银行的生命力。不管是否想要有所作为，商业银行都必须持续地推陈出新，否则，势必被市场所淘汰。

商业银行在实施创新战略或在创新实务中，有时会出现"法治程序太多、条条框框太多、约束太多，制约了创新"的声音。对此，这里略作辨析。

1. 商业银行创新的种类

商业银行创新指银行为了适应经济发展的要求，通过引入新技术、采用新方法、开辟新市场、构建新组织，在战略决策、制度安排、机构设置、人员准备、管理模式、业务流程和金融产品等方面开展的各项新活动，最终体现为银行风险管理能力的不断提高，以及为客户提供的服务产品和服务方式的创新与更新。因此，商业银行的创新包括方法创新、组织创新、产品创新、管理创新等内容。

2. 影响商业银行创新能力的因素

在同一个市场环境中，影响商业银行创新能力的因素主要有两个：外部的监管政策环境和内部的自身创新管理环境。对于所有的商业银行来说，外部监管政策环境是一样的，因此直接影响创新能力和创新结果的是商业银行自身的创新管理环境。

商业银行的创新管理环境具体包括：①鼓励创新进取的导向。即在商业银行内部肯定创新的兴趣、行动和探索，创新无大小，只要有进步都应该给予适当的人财物等资源的支持和保障，全方位营造支持和鼓励创新的气氛和氛围。②宽容创新失败的气度。创新探索，有成有败，成功的当然要肯定，失败的也要能宽容。特别是科技领域的创新，因事前都要有所投入，创新失败后，只要不是故意，或重大过失，就不能因为创新失败，而指责或处理。③促进创新的管理制度。制度是决定创新的根本性因素。商业银行是否建立健全了有关创新的激励、发现、保护、运用等创新管理制度，直接决定了商业银行的创新动力、能力和结果。

3. 法治对创新的促进作用

在市场经济和法治社会中，法治机制有利于保障和促进商业银行的创新。

（1）有利于保障依法合规开展创新。在过去一段时期，少数商业银行在推出新产品、提供新服务时，有时会打打擦边球、踩踩制度的红线。这些创新，虽在一段时期内吸引了部分客户，占领了一些市场，获得了一定收益，但随着近几年监管机构持续深入开展整顿治理金融乱象，这些不符合监管要求的创新，可能要承受产品或服务停止、机构受罚、人员受罚等不利后果。

为更好地满足金融消费者和投资者日益增长的需求，有效提升商业银行的核心竞争力，监管机构一直鼓励和支持商业银行开展创新活动。但合法合规是商业银行创新的基本准则。具体包括：商业银行在创新时应坚持合法合规的原则，不得以金融创新为名而违反法律规定或变相逃避监管；应坚持公平竞争原则，不得以排挤竞争对手为目的而进行低价倾销、恶性竞争或其他不正当竞争；应充分尊重他人的知识产权，不得侵犯他人的知识产权和商业秘密；应坚持成本可算、风险可控、信息充分披露的原则；应做到认识自己的业务、风险、客户和交易对手；应遵守职业道德标准和专业操守，完整履行尽职义务，充分维护金融消费者和投资者利益。

监管机构的上述要求，既是对商业银行创新的约束，也是对商业银行创新的保护，关键取决于商业银行如何应对。在法治式管理模式下，可以从以下几个方面保障商业银行依法合规开展创新：①排除违法违规创新。在商业银行内部启动某项创新活动时，通过法治化的审查和论证机制，可以有效地排除触碰监管擦边球、踩制度红线的创新，从而避免无畏的合规风险。②排除侵犯他人权利的创新。可以通过知识产权检索等制度，及时确认是否已经存在类似的创新成果，排除可能侵犯他人知识产权的创新，从而提高创新的效率。

（2）有利于保护创新成果。商业银行的创新成果，除表现在为客户提供新产品、新服务，为本银行提供新的管理方法、管理技术外，在法律上，也可以产生专利权、商标权、著作权等知识产权。这些知识产权是对商业银行以及创新人的法律保护，但权利的获得和享有，也需要通过法定的程序。有效的法治管理可以通过以下措施有力地保护创新成果：①依法获得和使用知识产权。可以通过及时并有效地发现创新线索、提炼与整合创新产品、申报创新成果、获得知识产权、规范正当使用、许可权利使用等，提高创新的权利获得度以及使用的经济效益。②打击非法使用。一家商业银行的创新成果也可能被其他企业或个人非正当使用。在有力的管理措施下，可以及时发现非法使用线索，及时采取权利保护措施，从而有效防止本行的知识产权被他人非法使用。③创新知识产权保护方法。对于目前还不能申报知识产权，但在商业银行内又大量存在的商业方法创新，也可以通过保密制度、系统管控制度等办法进行自我保护。这些措施都是对创新成果及其权利人的有力保护。

（3）有利于提高制度创新成果应用的效果。商业银行之间的竞争，最重要的竞争因素，是人和团队。但人的经营管理思想、措施策略、组织实施、工作要求等，都可以通过管理制度来体现；因此，制度是商业银行之间最直接的竞争因素。符合金融市场发展规律、能最大激发内部员工积极性、能最有效整合内部资源并提高资源使用效益、能得到有效落实执行的制度是最有竞争力的制度。法治式管理模式对商业银行的制度创新可以发挥如下重要作用：①其本身就是商业银行内部管理制度创新的一种，有利于保障和促进商业银行紧跟时代潮流，把握时代大势；②可以将各项制度创新的成果及时制度化、规范化，有利于新制度的推广使用；③通过法治的"严格执规"管理机制，有效地保障各项新制度的贯彻落实执行，从而使新制度在应用中发挥最大的效益。

第二章　商业银行法治管理文化

　　一年成功的企业靠管理；十年成功的企业靠制度；百年成功的企业靠文化。企业文化和规章制度是企业发展的两个轮子，缺一不可。而且，企业文化是企业的灵魂，是推动企业发展的不竭动力。商业银行的法治文化是商业银行企业文化的重要组成部分，是确立和实施商业银行管理方式，引导、支撑商业银行发展道路、发展方向和发展质量的保障性力量。法治文化建设是法治建设的重要内容和重要支撑，习近平总书记强调："提高全体人民特别是各级领导干部和国家机关工作人员的宪法意识和法制观念，弘扬社会主义法治精神，努力建设社会主义法治文化。"商业银行加强法治建设，不仅需要完善管理制度，而且需要建设法治文化，通过综合采取有效措施，在商业银行全体员工中牢固树立法治信仰、法治意识、法治观念、法治精神和法治思维。这是实现依法治行、稳健发展总目标的基本要求，也是开展法治建设工作的重要支撑。

一、法治文化概述

（一）法治文化的概念

　　法治管理文化，又称法治文化，指在商业银行中存在的，由其法治意识、法治价值观、法治精神、法治信念、法治符号和法治处事方式等组成的、特有的文化形象。简单来说，法治文化是商业银行在日常运行中所表现出的、与法治相关的方方面面。

　　法治文化是在一定的历史条件和经济金融环境下，在商业银行业务经营和管理活动中所创造的，具有该商业银行特色的精神财富和物质形态。它包括法治价值观、法治精神、道德规范、行为准则、历史传统、管理制度、文化环境等。其中，法治价值观和法治精神是法治文化的核心。法治文化是商业银行个性化的体现之一，它是商业银行生存、竞争和发展的灵魂构成。

强制成为习惯，习惯成为文化。法治文化由商业银行通过管理制度的严格执行衍生而成，制度上的强制或激励最终促使商业银行全体员工产生制度至上、依规办事的行为自觉，员工行为的普遍自觉便孕育了商业银行的法治文化。

（二）法治文化的构成要素

1. 法治文化的层次

法治文化由以下四个层次构成：

（1）知识文化：这是商业银行员工有关法治的基础知识和基本认知。包括对法律法规、监管政策、规章制度的了解程度、认同程度等。法治的知识文化是法治文化的基础，也可以称为法治知识。

（2）物质文化：这是商业银行法治的"硬文化"。包括行容、行貌、行服、标识、广告等。法治的物质文化是法治文化的外在表象，也可以称为"法治外貌"。

（3）制度文化：这是商业银行法治的"载体"。包括商业银行的管理体制、规章制度和员工纪律等。法治的制度文化是法治文化的内在实质，也可以称为"法治骨架"。

（4）精神文化：这是商业银行法治的"软文化"。包括各种行为规范、价值观念、员工的群体意识、员工的法治素质和办事方式等。法治的精神文化是法治文化的核心，也可以称为法治精神。

在上述四个层次中，知识文化是基础，物质文化是表象，制度文化是保障，精神文化是核心。法治文化，从知识文化到精神文化逐步深入，体现法治文化的实质。

2. 法治文化的构成

法治文化包括法治知识、法治理念、法治精神和法治思维四个部分。

（1）法治知识。法治知识是法治文化的基础，是商业银行推进法治建设的基础性保障。法治知识主要包括法治是什么、为什么要推进法治建设、怎样推进法治建设或怎样建设法治银行等内容。一家商业银行，如果大部分成员对法治一无所知，或知之甚少，是难以推进法治建设的。法治知识可以通过学习进行积累。要夯实法治知识基础，商业银行就需要大力推进"普法教育""法治教育"，通过形式多样、频度适合的法治教育活动，对员工进行有效的分层分类培训。

（2）法治理念。法治理念是法治文化的核心，是商业银行在推进法治建设中保持正确方向的坚强保证。推进法治文化建设需要将国家法治理念和企业法治理念紧密结合，同步推进：①要牢固树立我国社会主义法治建设的法治理念。主要包括对社会主义法治理念保持坚定自信和高度自觉；坚定不移走中国特色社会主义法治道路；坚持党的领导、人民当家作主、依法治国有机统一等。这是商业银行推进法治建设必须坚持的核心法治理念和首要原则。②要有效树立商业银行法治建设的法治理念。具体包括：法律至上、制度至上、依法治行、依法合规经营、诚实守信发展、效率优先、保障公平等。这是商业银行推进法治建设应该具有的法治理念。

（3）法治精神。法治精神是法治文化的灵魂，是推进商业银行法治建设的有力引领。法治精神具体包括法治信仰、法治权威、制度面前人人平等。在商业银行推进法治建设实践中，只有法治被广大员工普遍相信、普遍认同，才能将法治真正内化于心、外化于行，从而自觉地接受法治、参与法治、实践法治，法治才能真正落地生根，发挥作用、产生力量。法治权威是推进法治建设的保障，法治具有权威，才能有力推进。但权威不是凭空产生的，而是在实践中通过知行合一、言行一致地实施法治，法治才能产生权威。制度面前人人平等是法治的基本要求，法治要求在制度面前没有行长和普遍员工等身份的区别，都要遵守制度，根据制度的规定行使各自的权利、履行各自的义务。制度面前人人平等是维护商业银行内部公平的基本保障，也是理顺商业银行内部各种关系的基本准绳。制度面前人人平等是法治实践、法治权威、法治信仰的前提和保证；不能做到制度面前人人平等，法治实践、法治权威、法治信仰都将成为无缘之本、无本之木。

（4）法治思维。法治思维是连通法治知识、法治理念、法治精神、法治实践的桥梁。法治思维是商业银行全体员工自觉守法、遇事找法、解决问题靠法，各级管理者通过法治方式深化改革、依法办事、化解矛盾、维护稳定、推动发展的思维意识。商业银行推进法治建设，就必须建设各级管理者和普通员工的法治思维，并且常抓不懈。对普通员工来说，业务考核、提级提档、职务晋升等都要根据行内制度来维护权益、解决问题；对各级管理者来说，无论制度制定、政策规划，还是考核员工、提拔员工，都要坚持和落实规则先行、数据说话、公平公正。只有在商业银行的各级管理者和员工，都具有一定的法治思维能力，掌握了一定的法治知识时，才能够切实提高商业银行的法治能力和法治水平，实现法治目标。

3. 法治文化的表现形式

商业银行法治文化的表现形式主要有五个，即法治环境、价值观念、英雄人物、文化仪式和文化网络。

法治环境指商业银行的企业性质、经营方向、管理体制、管理风格、员工素质、社会形象以及监管政策、市场环境、商业银行与外界的联系等方面。法治环境是商业银行推进法治建设和法治文化建设的基础，直接影响着法治建设的成效。

价值观念指商业银行的管理者、普通员工对依法治行、依规办事的好与坏、善与恶、正确与错误、是否值得实施的一致认识。法治的价值观念是法治文化的核心。商业银行形成统一的法治价值观念，可以为商业银行的员工在判断自己的行为时提供一致性的标准，并以此来决定自己的行为。

英雄人物指法治文化的代表人物或法治文化的人格化。其主要作用在于作为员工身边的标杆，为商业银行中其他员工提供学习的榜样，对法治文化的形成和强化起着极为重要的作用。

文化仪式指商业银行内的各种表彰、奖励活动以及文娱活动等，它可以把商业银行中发生的事情戏剧化和形象化，从而生动地宣传和体现商业银行的法治价值观念，使员工通过这些活动来领会法治文化的内涵，使法治文化"寓教于乐"。

文化网络指商业银行内部存在的非正式的信息传递渠道，主要用来传播法治文化信息。这种非正式的信息传播渠道，广泛存在于商业银行内部，都是由某种非正式的组织和人群所组成，但它所传递的信息往往能反映员工的愿望和心态。在推进法治文化建设时也要重视这种非正式的信息传递渠道。

（三）法治文化的特征

法治文化既具有企业文化的共同特征，又具有法治文化的独有特征。

1. 企业文化的共同特征

（1）独特性。特定商业银行的法治文化具有鲜明的个性和特色，具有不同于其他银行法治文化的相对独立性。每个商业银行都有其相对独特的法治文化沉淀，这是由该商业银行的经营管理特色、价值观念、管理风格、经营目标、员工素质、法治意识以及内外环境等不同因素决定的。

（2）继承性。商业银行的法治建设是在一定的时空条件下产生、存续和发展的，商业银行的法治文化是商业银行经营发展历史的产物，是传统商业银行管理文化的继续和扬弃。商业银行的法治文化主要继承了优秀的民族法治文化精华，商业银行的企业文化传统，外部的商业银行法治文化实践和研究成果。

（3）相融性。商业银行的法治文化反映了时代精神和时代特征，它必然要与商业银行所在的经济环境、政治环境、文化环境以及社区环境等外部环境相融合、相适应。

（4）人本性。法治文化是有关员工行为的文化，必然是一种以人为本的文化。其最本质的内容是强调员工的理想信念、道德、价值观、行为规范在商业银行管理中的核心作用，强调在商业银行管理中要理解员工、尊重员工、关心员工，注重员工的全面发展，用愿景鼓舞员工，用精神凝聚员工，用机制激励员工，用环境建设员工，用制度保护员工。

（5）整体性。商业银行的法治文化与商业银行以及与商业银行的企业文化是一个有机的统一整体。员工的发展与商业银行的发展密不可分，没有商业银行的良性发展就没有员工的良好发展。商业银行的法治文化引导商业银行员工把个人奋斗目标融于商业银行发展的整体目标的过程中，在推动商业银行实现发展目标的过程中实现自己的个人职业目标。

（6）创新性。创新是商业银行的生命力，也是法治文化自身的内在要求。优秀的商业银行法治文化和企业文化都是在继承中创新，并随着商业银行经营环境和国内外金融市场的变化而发展，并引导员工追求卓越、追求成效、追求创新。

2. 法治文化的独有特征

除具有企业文化的共同特性外，商业银行的法治文化还具有以下特征。

（1）规则性。商业银行的法治文化首先要强调规则、讲究规则、规则至上。与内部管理相关的事项、要求等，都应该制定成管理制度，通过管理制度进行规范、管理和要求。"有制度按制度，没制度要请示"，是规则性的具体体现。规则性与任意性相对，是对任意管理、任意要求的一种否定。但规则性本身也要防止任意性，即要防止制定规则的任意性。在推进法治建设过程中，可能会存在"借法治之名，行人治之实"的情况，通过制定制度，将个人意志强加进制度之中，从而将人治披上了法治的外衣。这是法治文化建设中需要重点防范的方面。

（2）平等性。平等性即制度面前人人平等。同样的对象、同样的事情都适用同样的制度规定。平等性是对亲疏有分、上下有别的否定。平等性并不否定管理权限的差异性。商业银行的管理体系是根据总行的授权而建立，在不同层级的机构、岗位，其职权职责是不一样的、有差异的，这是企业管理所需。平等性并不是要求所有岗位的职权职责保持一致，而是要求在授予职权职责时、在行使职权与履行职责时、在承担责任与获取回报时，适用同样的制度规则。

（3）公平性。公平性是对人对事要公平合理，不能因人有别、因事有别。公平性是平等性的延伸。法治文化的公平性既是法治的自然要义，也是我国"不患寡而患不均、不患贫而患不安"[①] 传统思想的反映。管理不公的结果必然是团队成员离心离德或出工不出力，团队的战斗力难以形成也无法提高。公平性主要体现在经营目标任务的分配、考核评价、激励约束等方面的公平合理。平等是形式上的要求，相对容易实现；公平是实质上的要求，实施难度较大。但为了提高商业银行的战斗力和竞争力，即便千难万难都必须强调公平、实现公平。

（4）协调性。协调性指协调好各种利益关系。商业银行是各种利益的综合体，协调好各种利益关系会形成一种气顺心齐、风正劲足的发展局面。企

---

① 《论语·季氏将伐颛臾》。

业管理实质就是处理企业内部的各种利益和各种矛盾。协调式管理与命令式管理是企业内部所采用的处理利益和矛盾的两种方式。命令式管理是人治式管理的特征之一，具有单线性和不可置疑性的特点，也具有简单明了的优点，但可能不会让人心服口服，而人不服，则事难成。协调式管理就是理顺各种利益关系，在公平合理的基础上处理好各种利益关系，从而使人心服口服，使管理成为推力而不是阻力。协调不等于协商。协调搭配得当，通过正确处理内部各种关系，促进商业银行目标的实现。协商是上与下、左与右，在平等的基础上相互商量、相互妥协而达成一致，这是商业银行与外部主体经常采取的一种处理事情的方式。但内部不同于外部，商业银行的内部管理带有强制性，因此，内部管理只能是协调而不能是协商。在推进法治建设、法治文化建设时，组织者和推动者可以采取协调的方式，统筹推进不同机构、不同条线落实的节奏和重点，而不能采取协商的方式。

（四）法治文化的作用

正如国学大师钱穆先生所言："一切问题，由文化问题产生；一切问题，由文化问题解决。"因为文化是根植于内心的修养，无须提醒的自觉，以约束为前提的自由，为别人着想的善良。① 法治文化本质上是一种"理性—法治价值观"，是商业银行法治管理实践的观念反映与表达，根植于法治实践又反作用于法治实践，对推动商业银行法治建设和强化内部管理有着非常重要的作用。

1. 法治文化对商业银行法治建设的作用

法治文化建设是商业银行法治建设的重要支撑。加强法治文化建设对推动商业银行法治建设具有以下作用。

（1）法治文化是法治建设的基本前提。商业银行法治建设包括法治文化、法治制度、法治机制等内容。其中法治文化建设是法治建设的重要实践，也是法治建设的基础。法治文化为法治建设提供理论指导、知识普及、理念传播、意识塑造、价值判断，是法治建设的基础性要素。依法治行、建设法治银行目标的实践，需要来自员工的内心拥护与真诚信仰。要想让员工真正发

---

① 王成国．社会主义法治文化建设的思考．前线网 ［EB/OL］．［2015 - 02 - 09］．http：// theory. people. com. cn.

自内心地拥护与真诚信仰法治，除了法治制度和法治机制科学合理、有效实施等外在原因外，更需要法治文化的保障。法治文化是建立在法治信仰之上的一种文明的思维方式、行为理念和社会活动，其本质特征是对法治的内心确认、崇尚和信守。这种崇尚和信守是一种法治心理、法治观念、法治思想和法治行为的表征，更是一种良好的法治文化氛围。因此，没有法治文化的建设，法治建设就难以启动和推进；没有法治文化建设，商业银行的法治建设是不全面的、不稳固的，也是没有基础的。

（2）法治文化是法治建设的内在保障。由于历史传统的原因，人治文化对商业银行的内部管理影响深远。从传统人治式管理向现代法治式管理的转变，不仅需要管理制度和管理机制的建立健全，也需要商业银行全体员工文化观念的转变。只有深入推进法治文化建设，才能通过法治理念和法治精神的强力引领，确保每一个员工都能受到法治文化熏陶，更加自觉地学法、尊法、守法、用法、护法，养成法治思维方式、法治行为方式。只有形成了与法治式管理模式相适应的法治文化观念，才能形成良好的法治环境，才能让商业银行的员工以新的观念、新的视野来关注、思考和推动法治银行建设，为商业银行法治建设和运转创造良好的思想条件，保障商业银行法治建设的顺利推进。

（3）法治文化是法治建设的内生动力。在商业银行内推进依法治行是个系统工程，是制度建设、机制建设、文化建设的有机统一，浓厚的法治文化是依法治行的内生动力。近年来，随着国家法治建设不断推进，经过全社会的共同努力，人民群众的法治意识不断增强，法治观念逐渐深入人心，崇尚法治、信仰法治的社会氛围正在形成，法治文化正在积极引领、支撑和推动着我国法治建设实践。在此基础上，以法治文化建设为引领，推动商业银行的全体员工尊法、学法、守法、用法，在商业银行内部努力形成守法光荣、违法可耻的文化氛围，有利于推进商业银行的法治建设。

2. 法治文化对商业银行经营发展的作用

文化是一种认同，在一家商业银行内形成良好的法治文化，不仅有利于推进商业银行的法治建设，也有利于促进商业银行的经营发展。这种作用具体表现为以下四个方面。

（1）导向功能。导向功能就是法治文化对员工依法办事、合规经营的方向指引。解决员工对法治的认知和态度，要靠法治文化。这种作用主要表现在以下两个方面：①制度健全时的指引。建立健全管理制度是商业银行法治建设的基本目标和首要要求。健全的制度可以明确告知商业银行的员工在日常经营管理中，应该如何行为，不能怎样行为。明确、具体的制度规定可以降低员工的学习成本，防止和降低操作性违规风险。②制度缺失时的补台。管理制度不是万能的，制度也存在以下问题：制度并不能解决所有的问题；制度的制定存在滞后性，对一些新生事物的反映和规范需要时间；制度的制定和运行需要成本，一些偶发性的行为也没有通过制度来解决。在这种制度缺失的情况下，法治文化可以指引员工的行为。理性的法治文化可以有效防止员工采取违法违规的动作，还可以帮助员工根据依法合规、诚信敬畏等原则来思考应该如何行动、采用何种措施。

（2）约束功能。约束功能就是法治文化对员工违法违规行为的无形约束。这种约束主要表现在两个方面：①对员工行为的日常约束。在商业银行员工的日常行为中，有合法合规的行为，也有违法违规的行为。对员工行为的合法合规性，需要通过日常的检查、审计和系统的监督来确认；但这种正式的监督，存在事后性和高成本的问题。而在法治文化盛行的商业银行，如果员工的行为和该银行的法治文化不符，就会有人提醒他，告诉他应该怎么做，这种善意的提醒是一种融入日常工作中的监督和约束，存在及时性和低成本的优点。②对行使权力的自我约束。商业银行的管理需要行使权力，但即如法国法学家孟德斯鸠所认为："一切有权力的人都容易滥用权力，这是万古不易的一条经验。有权力的人使用权力一直到遇到有界限的地方才休止。"[①] 对管理权力的制约需要依靠制度和机制。但制约既需要他律也需要自律。在法治文化成熟的商业银行，各级管理者都清楚自己的权力边界和行使要求，会进行自我约束，自觉地在制度规定和上级授权范围内行使管理权力，承担管理职责。

（3）激励功能。激励功能就是法治文化对员工工作主动性和积极性的自我激发。法治强调公平，也保障公平。在这种工作环境中，员工相信会根据

---

① ［法］孟德斯鸠. 论法的精神［M］. 张雁深译. 北京：商务印书馆，2002：56.

工作的绩效数据对员工进行评价，会以能力定升迁、以业绩定报酬，有为才有位。在这种管理机制的作用下，会激发员工极大的工作热情，会自发地主动工作、严格要求自己。具体而言，这种作用主要表现为：①将"要我做"变成"我要做"。分工合作是商业银行经营管理的基本特点。在分工合作中必然会存在一些"中间地带"，如果员工缺乏工作的激情，每天按部就班地工作，各自自扫门前雪，工作就会脱节、产生内耗；但如果员工能主动往前半步，问题就可以解决，工作就能形成合力。②将"我做了"变成"要做好"。在工作实务中，经常出现同样情况下，工作效果不同的现象。原因就在于员工对工作的自我要求不同。在只有制度要求的情况下，员工认为达到 60 分就可以；但在强调公平的法治文化氛围下，员工会提高自我要求，将工作做到80 分、90 分的效果。

（4）声誉功能。声誉功能就是法治文化对商业银行社会形象的提升功能。作为企业公民，商业银行的社会形象直接关系到其在社会公众中的声誉和地位。为塑造、保持和提高良好的社会形象，商业银行一般都会采用承担社会责任、投放广告宣传等措施。但金杯银杯抵不上百姓的口碑。一家违法违规经营、案件频发、丑闻不断的商业银行，会被社会公众认为是"不规矩、不放心"的商业银行，不管其广告投放量有多大，也难以塑造良好的社会形象。一旦一家商业银行被社会公众认定为"不规矩"，其业务拓展必然受到影响。相反，一家法治文化浓厚的商业银行，其员工，至少大部分员工，在日常的经营管理中都会依法办事、合规经营、依据法律法规解决纠纷。日积月累，这家商业银行就会形成并散发规矩、诚实、守信的气质，社会公众也会认为这是一家"规矩"的、"让人放心"的银行。社会形象良好、社会美誉度高，就是最好的广告宣传。

（五）法治文化建设的目标

为提高法治文化建设的效益，商业银行在建设法治文化过程中应围绕以下三个目标。

1. 增强员工的法治理念

法治理念是法治文化的核心内容。商业银行建设法治文化就是引导员工深刻理解和准确把握法治理念的本质要求，围绕科学立规、严格执规、公正执规、全员守规等内容，认同法治式管理模式的优越性，确立法治式管理模式的权威性，实践法治式管理模式的主动性，从而自觉地投入商业银行的发展建设实践中。

2. 培育员工的法治精神

法治精神是法治文化的灵魂。建设法治文化就是在普及法律知识和法治知识的基础上，通过弘扬法治理念，传播法治文化，创新法治实践，培养全体员工发自内心的崇尚法治、尊重制度的意识和对法律法治的信仰，从而将实践法治式管理内化于心、外化于行，自觉主动、合法合规地将法治式管理要求落实在日常工作之中。

3. 构建以公平为核心的价值体系

在商业银行内部，构建以公平为核心的价值体系既是法治建设的基本要求，也是商业银行良性发展对管理的基本要求。通过建设法治文化，在商业银行内部提高员工的法治观念和法治素质，促进全体员工学法、知法、守法、用法、尊法，可以促进员工深刻理解公平的实质含义，有理有节地争取和实施公平的要求，构建起以公平为核心的价值体系，从而形成和谐、进取的内部氛围和工作追求。

二、法治文化的基本内涵

不同的商业银行，其法治文化的内涵是不一样的。但作为一种文化，法治文化的基本内涵应该包括制度至上、依规办事、公平公正、诚信敬畏四个方面的内容。其中：制度至上是基础与前提，依规办事是要求与结果，公平公正是价值标准，诚信敬畏是自我约束。这四点内容相互作用，是法治文化的基本内涵。一家商业银行具体的法治文化内涵可以在这四个内涵的基础上扩展延伸或进一步具体化。

（一）制度至上

1. 制度至上的概念

制度至上指在商业银行内部管理实践中，制度具有崇高的地位，制度是管理的依据。在各级管理者的个人意志与制度规范发生冲突时，制度的权威高于个人意志，管理者应以制度而不是以个人意志作为管理依据。

制度至上与个人意志至上是相对的。在人治式管理模式中，企业的实际控制人或实际管理者具有最高的权威，其个人意志具有至上的地位，是企业管理的基本依据。在这种管理模式中，企业也会制定管理制度，但这些制度都是企业实际控制人或实际管理者个人意志的体现，是根据其个人意志而制定，又会根据其个人意志而修改，制度仅是为其个人意志披上规范化管理的外衣。与此相反，在法治式管理模式中，制度具有最高的权威，制度会反映、体现企业实际控制人或实际管理者的个人意志，但不是其个人意志的直接表述，而是根据制度的价值标准，对其个人意志进行扬弃；同时，也会根据制度管理的流程对制度进行制定、修改和废除。

2. 制度至上的要求

作为法治文化的主要内涵，制度至上主要包含以下四个要求：

（1）经营管理行为要有制度规范。商业银行的所有经营管理行为都要制定相应的管理制度。有管理必有制度，有制度才有管理；有业务必有制度，没有相应的制度就不能推出创新产品。对于因内外部形势变化而没有及时制定管理制度的事项，相关管理者应根据法治原则、法治精神等法治的基本要求，以不违法不违规为前提酌情行事。

（2）制度是经营管理行为的唯一依据。制度不是管理者的个人意志，而是商业银行经营管理活动中唯一的规则体系和依据。在制度没有规定，或制度规定不明确，或制度内容有歧义时，管理者只能根据相关制度的制定背景、基本原则等，进行审慎性的解释。在适用制度、解释制度时，要注意避免以下三种错误的行为：①断章取义。即在对一些制度条款内容有歧义时，没有从该制度文件的整体层面上进行理解，而只是对其中一个或几个条款孤立地进行理解。②自我立规。在法治式管理模式中，制度的制定都有特定的权限和流程，超越制度规定的权限或违反制度规定的流程而制定制度就是自我立规。自我立规不仅仅是违反权限和流程，更多的是出于维护或体现个别部门、机构甚至是个人的意志和利益，因此，应对自我立规进行坚决否定。③自我赋权。一些机构负责人，以总行授权文件中没有明确规定该机构不能审批某项事务为由，而审批了某项业务，这是自我赋权的典型表现。"没有许可就不可为"是企业授权管理的基本原则，以总行授权文件没有明确禁止作为自我行使审批权的理由是一种狡辩。自我赋权是对法治管理和授权管理的直接否定，在法治式管理模式中，对此应进行坚决否定。建设法治文化要树立制度至上的理念，树立制度是管理的唯一依据的理念，而不能自我立规、自我赋权。

（3）制度至上得到全体员工的认可与遵守。制度至上不仅体现为制度的规定和管理者的强调，还要得到员工内心的真正认可。只有得到员工的认可，制度才可能得到遵守执行。员工是制度的制定者、制度的执行者，也是制度执行的监督者。员工是否相信制度至上、是否认可制度至上直接决定了制度是否能真正具有至上的地位。只有员工真正地认可制度至上，员工才会主动自觉地遵守制度、执行制度，才会自觉抵制或提醒违反制度的行为。得到员工真正认可和遵守的制度才真正享有至上的地位，否则，制度至上仅是一句口号或一种装饰。要使员工认可、接受和遵守制度至上的理念，就需要制度能给员工带来正向的利益。命令、要求都可以让员工按照管理者的要求做事，但唯有利益，可以吸引员工主动做事。制度至上的理念要获得员工的认可与遵守，制度就必须能反映与体现员工正当的呼声和满足员工的合理需要。制度不管不顾员工的呼声与需求，员工对制度也必然是漠不关心。在商业银行中，员工正当的呼声与需求包括有做事的机会、客观地评价工作绩效、根据工作绩效获得合理的回报。这就是对公平公正的呼唤。在法治式管理体制下，对这种呼唤应该给予充分的尊重和合理的满足。这样的制度才是能获得员工内心认可的制度，也才是有生命力的制度。

（4）制度至上有相应的实施保障机制。机制是实现理念的渠道，也是实现理念的保障。没有机制的保障，一种理念或者无法实现，或者昙花一现，都难以得到贯彻落实和执行，更不可能变成现实。作为一种理念和一种要求，制度至上不会自动实现，既不是员工认可就可以实现，也不是管理者提倡就可以实现，而要有一套实施保障机制来推动并保障制度至上理念的落实和实现。这种实施保障机制包括制度制定机制、制度实施机制、制度实施检查监督机制、违反制度的责任追究机制，即法治的管理机制。通过法治管理机制及其实际运行，能够提供科学合理的制度依据、肯定遵守制度的行为、否定和纠正违反制度的行为，从而使制度至上从理念、提倡和要求变成实际的行动和结果。

3. 落实制度至上的重点

在管理实务中，要落实好制度至上的要求，重点在于处理好制度与各级管理者的关系，包括最高管理层和其他各级管理者的关系。各级管理者是制度制定和制度实施的组织者、推动者。他们对制度的理解、接受和尊重程度，对落实制度至上的要求至关重要。各级管理者在处理各种事务时，除极少数情况直接违反制度外，一般不会直接否定制度或违反制度，但以制度没有规定、制度规定不明确、制度规定已落后于形势等为由，有选择性地执行制度或变通执行制度，是可能存在的情况。这种情况是对制度至上的否定，也是对法治文化建设和法治建设的否定。商业银行需要采取措施、综合治理，来帮助管理者纠正错误的认识和错误的行为：①加强制度建设的力度，尽可能地避免制度出现漏洞，避免成为少数管理者违规的理由。②加强法治文化建设，引导这些管理者树立制度至上的观念，引导他们正确处理制度可能存在的问题：制度如有问题，可以提出制度修改的意见建议；在制度没有修改前，只能按制度办事。③完善管理流程，使流程尽量相互制约，避免出现一手清的情况，增加管理者违规的难度。④加大检查监督的力度，及时发现各种违规、绕规行为。⑤加大违规问责的处罚力度。对故意违规的行为，严肃问责，以整肃和强化依法经营和合规办事的管理秩序。

（二）依规办事

1. 依规办事的概念

依规办事指商业银行的内设机构和员工，特别是各级管理部门和管理人员，要根据规章制度的规定从事经营管理行为。"法令既行，纪律自正，则无不治之国，无不化之民。"① 依规办事是根据法律法规和规章制度的要求从事经营管理，所有的经营管理行为都被落实在了法律法规和规章制度中，大到治国化民，小到治行管事，管理秩序和法治秩序自然就建立了，管理的结果也都会井然有序、和谐昌盛。

2. 依规办事的要求

对法治文化来说，依规办事意味着以下五个要求。

----

① 包拯：《上殿札子》。

（1）办事有依据。办事有依据是法治式管理的基本前提。商业银行的所有经营管理活动都要有相应的制度依据。商业银行必须将规章制度建设作为建设法治文化、建设法治银行的重中之重。在规章制度的建立健全中，商业银行的总行负有不可推卸的责任，也要发挥至关重要的作用。在商业银行的法治建设中，总行强则全行强，总行弱则全行弱。总行的发展战略、发展目标、发展思维、发展重点和管理政策等管理要点，都需要总行的职能部门通过一定的程序制定为管理制度，使制度充分体现总行的意志和要求，并将制度推行到全行所有机构，作为所有机构和整体经营管理的依据。商业银行的下属机构和员工实施总行的制度要求就是在实现总行的发展意图和管理要求。

（2）权限制度定。权限制度定是法治式管理的重要原则，也是依规办事的合法性基础。其主要内容包括以下三点：①管理权限的授予有两种方式：制度直接规定和专门的管理授权。为实现经营发展和部门管理目标，商业银行的各级机构都要行使管理权力，但这种管理权力，既不是来自上级机构某个人的随意授予，也不是来自本级机构的自我赋权，而是来自制度的规定和上级机构的专门授权。一般而言，操作性权限由制度直接规定；决策性权限是专门的管理授权。②授权的内容和程序由授权管理制度规定。各级被授权人的管理权力的内容、大小、授予方式以及限制条件等，都应该由授权管理制度进行规范，都应该根据制度的规范进行授权。在对授权内容的理解有歧义时，应该向授权部门或授权人提出申请，由授权部门或授权人给予正式的解释。在授权的内容、程序、方式等方面，任何一个事项违反授权管理制度，都是无效的授权。③被授权人只能在授权范围内行使管理权限。被授权人取得授权后，只能根据制度的规定，在权限范围内履行职责。被授权人既不能直接越权，也不能将管理事项拆分进行绕权；越权、绕权都是严重的违规行为。

（3）有权必有责。即职权和职责、权利和义务相一致原则。有权必有责包括两个方面的含义：①行使权力，就要承担相应的责任。权力与责任互为表里，授予权力其实同时也就授予了责任，行使权力就要承担因此而产生的责任。权力与责任应高度统一，不能有权无责，也不能有责无权。有权无责，必将滥用权力；有责无权，必将无能为力。②赋予权力，就要根据制度积极行使。授予各级管理者一定的权力，就是希望被授权人在制度规定的范围内，积极主动地行使权力，实现商业银行的授权目标和经营管理目标。如果各级管理者被授予了权力而不去行使或者行使不到位，出现不尽职、不作为，这是管理上的失职渎职，要承担相应的管理责任。商业银行的管理授权是通过分级管理，充分发挥各机构的积极性，从而更好地实现商业银行的经营发展目标。在任何时候、任何情况下，各级管理者都必须坚决克服权力在手、随心使用的错误观念，既要慎用手中权力，还要用好手中权力。

（4）用权受监督。权力必须受到监督是法治式管理遵循的一条重要原则。商业银行授予各级管理者的权力，虽然有大有小，但都直接关系到相应机构经营发展目标的实现、人财物的安全。这种重要权力一旦被腐蚀滥用，不仅将影响机构经营目标的实现和业务发展的质量，还会破坏商业银行的社会形象，对商业银行造成不可估量的损失。因此，各级管理者的权力必须严格依照制度规定的权限、程序行使，权力的行使过程也必须受到严格的监督和制约。对各级管理者权力行使的监督包括行内监督和行外监督。行内监督主要包括分级授权审批、合规内控部门的检查、审计部门的审计、纪检监察部门的执纪监督；行外监督包括银保监会、人民银行、社会媒体等机构的监督。商业银行应通过制度规定，保障相关监督机构能有效行使监督权力，以督促各级管理者的权力都在阳光下行使。

（5）违规受追究。违规必究是法治式管理的基本要求，也是制度至上、法治权威与法治尊严的重要体现。为强化管理的严肃性，商业银行都建立了责任追究制度和违规问责制度。这些制度对促进商业银行依法合规经营发挥了重要作用。但在责任追究的实务中，一些商业银行也存在"三追三不追"的现象：即追下不追上、追钱不追人、追纪不追法。这种现象是对违法违规行为的纵容，也是对依法合规行为的否定。依规办事就是要建立起对违法违规行为的严厉责任追究机制。只有各类违规行为都根据制度的规定受到了追究和惩罚，才能给整个商业银行树立依规办事的良好示范，也才能将依规办事落到实处。

3. 落实依规办事的主要措施

将依规办事落到实处重点要采取以下措施，做好以下事情。

（1）培养法治思维。法治思维是按照依规办事的理念和逻辑，观察、分析和处理问题的思维方法，是真正认可制度至上的理念，自觉执行规章制度要求的一种思维方式。法治思维要求商业银行的各级管理者和普通员工都熟知法律法治常识，将法治要求内化于心、外化于行，养成尊法、信法、用法、守法、合法的良好习惯，并能结合工作实际，掌握常用的制度、熟悉相关的制度、了解其他的制度，提升自身的法治素养，自觉把依规办事作为一种原则来坚持。各级管理者都不能有超越于制度之上的权力，更不能行使超越制度和授权的权力，而要坚持在法治的框架下思考、决策、执行本机构的经营管理，不能根据自己的利益而做选择、搞变通、打折扣，而要真正使规章制度成为经营管理的准绳、标杆和戒尺。

（2）善用法治方式。法治方式就是按照制度规定的权限、程序、方法和要求进行决策、管理和办事的行动方式。善用法治方式就是在拓展客户、办理业务手续、考核评价工作时，都要坚持依规办事的原则和要求，实现从人治式管理向法治式管理模式的转变，形成办事依规、遇事找规、解决问题用规、化解矛盾靠规的良好氛围。特别在面临新情况、新问题而缺乏明确的制度依据时，要研究判断准备采取的处理措施是否符合法治精神和制度原则：符合法治精神和制度原则的措施，要大胆采用、果断处理；不符合法治精神和制度原则的措施，要控制冲动、自我约束。各级管理者既是尊法者、守法者，也是执法者、护法者，比普通员工要早行一步，主动学习使用法治管理方式，切实做到"法立，有犯而必施；令出，唯行而不返"[①]。

（3）注重实际效果。商业银行的管理活动要讲究实际效果，法治文化建设也不例外，只有产生实际效果的法治文化建设才是有必要、也是可以持续进行的。法治文化建设的效果表现为：员工是否认同、接受、落实依规办事；是否形成了办事依规、遇事找规、解决问题用规、化解矛盾靠规的良好氛围。要产生这种效果，在法治文化建设时需要运用三种思维：一是系统思维。通过普法教育、宣传引导、实践运用、典型塑造等方式，让法治文化进脑入心，确保每项管理活动，都能在制度规范下高效有序运转。二是辩证思维。面对法治文化建设中出现的问题，要透过现象找本质，一分为二看问题，以变化

---

① 王勃：《上刘左相书》。

发展的眼光发现和总结依规办事的特点规律，引导法治文化建设始终沿着正确的方向前进。三是底线思维。要把依规办事作为基本的管理方法，自觉压缩自由发挥的空间，让"铁规矩"大行其道，让"潜规则"寸步难行，让法治消解切除传统管理的积弊。①

（三）公平公正

1. 公平公正的概念

公平指处理事情要合情合理，不偏袒某一方或某一个人，即商业银行的每个员工承担着他应承担的责任，得到他应得的利益。如果一个人承担着少于应承担的责任，或取得了多于应得的利益，就会让人感到不公平。公平包含机会公平、过程公平和结果分配公平。公正则是指给予每个员工他所"应得"的利益。

公平和公正经常一起结合使用，但其含义并不完全相同。公正的事情必定是公平的事情，但公平的事情不一定是公正的事情。公正强调"具有正当性"，它是一个社会的"基本价值取向"；公平强调"一视同仁性"，即用"同一个尺度"来衡量不同的人或不同的事情，防止用双重（或多重）标准对待同一件事或同一个人。简单来说，公平是用一把尺子来度量人与事，公正则要求这把尺子的刻度是均衡的、合理的。

与公平公正紧密相连的是平等。平等指人与人之间的一种关系、人对人的一种态度；平等是一种人格上的平等，是在精神上互相理解、互相尊重，不区别对待、平等享有的社会权利与义务。

平等、公平与公正都是一种价值标准和社会标准。其中，平等是公平的基础，公平包含着平等；公正是对公平的扬弃，是对公平的进一步要求。

将公平公正作为法治文化的价值性内涵，在于公平公正所代表的道德品质和价值判断。"法者，天下之公器。"② "凡法事者，操持不可以不正；操持不正，则听治不公；听治不公，则治不尽理，事不尽应。"③ "理国要道，在

① 杨治安. 自觉提高依法办事的能力和水平. 中国文明网［EB/OL］.［2015-01-14］. http://www.wenming.cn.
② 梁启超：《变法通义》。
③ 《管子·版法解》。

于公平正直。"① 不平则鸣、多鸣则乱，也被国家治理和企业治理的历史所反复证实。在法治社会中，公平公正是法治的价值标杆和价值追求，是社会主义法治的核心价值追求，法治的终极目标是在全社会实现公平与正义。在一些企业中，崇尚关系与主张公平共存，如处理不当，会使企业内部一塌糊涂、离心离德。商业银行将公平公正作为法治文化的价值标准，就是要公平公正地处理各种矛盾，塑造风清气正和气顺神爽的工作氛围。

2. 公平公正的要求

公平公正作为一种价值理念是抽象的，但在管理实务中又是具体的、实实在在的、可以感知的。一件事情的处理是否体现了公平公正的原则，不仅要接受法律和制度的检验，而且要取决于是否得到大多数员工的认可和拥护。作为法治文化的价值标准，公平公正主要包含以下四个要求：

（1）机会公平。即要给予员工公平的工作机会。大部分的商业银行员工都有自己的梦想，想干事立业，想通过工作给自己带来尊严。但不同员工的个性、特长是不同的，一家商业银行的内部资源也是有限的，不可能为员工提供一样的资源，实现所有员工的梦想。但提供公平的机会，提供员工干事立业的机会，鼓励员工之间进行内部竞赛，以更好地实现员工的个人梦想，从而实现商业银行的整体梦想，是商业银行作为企业公民的责任。法治式管理模式下的机会公平主要体现在三个方面：一是竞赛规则要事先制定。在竞赛前，就应该制定明确的竞赛规则，而不能在竞赛中或竞赛结束后再制定。事先没有明确竞赛规则的竞赛只是一场游戏，而不是需要拼尽全力的竞赛。二是竞赛机会要对所有符合条件的员工开放。竞赛条件要有一定的适用范围，不能成为定制型竞赛。三是竞赛结果要及时兑现。不兑现、拖延兑现竞赛奖励的，都是不合格的竞赛。不符合上述三个要求的竞赛，不是公平的竞赛。其结果不仅会对竞赛组织者的权威和威信造成极大的损害，还会引起员工对机会平等、管理制度和管理秩序的质疑。

（2）工作任务和考核评价的公平。为保障和促进发展，商业银行总行每年、每季甚至每月都要给分行下达经营指标任务，并层层分解到每个员工，根据完成情况进行考核评价。一般的任务分配方式，是根据上一年度、季度、

---

① 吴兢：《贞观政要》。

月度经营结果,并保持一定的增长率来确定。在季末、年末根据工作结果,特别是目标任务的完成情况,进行考核评价。这种任务指标分配方式具有直接明了、便于操作的优点,但根据公平公正的要求,还有改进的空间。每个分行所在地区的经济结构、GDP增速、当地市场占比、在当地同业间的比较、分行的资产质量变化状况、员工数量与竞争能力是不一样的,从公平公正角度而言,在分配任务和考核评价时,应该考虑到这些因素。商业银行的管理讲究效率,不可能将这些客观因素全部考虑在内,但在分配任务指标时适当考虑分行所在地区的经济结构、GDP增速等因素,考核评价时增加当地市场占比、在当地同业间的比较等考核权重,是可以做到的。这样既尊重和考虑了各分行所在地区经济的客观情况,又有利于促进分行在当地争夺更大市场份额的积极性。

(3)按照贡献给予回报。回报既包括薪酬、奖励等物质上的回报,也包括职务晋升上的回报。"天下熙熙,皆为利来;天下攘攘,皆为利往。"① 员工进入商业银行工作,大部分有两个目标:通过自己的努力,赚取一份收入和谋取职务上的发展;少数员工可能将成为一个有所作为的银行家作为工作目标。无论哪个目标的实现,都离不开商业银行的回报规则。能够为员工实现目标的回报规则是员工最认可的工作;能制定并实施这种回报规则的商业银行是最为员工信赖的,也是有竞争力的银行。按劳给予回报是帮助员工实现工作目标的一种回报方式。按劳回报有三层含义:一是根据劳动结果,即绩效贡献获得相应的回报;二是回报要公平,相同的绩效获得相同的回报;三是回报要有可比性,即相同的绩效在不同商业银行之间的回报不能相差过大。这种回报方式其实质就是按劳分配,是最公平公正的一种分配方式,为我国宪法所肯定和要求,也是商业银行的主流分配方式。但在落实细节上,少数商业银行除实行按劳回报外,还存在按关系回报、按资历回报等回报方式。这些回报方式或隐或现、或多或少,但都是对按贡献回报、按劳分配的否定,都会造成不公平的结果,也会打击所有相信"按贡献回报""按劳分配"规则的员工的积极性。建设法治文化就是要保障和实现公平,公平就是要实行按贡献回报、按劳分配,而否定按关系回报、按资历回报等不公平的

---

① 司马迁:《史记·货殖列传》。

回报方式。

（4）公平公正实现结果的相对性。公平公正是客观要求，但也是主观判断，存在相当的主观性。因此，公平公正是历史的、相对的，是受社会发展阶段和具体的制度安排制约的。而且，公平公正也是有条件的，是相对于某种规则或某种不公平状况而言的。在商业银行内部强调公平公正，不是搞平均主义，也不是绝对意义上的公平公正。商业银行作为企业，追求并实现经济效益是其存在的目的和生存的基础，也是其追求的目标，而绩效就是经济效益的直接体现。作为企业，商业银行需要自行创造经济效益，而由于各地资源禀赋的不同和员工竞争能力的不同，不同分支机构和员工之间的绩效存在较大的差异，这决定了在商业银行内部强调公平公正，只能是相对的公平公正，而不是绝对意义上的公平公正。这种相对性表现为：①时间与空间的相对性。即只能在相同的期限内，相同机构内部的公平公正。不能以此时对彼时，也不能以此机构与彼机构相比。②机会与回报的相对性。企业必须讲究效率和投入产出比，因此，只能根据效率和投入产出比来决定员工的机会与回报。强调公平公正的相对性，并不意味着商业银行就可以放宽对公平公正的要求；恰恰相反，只有认识到了它的相对性，才有助于商业银行的管理积极地向最公平、最公正努力，从而寻求到相对最公平、最公正的结果。对于企业而言，根据机构和员工的绩效以及投入产出比来决定员工的机会和回报的分配规则本身就是实质意义上最公平公正的。

3. 公平公正的实现

在商业银行内部实现公平公正是一项综合工程，需要坚持依法、及时、合理等原则，综合运用制度、经济、行政等手段，采用强制、教育、考核、问责等方法。最重要的是通过推进法治建设，逐步建立并从制度上保障公平的机制、公平的规则、公平的环境、公平的条件和公平发展的机会，最终实现公平公正的经营管理环境。具体措施如下：

（1）在制度制定上，要体现全体员工对公平公正的要求和愿望，使公平公正的要求制度化，使实现公平公正的途径程序化、公开化。

（2）在制度执行上，各级管理者要牢固树立公平公正的理念，让公平公正的精髓渗透到经营管理的全过程，使公平公正的精神和价值通过制度的适用、实施得到实现、彰显和弘扬，使公平公正成为员工看得见、摸得着、感受得到的结果。

（3）在推动落实上，各级管理者，尤其是高级管理层，要有维护公平公正的品质、勇气和智慧，要有能力、有勇气、有办法应对各方对公平公正的质疑、否定和冲击。否则，好的规章制度和法治文化也会打折扣，不仅不能实现公平公正，还可能走向反面，离公平公正越来越远。

（四）诚信敬畏

1. 诚信敬畏的概念

诚信指为人处世真诚、诚实、尊重事实、实事求是，并信守承诺。敬畏指人类对待事物的一种既敬重又畏惧的态度。

将诚信敬畏作为法治文化的约束性内涵是由人性具有"恶"的一面所决定的。法治需要人来建立和运行，同样的法治制度、法治机制，组织者或执行者不同，其结果也会不同。而且，制度也会有遗漏、漏洞、弹性等问题，不同的人会有不同的裁量取舍。为此，在法治文化中需要有约束性成分，对法治的建立者、组织实施者、执行者进行内心的自我约束。诚信敬畏则是对自我约束的一种精神和要求。千百年来，诚信和敬畏被世界各民族视为自身的行为规范和道德修养，形成了具有丰富内涵的诚信观、敬畏观。如：在诚信方面，人不信于一时，则不信于一世；无诚则无德，无信事难成；小信成，则大信立；人而无信，不知其可为也；重诺守信，人必近之；狡诈欺蒙，人必远之；等等，不可胜数。在敬畏方面，也是妙语众多。如：子曰："君子有三畏，畏天命，畏大人，畏圣人之言"；"后生可畏，焉知来者之不如今也"；"举头三尺有青天"；"头顶三尺有神明，不畏人知畏己知"。德国著名哲学家康德在《实践理性批判》中也强调："有两种东西，我对它们的思考越是深沉和持久，它们在我心灵中唤起的惊奇和敬畏就会日新月异，不断增长，这就是我头上的星空与心中的道德律。"

诚信敬畏之所以能成为人类普遍认可的行为规范和道德修养，在于其符合人的本性，也具有重要的社会意义。就诚信而言，诚信是人的内在的本质要求，是人的良心体现，"人无信不立"，讲诚信才会得到别人的帮助和支持。因此，言而有信，才能事业有成；"信则人任焉"，自己讲求诚信才能得别人的信任，才可能被任用，才有施展才华的机会。诚信是一个人立身处世的重要信条。敬畏也同样如此，人生应当有所敬畏，才不会为所欲为。敬，不是表面的供奉而是由衷的坦诚；畏，不是内心的懦弱而是灵魂的震撼。贤者畏惧，然无忧虞。知道敬畏，才能保护我们内心的良知。学会了害怕，才会不害怕；不会害怕，他的一生都可怕。内心有所敬畏者才会懂得尊重、把握分寸、守住底线。

2. 诚信敬畏的要求

诚信敬畏的社会意义，对个人如此，对商业银行也同样具有现实意义。因此，可以将诚信敬畏作为法治文化的自我约束性内涵，其具体要求有三个方面：

（1）员工相互交往要诚信敬畏。员工之间的关系是商业银行最基础的内部关系。同事之间的关系是最好处也是最难处的关系，关键取决于一个企业、一个团队的人际文化。团队成员之间的关系主要有友善型和恶意型两种。这两种不同的团队成员间的人际关系直接影响团队的工作气氛和工作状态。友善型的团队，成员之间相互信任，相互支持，善意提醒，不需要相互防范，偶尔出现一些摩擦也可以一笑了之；而恶意型团队，成员之间没有信任，相互防范，小报告盛行，流言蜚语满天飞，即便偶尔出现的善意提醒也会被认为是恶意的挑错或指责。无疑，友善型团队更受欢迎，也更值得提倡。打造友善型团队的关键，是要在团队内部提倡和践行诚信敬畏。如果团队成员都讲诚信、有敬畏，为人处世就会有底线，就会自我鼓励与人为善、自我约束不报人以恶，也就容易建立和谐友善的团队关系。

（2）实施内部管理要诚信敬畏。内部管理是一种互动型关系，也要贯彻诚信敬畏的基本原则。上不欺下、下不骗上是内部管理中诚信敬畏的具体表现；欺上瞒下、有选择性地报告，上有政策、下有对策，则是内部管理中缺乏诚信敬畏的表现。诚信敬畏原则对于管理者和员工都同样适用。对于管理者而言，是在行使管理职权时，不能认为自己处于管理地位、优势地位，就可以随性而为。这种想法是典型人治式管理中的表现。其结果大多表现为上面朝令夕改，下面无所适从；或者上面耀武扬威，下面阳奉阴违。在法治式管理模式中，管理者应该言必信、行必果，特别是对于管理事务，要遵循公开、公平原则，对下有诚信、内心有敬畏。这样才能尽可能做到公平公正，从而上下都有节制，容易达到平衡点。对于员工而言，更要保有诚信之心、常怀敬畏之意，不仅要按时、按量、按质完成各项工作任务，还要如实、客观、全面、及时地向管理者报告经营管理中出现的或隐藏的各项风险信息。

（3）处理外部关系要诚信敬畏。商业银行在经营管理中需要与股东、客户、监管机构和税务等政府机构和媒体、司法机构、社会公众等外部主体打交道。商业银行在处理这些外部关系时，都要讲究和落实诚信敬畏，不能欺诈蒙骗。其中，对于股东/投资者，要客观、真实、及时、全面地披露经营管理信息，经营信息和经营数据不能作假；对于客户，要如实、充分告知产品风险，不能为了完成理财等产品的销售任务而故意隐瞒风险或违规承诺收益；对于监管机构，要保持透明性，及时报告各类信息，不能玩猫和老鼠的游戏；对于税务机构，合法的避税可以使用，但应该缴纳的税款一定要按时、足额缴纳，不能故意迟缴、少缴或漏缴；等等。商业银行处理外部关系的基本原则就是要诚信敬畏，要有高格局、强自信，不能自欺欺人、耍小聪明。

3. 诚信敬畏的实施

将诚信敬畏落到实处需要商业银行在推进法治文化建设时，从制度建设、价值提倡和行为实践上同时发力。

（1）管理制度的体现。在制定各项管理制度时，特别是在制定有关风险管理、人力资源管理、财务管理、考核评价管理等领域的管理制度时，要有意识地将诚信敬畏的内容，纳入制度规范中，通过制度确立和贯彻诚信敬畏的要求。将诚信敬畏纳入制度范畴是在商业银行内部将道德制度化，其实质是以略高于常人的道德标准作为制度的中性标准。将道德要求制度化，可能有人会有不同意见，甚至持反对态度；但考虑到商业银行是经营货币、经营风险的特殊企业，本身就需要以略高于常人的标准来要求管理者和员工。因此，将诚信敬畏纳入各项管理制度之中，并不是泛泛的道德制度化，而是确有所需，也非常必要。这需要制度制定者在制定制度时，首先对自己提出较高的要求，以此为标准，制定相应的管理制度。相应制度的核心内容是提倡诚信敬畏的意识，肯定诚信敬畏的行为，确定诚信敬畏的结果。

（2）日常行为的贯彻。不论制度是否有规定，都不影响商业银行从管理者到员工，在日常经营管理活动中自觉地体现和贯彻诚信敬畏的要求。日常经营管理行为的具体表现是有无诚信敬畏意识最直接的体现。有诚信敬畏意识的，自然会心有戒尺、行有规范、诺必履行、弱者不欺；没有诚信敬畏意识的，自然是没有底线、为个人的短期利益而无所畏惧。为促进诚信敬畏的落实，商业银行可以在法治文化建设活动中，多提倡、多宣传、多肯定诚信敬畏，在广大员工中普及、引导和树立诚信敬畏的意识；各级管理者要多做表率，自觉做到讲诚信有敬畏，自觉抵制和否定无信无畏的行为，给员工树立一个良好的榜样；普通员工则要有自觉性，不要图一时之利，而毁掉自己的职业形象和职业口碑。

三、法治文化建设

商业银行的法治文化培育重在建设、贵在落地、难在普及和深入。落地的关键是落到基层、落到员工，普及和深入也是在员工中普及、深入基层。培育商业银行的法治文化要坚持不懈地开展面向基层、面向员工的法治文化建设活动，用法治文化引导员工实践依法治行的积极性和主动性，从一点一滴做起，努力成为商业银行法治建设的忠实崇尚者、自觉遵守者和坚定捍卫者。

（一）法治文化建设的原则

1. 法治文化建设的原则

商业银行在建设法治文化时需要坚持和遵守以下原则：

（1）法治文化要体现一家商业银行的特色并面向未来。企业文化是企业的个性，不同企业的企业文化，既要有共性，更要有特色。一家商业银行的法治文化，必定要反映和体现我国社会主义法治文化的内容和特色，在此基础上，还要体现和反映该银行法治建设的特色。这种特色是该商业银行公司治理、发展战略、管理风格、价值标准、法治建设阶段等因素的综合体现。商业银行的法治文化要在遵循共性的基础上，充分反映和体现自己的法治建设特色，确立自己的法治文化内涵。同时，企业文化具有稳定性和革新性的双重特点。这就决定了在一段时间内，法治文化应保持稳定性，但在外部经济金融环境和监管环境发生变化时，或内部发展战略、管理风格、价值标准发生重大调整时，法治文化的内涵与外延也应进行相应的调整和变化。因此，商业银行的法治文化应遵循法治文化的通常发展变化趋势，为未来可能的调整和变化留有一定的余地和空间。

（2）员工对推进法治文化建设达成共识。即商业银行从各级管理者到普通员工，对本银行法治文化是什么、为什么要推进法治文化建设、怎样推进法治文化建设等事项，要有基本的共识。法治文化会体现在员工行为上，因此需要发挥群体的力量。法治文化是全银行所有员工共同适用的"大众文化"，不是法律部门等少数机构或部分员工群体的"小众文化"；是根植于员工思想意识、付诸于员工行为为动作的"活文化"，不是嘴巴讲讲、文件写写的"死文化"。因此，必须在商业银行内部对推进法治文化建设达成最大范围、最大可能的共识。法律部门在推进法治建设和法治文化建设时，需要想方设法、不厌其烦、多措并举地深入员工队伍中进行法治文化建设的宣导，使认同、支持、投入法治文化建设的机构和员工尽可能地多，而反对、否定、抵制法治文化建设的机构和员工尽可能地少。如此，在取得共识的基础上才能事半功倍地推进法治文化建设。

（3）法治文化的内涵要反映全体员工的共同愿望。认同是共识的基础，反映、符合自己的愿望是认同的前提。推进法治文化建设时，法治文化的内涵必须能反映全体员工的共同愿望和期望，符合全体员工对法治文化建设的价值标准和价值追求，才能广泛地获得员工的认同，并进而对法治文化建设达成共识。基于法治和法治文化的特性，全体员工对法治文化的共同愿望是期望建立一套能规范化管理、简单化管理，并能保障和促进个人发展与银行发展的管理制度和管理秩序。全体员工对法治文化建设的价值标准是平等、公平、公正等原则。建立一套能反映和体现平等、公平、公正等原则，方便操作、起作用、适用、实用的管理制度，以及由于这些管理制度的实施而形成的一种有序的管理秩序，是商业银行全体员工的共同愿望。

（4）要充分发挥各级管理者的核心作用。各级管理者是商业银行员工队伍中的骨干力量，其对法治和法治文化的观点、态度和作为都具有示范效应。如果各级管理者，特别是高级管理层，认可法治模式、弘扬法治文化、遵守法治要求、实践法治管理，将可以有力地带动其下级管理者和普通员工；相反，如果各级管理者，特别是高级管理者，对法治和法治文化不认可、不遵守、不实践，法治文化建设就无从谈起。各级管理者如果能主动参与法治文化建设，自觉贯彻落实法治文化要求，法治文化建设基本上就事半功倍了。这些管理者是法治文化建设的关键少数，是法治文化建设必须抓住的"牛鼻子"，必须引导、督促这些管理者发挥在法治文化建设中的核心作用。多数各级管理者对商业银行管理模式的发展和优化都有清晰的认识，只要通过宣传引导、制度建设、机制保障等方式，让其认识到推进法治建设、建设法治文化是大势所趋、作为有奖、消极有罚等问题，各级管理者自然就会逐渐成为法治文化建设的核心力量。

（5）法治文化管理与商业银行形象管理相互促进。法治文化不是孤立的，它是企业文化的组成部分，也是企业社会形象的塑造力量。商业银行的社会形象事关政府机关、监管机构、媒体、客户等各类社会主体对其的认识和评价。良好的社会形象是商业银行经营发展的助推剂；不堪的社会形象是商业银行经营发展的阻力器。法治文化是一家商业银行管理风格、行事方式的综合体现。积极健康的法治文化，有利于塑造商业银行遵纪守法、规矩办事、重合同讲诚信的社会形象；消极病态的法治文化，会给社会公众留下违法乱纪、没有诚信的社会形象。因此，法治文化管理应与商业银行形象管理相互促进，法治文化建设应以塑造商业银行依法合规、重合同讲诚信的社会形象为重点。

（6）法治文化管理要与商业银行战略管理相结合。一家商业银行的发展战略是其所有经营管理活动的最高指南，商业银行的所有经营管理行为都要围绕战略、符合战略、服从战略和服务战略。法治建设和法治文化建设也不例外，要自觉地为实现发展战略而添砖加瓦，成为实现发展战略的正向力量。法治文化管理要主动与战略管理相结合，具体体现为：法治文化的内涵要反映和体现战略方向；法治文化建设的重点要符合发展战略的重点；法治文化的建设步骤要契合发展战略的实施阶段。

2. 法治文化建设的误区

在商业银行开展法治文化建设工作时，有时存在一些误区，从而误导了对法治文化的理解，也影响了法治文化建设的方向和方法，这需要引起足够重视和有意识的克服。这些误区主要有以下几个方面。

（1）口号化。一家商业银行的法治文化需要反映银行业法治文化的共同特点，但更要反映该商业银行法治建设和法治实践的主要特色、目标任务等内容，既要有共性，更要有特色。但一些商业银行的员工将其法治文化仅仅概况为"学法、用法、尊法、守法""公平公正""依法治行"等标语口号。这些措辞，虽然简短有力，但没有特色，不能反映该商业银行法治建设的价值取向、行为方式、管理风格，难以让员工产生共鸣，也就无法对员工起到凝聚力和向心力的作用。

（2）肤浅化。有些商业银行将法治文化建设仅仅当作法治知识普及，将工作重点放在知识培训或法治知识问题上；或仅当作法治知识竞赛，因而连续多年在全行组织分行级、区域级、全行级法治知识竞赛活动。适当地组织法治知识培训和法治知识竞赛，推动员工学习法治知识，是有必要的，但如果把法治文化建设等同于法治知识培训、法治知识竞赛，则是对法治文化建设的肤浅认识。

（3）僵硬化。有些商业银行片面强调依规办事的要求、井然有序的工作纪律、下级对上级的绝对服从，把对员工实行类军事化管理等同于法治文化建设，造成商业银行内部气氛紧张，缺乏创造力、活力。还有些商业银行法治文化建设中，一个方案用几年，一个活动年年搞，连续多年，法治文化建设的内容、方法、措施等多年没有变化，没有新意，既不能吸引人、鼓舞人，又不能引导人，最终沦为鸡肋。这些都是僵硬化的法治文化建设。

（4）营销化。一些商业银行将法治文化理解为一种对外的形象文化，将其作为对外营销的一种手段。法治文化实际上是一家商业银行法治建设的目标、价值、信念和行为规范的综合体，是对内部的思维方式、管理机制、管理方式和行为方式的塑造和实践，外部形象是内部实践的结果。如果仅仅注重法治文化的外在表象，而忽视更重要的核心价值建设，这种法治文化也仅仅是流于形式的表面"文化"，没有根基，也没有生命力。

（5）无为化。一些商业银行认为法治文化是商业银行在长期经营管理活动中自然而然形成的，商业银行不能、不需要也不应该进行人为策划、设计、建设。人为地推进法治文化建设是拔苗助长式的人工产物，并不是法治实践的文化沉淀。在这样的商业银行中，法治文化建设缺乏明确的理念指导、方案策划和行动步骤，其结果就是法治文化建设的"无作为、不作为"。在这种法治文化指导下，法治建设必定是步履蹒跚。

（6）突击化。一些商业银行认为法治文化是根据高级管理层的意图和要求，人为地进行策划与设计。因此，这些商业银行主要围绕高级管理层关于法治文化的认识、指示和要求建设法治文化；而且认为法治文化建设可以短时间内迅速形成，从而导致法治文化建设搞突击、急功近利，或盲目效仿其他银行法治文化建设的方式方法，结果都会适得其反。

（二）法治文化建设的重点

法治文化建设是一个系统工程，其涉及的事项、环节和要求都非常多，需要围绕重点、突破重点。综合而言，法治文化建设的重点主要有以下内容。

1. 培育和弘扬社会主义核心价值观

商业银行员工的价值观与国家的主流价值观紧密相连。在商业银行内部弘扬社会主义核心价值观与建设法治文化是内在联系、有机统一的。社会主义核心价值观不仅本身就包含法治内容，而且其基本理念和精神是与法治文化相通的。法治与价值观相辅相成，法治和价值观相得益彰。牢固树立社会主义价值观是建设法治社会的重要基础。在商业银行内部积极培育和践行社会主义核心价值观就是引导员工培育社会公德、职业道德、个人品德，强化规则意识，倡导契约精神，弘扬公序良俗，用良好的道德风尚引领全体员工自觉守法、维护法律权威。①

把社会主义核心价值观融入法治文化建设需要将这种价值观贯穿于制度制定、制度执行等内部管理的各个环节。在制度制定中，需要把社会主义核心价值观的要求体现在制度之中，使制度的规范性和价值导向性结合在一起。在制度执行过程中，坚持严格执规，完善执规程序，改进执规方式，使内部管理的过程成为培育和践行社会主义核心价值观的过程，努力让员工都能切实感受到制度至上、依规办事、公平公正。

2. 培育和弘扬法治意识

法治意识是法治文化的基础。培育法治意识重点在于培育和树立制度意

---

① 王一彪. 对法治文化建设的几点思考［J］. 党建，2015（9）.

识。商业银行建设法治文化，要将培育和弘扬制度意识与法治意识作为一项基础性的工作常抓不懈，使广大员工领会制度精神、熟知制度内容，不断增强制度意识、形成法治意识，进而重视制度、尊崇制度、敬畏制度、崇尚法治，最终将制度意识和法治意识主动转化为自己的行为准则和自觉行动。

培育法治意识必须加强法治宣传教育。在商业银行内部，法治的宣传教育是一项常态化工作，也取得了一定的效果。但要保证宣传教育工作扎实推进，提高宣传教育的实际效果，还需进一步完善法治宣传教育的管理机制[①]：①完善"谁主管谁宣教"的责任机制。商业银行的法律部门要主动承担法治宣传教育的责任，主动想方设法地开展宣传教育工作，实行普法责任制则是促使法律部门自觉承担宣教工作责任、保证宣教工作贯彻落实的重要措施。②建立健全各级管理者学法制度。各级管理者带头学法、懂法用法、模范守法对法治文化建设具有重要带动作用。可以将法治知识纳入各级管理者学习培训内容，也可以逐步推进各级管理者网上法治知识学习考试做法，提高学习效果。③完善普通员工法治教育工作机制。加强员工法治教育是商业银行推进法治文化建设、法治建设的基础性工作。应通过多种渠道对员工进行法治基础教育，帮助员工有效树立法治观念、提高法治意识。

3. 培育和弘扬法治精神

法治精神是法治文化的核心，是决定行为方式的重要因素。受传统文化的影响，"重义轻利""重情轻理""重权轻法"等人治思想仍然存在于商业银行的一些员工意识中。商业银行推进法治文化建设，就是要在本银行内部树立和倡导"众法平等""法理情义、有先有后""财利无罪、取之有道""权由法定、依法行使""把权力关进制度的笼子里"等法治思想；就是要在本银行内部弘扬和倡导崇尚法治、相信法治、信仰法治的法治精神。这些法治精神是法治社会企业公民的基础精神、必备精神，也是法治文化建设的重点。

法治精神的培育是一个长期的过程，且没有捷径。在商业银行培育法治精神过程中，各级管理者的法治精神塑造是关键，法治管理的制度建设和机制建设是基础。这两件事情都有一定的难度，但又必须突破。突破的关键是：

---

① 蒯正明，孙武安. 着力加强法治文化建设 [N]. 人民日报，2018-09-26.

①要有长期作战的心理准备。商业银行要有耐心、有毅力，踏踏实实、一点一滴地培育法治精神。②稳步推进法治建设。法治精神不可能自发形成，也不可能通过宣传培训就可以形成，而只能在法治实践中形成、在法治实践中成长、在法治实践中成熟。不能等待法治精神成熟了再推进法治实践，而是要在法治实践的过程中培育法治精神，使法治精神和法治实践同步推进、同步成熟。③综合运用管理手段。法治精神和法治建设，都需要自律和他律共同作用，在培育法治精神过程中，可以综合运用必要的管理手段。

4. 培育和弘扬法治素养

法治素养是法治文化的综合体现，是影响和决定法治实践的最直接因素。在法治文化建设中，要分对象、分层次、有重点地培育和弘扬法治素养。对商业银行的高级管理层，重点使他们了解商业银行经营发展的法律环境，熟悉与商业银行管理有关的法律法规知识，能够依法处理商业银行经营管理中遇到的重大事项和经济纠纷，严格依法决策；对商业银行的中层管理者，重点使他们了解和把握市场竞争的规则，熟悉与商业银行经营管理有关的法律知识和市场经济的法律法规，依法管理、依法经营、依法维护商业银行和员工的合法权益；对商业银行员工，重点使他们熟悉与自己的生活和工作息息相关的法律知识和法律规范，能够在法律法规和管理制度的框架内实现自己的利益，保障自己的权益。

法治素养是可以后天培养的。商业银行要着眼于提升员工的法治素养，创造性开展法治文化活动。商业银行的法治文化活动形式可以多种多样，重点要尊重员工的主体地位和首创精神，吸引员工广泛参与，让员工在参与中自我表现、自我教育、自我服务，在参与中增强法治观念、提升法治素养。

（三）法治文化建设的路径

法治文化建设的路径主要有入眼、入脑、入心、入行四个，也可以称为"4R"工作法。这四个路径依次递进、依次强化。

1. 入眼

入眼，是指商业银行员工对本银行法治文化的认知。商业银行通过梳理、总结、提炼法治文化的主要内容，如建设目标、文化内涵、核心价值观、建设步骤、实施规划等，通过一定渠道和措施，让全体员工直观地认识、感知本银行的法治文化。在法治文化建设过程中，要始终积极营造并持续保持人人关心法治、人人学习法治、人人参与法治、人人实践法治的工作氛围，为法治文化建设营造一种集聚效益。法治文化建设的氛围就像灶火，越烧越旺，越冷越凉。营造这种氛围的措施主要有三个：

（1）编制法治文化手册。书面的法治文化手册是法治文化建设中成本最低、难度最小、效果最直观的载体，商业银行应该做好手册的设计和印制。编制法治文化手册的主要目的是普及法治文化常识。因此，在编制手册时，可以同时采取汇总和单项的编制方式。汇总手册是定期将法治基础知识和一段时间内法治文化的建设情况汇集在一起，编制成一本手册；单项手册则是一项内容一本手册。这些手册可以是法治文化专题手册、法治文化专刊、法治文化折页、法治文化知识问答、法治文化故事、法治文化主题宣传片、法治文化名人名言等，可以是纸质版，也可以是电子版。这些法治文化手册应采取持续编制、持续发放的方式，以便于持续提醒员工关注法治文化建设，也便于员工持续学习、增强记忆。

（2）开展法治文化专题活动。在通过法治文化手册普及法治文化的同时，还可以采取学习考试、法治文化辩论、法治文化知识竞赛、法治文化演讲、参观学习等措施，制造氛围，以吸引员工关注、关心，投入法治文化学习之中。在法治文化建设初期，可以适当高频率使用这些措施，通过密集的活动，快速营造氛围；持续一段时间后，可以降低频率，以合理的频率，继续保持吸引力。

（3）做足舆论宣传引导。在法治文化建设的相当长时期内，商业银行都要注重内部的舆论引导，要通过全过程、全方位、全渠道的舆论宣传，引导员工关注、参与、践行法治。所谓全过程即对制度制定、制度执行、法治文化建设的各个阶段、重点事项等环节，进行及时跟踪和报道；所谓全方位即从总行、分行到支行，从各级管理者到普通员工，都要予以关注和宣传；所谓全渠道即商业银行内部的各种宣传渠道，都要注意加强法治宣传、弘扬法治精神，积极传播法治理念，引导员工积极主动地投身法治实践、支持法治建设。

2. 入脑

入脑，是指商业银行员工对本银行法治文化的认可。商业银行通过组织开展法治文化专题培训、法治文化研讨、法治文化辩论等方式，让全体员工认可、感知本银行的法治文化。其具体措施如下：

（1）培训。对于一家管理具有刚性的商业银行而言，任何管理部门及其管理人员，都不应该通过管理行为来"改变"制度，以适应自己的能力或适应自己固有的思维、认知和管理方式，而要通过改变自己的能力、自己的思维，改变认知和管理方式，以适应新制度的要求。商业银行推进法治文化建设，需要银行内部员工对自己的思维、认知和管理方式进行一些改变。要实现改变，单位培训和个人自学相结合是比较有效的方式。其中，根据员工类别，分类分层地长期开展普法教育是促使法治文化入驻员工大脑的第一步：①对高层管理者的培训。重点培训法治意识、法治精神和法治思维等法治文化的核心内容。培训的要求是少而精，每年一到两次基本就可以。主讲人可以是行外法治建设理论界和实务界的专家学者。培训结束后，可以组织法治文化专题讨论，交流学习心得。②对中级管理者的培训。重点培训法治意识、法治精神、法治原则、法治要求等法治文化的主要内容。培训要有一定的深度和宽度，可以采取集中学习的方式，相对系统地接受培训。主讲人可以是行外专家和行内法治文化建设的主要组织者和推动者。培训结束后，组织专题讨论，充分交流学习法治文化的心得体会。③对普通员工的培训。重点培训法治知识、法治意识、法治要求等法治文化的基础性内容。培训要有一定的宽度，可以采取集中学习和自主学习相结合的方式，也可以采取云课堂等在线培训方式，相对全面地接受培训。主讲人以行内法治文化建设专家为主。④对新员工的培训。重点培训规矩意识、制度意识。采用集中培训的方式，由本银行内部各业务板块的专家主讲，学习教材以本银行管理制度为主。

（2）知识竞赛。在培训的基础上，可以组织开展法治文化知识竞赛或关于当前社会热点法治问题的大辩论，以强化学习效果。为保证效果，竞赛或辩论可以分为分行内部、地区和全国三个层级。开展竞赛或辩论时，应安排一定范围内的管理者和员工现场观看，以扩大传播范围。

（3）专题研讨。针对不同时期出现的社会热点法治问题，或法治文化建设工作中存在的共性问题，或员工反映比较多的内部管理问题，可以分地区、分条线组织专题研讨会，由相关人员面对面深入交流、探讨、碰撞。通过研讨，有利于统一思想认识，达成共同认可的行动方案。

（4）考试。为强化记忆，可以对培训内容进行考试。考试的方式可以多种多样。如及格型考试和比赛型考试；随学随考和定期统考；客观题考试和主观题考试；现场考试和在线考试。具体考试方式可以根据学习对象和学习方式确定。

（5）其他方式。如在商业银行的运动会、年度联欢会等活动中，演出含有法治文化内涵的相声、小品、诗歌朗诵等节目，寓教于乐。这些活动可以鼓励商业银行员工积极参加，充分调动员工的参与度，发挥员工的创造力；当然，商业银行的法律部门员工也要动脑动心，创意、编写、编排，甚至演出这些节目。

3. 入心

入心，是指商业银行员工对本银行法治文化的认同。商业银行通过持续组织开展深度的学习、讨论、考试等方式，让全体员工从内心认同、感受和接受本银行的法治文化。即如法国大思想家卢梭所言："一切法律中最重要的法律，既不是刻在大理石上，也不是刻在铜表上，而是铭刻在公民的内心里。"只有员工在自己的内心认同法治、接受法治，法治文化建设才可能成功。让法治文化入驻员工之心的具体措施主要包括：

（1）讨论与研讨。可以持续进行专题性、分类分层的讨论与研讨活动。一些专题的讨论，除了可以分地区开展外，还可以分层级进行，也可以分期持续深入进行。商业银行的法律部门员工要发挥想象力和引导力，引导讨论深入进行，对一些问题深度解析，深度思考。

（2）专题征文、演讲比赛等。在学习的基础上，可以组织专题征文、演讲比赛等一些有深度、有难度的活动，以引导员工对法治文化进行深度思考。专题征文为保证实质效果，原则上应组织全体员工参加，题名由总行统一命题，但文章种类可以由员工自由决定。对于应征的文章，应组织评选，优秀的文章汇编成册，供员工学习。演讲比赛，也应是专题性、层层选拔式；演讲的方式可以多样化。这类活动要达到效果的关键是，商业银行的法律部门要做好组织策划和过程引导，避免流于形式或虎头蛇尾。

（3）编写作品。优秀的文艺和文学作品给人以教育、鼓舞和启迪，好的法治作品能够引导人们崇尚法治、践行法治。商业银行推进法治文化建设，也应该大力进行法治题材的相声、小品等文艺作品的创作。对本银行内部在法治文化建设中涌现出来的典型人物、典型事迹、典型做法等，可以编制成文艺作品，供本银行内部学习传播。可以鼓励全体员工参与故事编写，通过优秀的法治题材小作品告诉员工在法治式管理模式下什么是可以做的、什么是不能做的，什么是应该肯定和赞扬的、什么是必须反对和否定的，在商业银行内部旗帜鲜明地建立起遵纪守法光荣、违法犯罪可耻的法治文化导向。在商业银行内部编写法治作品是推进法治文化建设一种很好的方式，但有一定的难度，需要商业银行法律部门的员工多观察、多留意，发掘有这方面专长的员工，动员、鼓励和支持其创作法治作品。

（4）成果汇报。经过一段时期法治文化建设，就应该进行总结报告。总结报告的主体有总分行法律部门和其他各部门/机构；报告的对象是总分行主要负责人。总结报告的方式主要有书面报告和现场汇报两种。报告的内容主要有法治文化建设工作开展情况，取得的成绩与存在的问题，下一步工作思路与工作措施。报告重点是充分分析总结取得的经验和存在的教训。这个分析总结不到位、不深入、不透彻，下一步工作思路与工作措施也就会显得针对性不强。

4. 入行

入行，是指商业银行员工对法治文化的实际践行。商业银行通过讨论、公开承诺等方式，将思路变为措施，将理念变成行动，引导和要求全体员工践行、体验本银行的法治文化。其具体措施主要有：

（1）树立先进典型。将在法治文化建设活动中出现的先进个人、先进机构等树立为先进典型，给予表彰，为其他员工/机构树立一个直观的标杆。评选先进时，以实际的先进事迹为主要指标，但还可以采取网络投票的方式，广泛吸引其他员工参与，接受一次法治文化教育。先进评选确定后，要进行全行性宣传，尽可能地扩大其先进事迹的传播面。

（2）形成行为规范。即将在法治文化建设中达成的共识、取得的经验等，纳入相关管理制度中。是否制定了、修改了几份制度，是判断法治文化建设效果的主要硬性指标。法治文化是虚虚实实的，要有一些硬性成果来体现其建设的效果。管理制度的制定、修改完善，就是主要的硬性成果。商业银行的法律部门要有意识地收集、整理与管理制度相关的信息与需求，属于本部门职责范围内的，要直接完善；需要其他主管部门协助的，要及时将其反馈给相应的主管部门，并提示、督促这些主管部门及时完善制度规范。

（3）实践制度要求。即商业银行的各级管理者和普通员工都按照制度的要求行使职权、履行职责。商业银行可以通过以下三个途径来了解法治管理的要求是否得到落实执行：①检查。包括法律部门、合规部门、审计部门等在内，开展的各项检查或审计，核查各机构、管理者、员工是否落实了法治管理的要求。②法律风险发生情况。在一定时间内（如一个年度），被诉案件、刑事案件、违规兜底事件、主诉案件败诉等法律风险事件，是增加了还是减少了。③监管处罚情况。在一定时间内（如一个年度），监管处罚，是增加了还是减少了。各级管理者是商业银行践行法治管理的主体，应将其作为关注和监测的重点。

（4）持续改进行为。对于发现的问题要及时进行整改，发现一个，整改一个。要通过持续的整改来强化法治意识、固化法治习惯、形成法治文化、落实法治行动。当前，在一些商业银行中存在屡查屡犯、屡改屡犯的现象。这种现象存在的原因主要是问题整改不到位、责任追究不到位，导致一些人对检查、问题、整改都采取无所谓的态度。对于这一问题，需要在落实问题整改的同时，落实对责任人的责任追究，让责任人承担自己应该承担的责任。个人有点切肤之痛才会有切实的教训，从而不断端正自己的态度，改进自己的行为。

（四）法治文化建设的方法

法治制度和法治实践是法治文化建设最有效的方法。除此之外，在商业银行的日常工作中，可以综合采取以下具体方法来推进法治文化建设。

1. 讲故事

将与法治文化有关的人、事、景等元素，编制成有内容、有趣味、短篇幅的小故事，在商业银行内部传播，将法治文化的精神，通过拟人化的代表在员工中进行普及和推广。故事，可以是本行的，也可以是其他商业银行的；讲述者，可以是本行员工，也可以是行外权威。邀请从事法治建设的外部理论权威和实践权威进行法治故事宣讲是一种建设法治文化的好方法。

2. 树榜样

法治文化中的依规办事、公平公正等内涵都是无形的概念，难以理解也无法量化，而通过树立先进典型，可以将无形的概念转换为一种形象化的行为标准和观念标志，从而可以为广大的员工群体提供一种直观化的、可以学习、可以比较衡量的标准。而且榜样的力量是无穷的，榜样也总是在身边的，只要去挖掘、发现、总结，就可以树立不同层次、不同内涵的榜样。法治文化建设的榜样主要有：

（1）管理者的先进典型。在法治文化建设的过程中，各级管理者是骨干力量，部分管理者会发自内心地认同法治、主动实践法治，将这些管理者树立为先进榜样，会起到很大的带动作用。

（2）员工的先进典型。在法治文化建设中，将表现突出的员工树立为先进典型。通过先进典型的事例和标准，形象直观地告诉其他员工"何为制度至上""何为依规办事""何为公平公正""何为诚信敬畏""何为工作积极主动""何为成效突出"等，从而带动其他员工向这些先进典型靠拢。

（3）机构的先进典型。在法治文化建设中，将那些落实工作要求积极性强、主动性高、办法多、成效好的机构，尤其是被诉案件和刑事案件少、法律风险低的分支机构，树立为先进机构，可以鼓励主动努力的机构带动被动消极的机构。

（4）开展先进评选活动。法治文化建设先进评选活动是由广大员工对照法治文化建设要求公开本人/机构的工作状态和其他同事/机构的工作状态，通过互评互选活动，摆明事实、消除分歧、正视差距、改正不足、发扬优点，以推动法治文化建设不断深入。

（5）先进表彰。给各类先进典型举办表彰大会，颁发锦旗、奖杯、荣誉证书等奖品，是对先进典型的肯定，是对法治文化标准的公开告示，也是对其他机构、其他员工的暗示和刺激。

3. 创作品

将每年创作一定数量的精品法治文艺和文化作品作为法治文化建设的硬性要求。作品的种类，可以为相声、小品、歌曲、诗歌、小说、论文、专著等，作品的载体，可以为文艺演出、动漫、视频、专题宣传片、电影电视、书籍、报刊等。只要是合法的、有利于法治文化传播的作品，都是值得鼓励创作的作品。总分行法律部门要作为创作的主体，并鼓励全体员工参与创作。只要是健康的、有一定观赏性的作品，都应该受到鼓励和支持。商业银行应将法治文化作品创作纳入企业文化建设范畴，在资金帮扶、作品演出、出版发行等方面加大支持力度。

4. 多方式

要充分利用碎片化、场景化的商业银行内部学习特点，多方式地开展法治文化学习。

（1）晨会、夕会、总结会的学习。要求商业银行的支行、分行部门、总行处室，在每天上班后或下班前用一些时间学习国家的法律法规、监管政策和商业银行自己的规章制度，讲解商业银行的企业文化、价值观念和法治文化。总结会是商业银行总行、分支机构、总分行各部门的月度、季度、年度例会。在总结会上，要有一定篇幅的法治内容。商业银行应通过制度明确规定晨会、夕会、总结会上学习法治的要求；学习内容由总分行法律部门制作提供。

（2）举办法治文化大赛。通过组织法治知识竞赛，强化法治知识的学习；在集体活动中，安排对法治文化作品的肯定与表扬，强化法治文化的宣传。

（3）开展专题培训。法治文化专题培训是法治文化建设过程中非常重要的一环，通过系统的培训，可以帮助员工明确法治文化建设的战略、目标、内容和要求，从而更加系统有效地推行法治文化建设。

（4）思想小结与讨论。即员工的自我总结评价，如以季度或年度为周期组织全体员工按照法治文化的内容进行自我评判、书面分析与法治文化要求的差距及改进方法。在自我小结的基础上，可以以支行级机构为单位，组织开展法治文化建设讨论，相互交流对法治文化的认识和学习体会，相互提示改进的方向和改进重点。

（5）外出参观学习。既可以到法治建设做得好的单位，也可以到监狱等单位，参观学习。外出学习的目的，更多的是暗示广大员工：本银行推进法治文化建设是有道理的，法治建设做得好的单位，经营管理工作都做得很好；

法治建设做得不好的单位，有人因违法犯罪进了监狱；因此，我们应该改进工作向先进学习。

5. 拓渠道

凡是合法的、不会泄露商业秘密的传播渠道，都可以成为法治文化传播渠道。

（1）法治文化专刊。法治文化专刊是向商业银行员工、客户以及其他相关者宣传法治文化的重要窗口，是法治文化建设的重要组成部分，也是法治文化的重要载体。商业银行的法律部门一定要高度重视法治文化专刊，将其打造成法治文化建设的主阵地。

（2）法治文化专网。法治文化专网是法治文化专刊的线上化，但也有自己的特色和内容。商业银行可以聘请专业的企业文化网站建设公司来建设法治文化专网，作为网上法治文化的宣传平台。

（3）微视频、云课堂。目前，微信、钉钉等手机社交平台和工作平台被广泛使用。商业银行可以在这些平台上设置公众号，充分运用"互联网＋"的优势，上传法治文化建设的微视频、云课堂等材料，作为法治文化宣传和传播的重要平台。

（4）实施"三个一"等工程。在总分支行持续推进实施"三个一"或"四个一"等工程，如建设一个法治文化墙或宣传栏、一个法治书屋或书架、一个法治大讲堂、讲述一个法治小故事等，为员工参与法治文化建设提供服务产品。

（5）其他渠道。如把法治文化的核心观念写成标语，张贴于商业银行显要位置；发放印制有法治文化和企业 LOGO 的纸袋子、写字笔、鼠标垫等生活用品；在商业银行创业发展史陈列室中，开辟专区，陈列与法治文化建设发展相关的物品，等等。

6. 重仪式

法治文化也可以通过一定的仪式向员工公开展示。如在每年的 3 月 15 日消费者权益保护日、12 月 4 日国家宪法日进行宣传活动；在国庆节后上班第一天、国家宪法日等特殊的日子，可以组织员工在国旗下进行"遵纪守法"的宣誓；在宣布总行各部门、各分行、各支行一把手聘任文件时，由其向宪法宣誓等。

（五）法治文化建设的保障

商业银行推进法治文化建设是个长期工程，不能急于求成，也不能因循守旧，而要树立自信、保持定力，根据本银行实际情况和发展阶段积极稳妥、循序渐进地进行。但作为一家企业，推进法治文化建设时面临的是旧环境、新内容、高目标，这会出现一定的困难。为使法治文化建设顺利进行，需要商业银行做好以下保障措施。

1. 认识到位

商业银行的高级管理层要认识到，推进法治建设是商业银行主动适应法治社会的必然之路。建设法治文化是推进法治建设、建设法治银行的基础和保障。而且法治文化形成的导向力、凝聚力、监督力等文化力量是商业银行宝贵的无形资产。在市场经济和法治社会中，拥有了这种文化优势也就拥有了竞争优势。

2. 人员到位

在商业银行内建设法治文化是一项长期任务，必须有专门的机构和人员负责该项工作。在商业银行通常的组织架构中，法律部门是法治建设的主管部门。因此，给法律部门配备一定数量的专职人员是一项重要工作，以便于有计划、按步骤地逐步进行法治文化建设。

3. 机制到位

任何工作仅靠自觉是不够的，建设法治文化必须狠抓工作机制的建立和完善。其中，重点的工作机制包括：

（1）考核机制。加强考核是法治文化建设由虚变实、由软变硬的重要手段。商业银行应结合实际情况，制定法治文化建设考核办法，实行量化考核，考核结果纳入各部门/机构的绩效体系，提高和促进各机构参与法治文化建设的主动性和积极性。

（2）监督机制。对各机构落实法治文化建设工作要求的情况，应建立过程监督机制，通过检查、抽查、报告等形式，形成周周有检查、月月有考核、年终有验收的局面，督促各机构扎实地落实各项工作要求。

（3）评价机制。要制定法治文化建设评价指标，把法治文化作品的传播度、知晓度，法治文化设施员工满意度、使用率，法治文化作品的获奖率、创作数量等作为法治文化建设成效的重要指标。建立法治文化建设评价反馈机制，组织巡视、巡查、审计等部门的专家和员工代表对法律部门的组织推动情况和其他各机构、部门的落实执行情况，进行综合评价考核，以督促相关部门/机构持续改进，提升实效。

4. 教育到位

知识培训和实例教育是建设法治文化的基础性方式，要常抓不懈。一方面，抓住学习不放松，可以通过编写法治基础知识问答、案例解析、制度库等资料，组织法治演讲、知识竞赛、有奖征文、学习考试等活动，不断地将法治文化建设引向深入。另一方面，树立典型不怠懈。榜样的力量是无穷的，身边人的身边事更可以影响身边人。定期将那些在法治文化建设工作中，积极主动、效果较好的机构、管理者、员工，树立为法治建设先进典型。以先进典型引导员工行为，从而增加工作效果，加快建设进程。

5. 投入到位

法治文化建设是一项先投入、后见效的工程，与其他管理工作一样，投入是关键，没有投入就没有产出。投入具体包括三个方面：①日常工作费用，如人员薪酬、差旅费用、培训费、培训竞赛场地费等管理费用。②宣传费用。建立法治文化视觉系统、法治文化宣传和广告等费用。③咨询费用。即聘请专业机构对法治文化及其建设方案进行梳理、完善和设计的费用。这些必要的费用都要有一定的保障；并按照"谁使用、谁负责"的原则，加强对法治文化建设资金的使用监督和绩效评价。

6. 落实到位

在法治文化的建设中，概念、口号、活动等是表面的文化建设，而在具体的经营管理行为中贯彻落实法治文化的精神才是实质的文化建设。在落实法治文化精神、做实法治管理的过程中，商业银行的各级管理者，尤其是高级管理者，至关重要，其在经营管理实务中的一言一行是否体现法治文化的精神，是判断真文化还是假文化的标尺。一般而言，在一个企业中，少谈文化多实践，才是真正入脑入心的企业文化，是有生命力的、活的企业文化；相反，大谈文化少实践，多数是或者处于企业文化建设的起步阶段，或者仅挂在嘴上的企业文化，是没有生命力的、死的企业文化。

当然，我们在认识到法治文化重要作用的同时，也要清醒地认识到法治文化作用的有限性。作为企业文化中的一种亚文化，法治文化天然带有软约束和变化快的特点。法治文化是根植于员工内心的信仰，在没有有效且有力的外力影响下，主要靠自己内心的自我要求，容易受外在形势的影响而摇摆，最后沦为摆设或空忙一场；而且，也要避免高层喜欢谈文化、基层喜欢谈战略的虚化局面，而要将法治文化做实夯实。因此，在大力建设法治文化的同时，更要踏实地同步推进法治管理的体系、架构、机制、技术、团队建设，使法治文化之魂与法治体系之骨紧密结合，使法治管理真正成为有血有肉、形神具备、日常化、常态化的管理。

第三章　商业银行法治管理体系

"徒法不足以自行"。要实现"依法治行"的目标，除培育法治文化外，更重要的是将法治理念变成法治措施，将法治思路变成法治行动。这种转变需要有强有力的法治管理体系作为支撑和保障。法治管理体系包括法治管理权责体系、组织机构体系、人员体系、运行机制体系、规章制度体系五个部分。法治管理体系建设要紧紧围绕五个部分而开展。"时移世易，变法亦宜"。法治管理体系的构成部分是相对固定的，但其中的具体内容却是不断变化的。商业银行根据内外部环境的变化，不断调整优化法治管理体系的具体内容，才能使法治管理体系始终适应内外部环境变化的需要，才能使法治管理始终保持旺盛的生命力。

一、法治管理体系概述

（一）法治管理体系的概念

法治管理体系指商业银行为有效实施法治式管理，根据本银行的法治管理思路，将法治文化、法治制度、法治管理组织、法治管理资源、法治管理流程等要素整合成一个有机的整体。

（二）法治管理体系的构成

根据企业管理体系的通常内容，法治管理体系主要包括法治管理人员体系、权责体系、组织机构体系、运行机制体系、规章制度体系五个部分。这五个构成部分又包含以下具体的构成要素：法治管理的基础环境，法治管理目标与政策，风险识别与评估流程，组织架构与职责分工，信息传递与沟通、报告，监督检查等方面。法治管理体系的五个构成部分和六个构成要素相互作用，使法治管理体系得以构成一个统一、有机的整体。法治管理体系的构成要素具体内容介绍如下。

基础环境指各种能够从整体上对商业银行法治管理形成较大影响的环境信息，可分为外部法律风险环境（如行业特点、监管体制、监管政策等）和内部法律风险环境（如治理结构、业务结构、业务模式、管理模式等）。客观准确地认识法治管理的基础环境，才能有针对性地确定重点构建领域，选择恰当推进方法，并为更好地推进法治管理提供依据。

法治管理目标与政策是商业银行自我确定的法治管理的目标与管理政策。管理目标包括短期、中期、长期的目标。管理政策是商业银行实施法治管理的基本态度、基本原则、基本准则和主要要求。法治管理的目标与政策是商业银行构建法治管理体系、推进法治管理模式的基础性文件，是对内的承诺书，也是对外的宣言书。商业银行需要谨慎制定，并能够以董事会的名义印发实施，以增强其权威性。

风险识别与评估流程是商业银行对其经营管理行为的管理方法、流程、要求是否达到管理意图，是否存在法律上的漏洞和风险，进行持续地风险识别和评估。只有及时准确地识别和评估是否存在，以及存在何种程度的法律风险，才能有针对性地进行管理，从而提高管理效果。

组织架构与职责分工指法治管理职责在同级不同管理主体之间的划分和上下级主管机构之间的关系。法治管理是全行性的事情，不是法律部门一个部门的事情，需要各部门、各机构共同参与、共同担当。但各部门、各机构的管理职责要相对清晰，不能模糊不清。这就需要在同级部门之间、上下级机构之间，对法治管理的职能职责进行明确的划分与设定。

信息传递与沟通、报告是法治管理信息在商业银行内部的流传。主要包括两个维度的信息沟通与传递：一是对于具体法治事务信息的沟通与共享；二是法治管理数据和结论的传递和报告。为有效地收集、传递这些信息，需要建立相应的沟通、报告机制，使相关管理人员能及时、客观、全面地了解法治管理信息，听取相关方的意见和诉求，保障相关决策的合法性与合理性，促进法治管理目标的实现。

监督检查指上级行、上级管理部门，对下级行、下级管理部门实施法治管理情况所进行的监督检查。具体包括对某项具体法治管理措施落实情况的监督与检查和对法治管理活动是否按要求开展的监督检查。任何管理活动都需要依靠自律执行，也需要依靠检查监督督促执行，还需要考核问责等管理措施的他律执行。检查监督是自律与他律之间的联系桥梁，必不可少。通过检查监督，上级行以及上级主管部门可以有效地督促下级行、下级主管部门落实执行法治管理的各项要求。

（三）法治管理体系的建设依据

为推进"依法治国"，中共中央、国务院、原中国银监会与中国银保监会先后推出了系列文件和制度。这些文件和制度都是商业银行推进法治建设的重要依据。重要的文件和制度有：

《中共中央关于全面推进依法治国若干重大问题的决定》，《中共中央关于坚持和完善中国特色社会主义制度 推进国家治理体系和治理能力现代化若干重大问题的决定》，《法治政府建设实施纲要（2015—2020年)》，中共中央办公厅、国务院办公厅《关于推行法律顾问制度和公职律师公司律师制度的意见》（中办发〔2016〕30号）。

原中国银监会党委《关于贯彻落实〈中共中央关于全面推进依法治国若干重大问题的决定〉的指导意见》（银监党发〔2015〕5号），原中国银监会《关于银行业金融机构法律顾问工作的指导意见》（银监发〔2016〕49号）。《中国银保监会规范性文件管理办法》（中国银行保险监督管理委员会令2020年第1号）。

国资委《中央企业主要负责人履行推进法治建设第一责任人职责规定》（国资党发法规〔2017〕8号）。

商业银行在推进法治管理体系建设时，必须准确领悟和深入贯彻上述文件与制度的精神的要求，才能方向不走偏、步伐不走错、措施不走软、效果不走空。

二、法治管理体系的构建

（一）法治管理体系的构建思路

法治管理体系的构建思路是指导规划、建设法治管理体系的基本原则和准则。在构建法治管理体系时，依法合规、有序推进是一个基本准则，但具体的构建思路，也会因时而异、因人而异、因机构而异。共性的构建思路包括以下内容。

1. 讲实效

企业管理重在"实"、成在"效"。法治管理体系建设，无论是职责划分，还是部门设置以及人员配置，或者法治活动开展等工作，也要注重做实事情、做实效果。因此，在构建法治管理体系时，组织者和推动者都要以"四个有利于"，即"是否有利于理顺管理秩序；是否有利于防范法律风险；是否有利于促进银行稳健发展；是否有利于增加银行价值"作为衡量标准。

2. 分阶段

法治管理体系涉及面比较广，需要长时间的实践优化才能有形有神、形似神似、有力有效，难以同时全部铺开、一步到位。因此，法治管理体系的建设需要有所规划，区分重点、难点和急点，要做的、能做的和亟须做的。这样就可以根据需求程度和难易程度而规划出实施步骤和先后顺序。相对比较容易而亟须的，可以先做；相对比较难且非亟须的，可以适当后做。以此来减少一些可能存在的阻力，加快法治管理体系的构建步伐。

3. 有重点

法治管理体系建设涉及方方面面、事项繁多，难以齐头并进，只能有先有后，先突破重点，再推进其他。由此，在构建法治管理体系时，需要在划分阶段的基础上，再区分出每个阶段的重点事项、重点人员、重点机构。以这些重点对象作为工作重点，逐一实施，在完成一个阶段的重点工作后，再实施下一阶段的重点。这样依次推进，就可以化整为零、化难为易，最终完成法治管理体系建设的全部内容。

4. 要平衡

法治管理体系的构建是对传统管理模式的一次调整，必然会涉及管理思路、管理部门、管理职权、管理资源等事项的重新调整。在各级管理者之中，具有较高法治素养的，可能会积极支持；反之，可能会消极支持或变相抵制。这都是一种管理模式更新时的正常现象。一方面，构建法治管理体系必定涉及现有管理模式、管理职权的重新调整；另一方面，也不能因管理者法治素养的不同，就对其进行调整，这些人是推进法治管理体系建设的依靠者和执行者。因此，一定程度上的妥协、协调和平衡是必要的。关键要把握好其中的"度"。"法乎其上，得乎其中；法乎其中，得乎其下"就是这个道理。

（二）法治管理体系的构建原则

结合管理实践，商业银行在构建法治管理体系时应遵循以下三个基本原则。

1. 符合法治精神

商业银行推进法治管理建设是国家法治建设在一个具体企业的落实实践，是国家法治在一个企业内部的缩影。因此，商业银行的法治管理体系建设，首要的原则是符合法治的基本精神和法治的基本要求；而不是仅有"法治"名字、披了"法治"外衣，其管理实质却没有变化。

法治的基本精神主要有三个：一是权力约束；二是权利保障；三是程序优先。具体到商业银行，则对应为以下三个具体要求：一是管理职权由制度规定。各管理部门、各级管理者的管理职权，都要由制度予以明确授予。制度没有明确授予的，都是不能行使的权力。管理权力的行使，也要根据制度规定的行使程序和行使范围，超过制度明确规定的都是越权行为。二是员工权益由制度保障。要根据"平等、公平"等原则要求，设置和处理员工待遇和员工利益，评价和实现员工的劳动成果及其劳动回报。不能因人设标、因人施策、因人而异。三是管理要遵循程序要求。所有的管理要求都要根据一定程序制定为制度，再根据制度来实施管理。除特殊情况外，逆程序的管理是不能被接受的。

2. 符合银行实际

符合银行实际指商业银行在构建法治管理体系时，要基于自身的资产规模、人员数量、业务特点、机构分布、经济效益、管理风格等情况，确定法治管理体系的内容和建设步骤。

法治精神、法治原则是普遍适用的，与商业银行的实际情况没有关联，但法治管理体系可以有差异。商业银行在构建法治管理体系时，必须立足于自身的实际情况，来确定自己的建设内容和建设步骤。

符合银行实际主要针对的是直接照抄照搬。一些商业银行在内部管理建设方面，习惯于学习其他商业银行的做法。商业银行之间相互学习是必要的，但法治管理体系的构建需要各商业银行探索出适合自己的建设步伐。其原因：一是没有可以被抄袭的内容。法治管理是一种新型的管理模式，各商业银行都处于摸索之中。其实施进度和实施效果，都需要较长时间的积累和效果评价。短期内，很难分辨哪种模式更为适用。二是管理风格难以复制。法治管理体系、机制、技术和制度，都可以抄袭，但管理风格却难以复制模仿。在管理实务中，相对而言，一段时间内的管理体系、机制、技术和制度是固定的，而管理风格却是变化的。而对于管理体系、机制、技术和制度来说，管理风格是催化剂，不同的管理风格可以结出不同的果实。因此，即使抄袭了其他商业银行的法治管理体系，但如果与自己的管理风格不匹配，就难以有效发挥法治管理的作用，也难以取得理想的效果。

3. 符合成本效益

符合成本效益指商业银行在推进法治管理体系建设时，要注重投入产出比，要以相对可控的成本投入实现法治管理体系建设目标。

强调成本效益原则，是因为商业银行是一个企业，所有的经营管理活动都要有效益，都要控制投入产出比，不能为管理而管理，不能不计成本地实施一项管理。只有能产生效益的投入才是可持续的投入；只有能产生效果的管理才是有生命力、可持续的管理。法治管理体系建设，无论是人员投入、系统开发、活动开展等，都需要成本。这些成本投入后，都要能产生效益。只有投入而没有效益的法治管理体系建设，短期内可以依靠情怀支撑，但长期而言则难以为继。

法治管理体系的效益或价值不能直接以经济效益来体现。作为法治管理的框架性支撑，和法治管理的效益一样，主要体现在管理秩序以及因这种管理秩序所带来的经济价值上。具体来说，法治管理体系的效益主要体现为：被诉案件的减少；监管处罚的减少；职务犯罪行为的基本杜绝；发展质量，特别是资产质量的好转；银行品牌或银行市值的提高等。

（三）法治管理体系的构建步骤

1. 法治管理体系的构建阶段

对商业银行而言，推进法治建设、构建法治管理体系是一项全新的工作，需要商业银行勇于探索；也是一个循序渐进的长期性工作，需要商业银行不断健全和逐步完善。商业银行需要根据自身的实际情况，分阶段地推进法治管理体系的建设。

（1）起步阶段。起步阶段即启动法治管理体系建设的初期阶段。这一阶段的主要工作目标是建立"有形"的法治管理体系，即法治管理所需要的要素基本建立到位，着眼于法治管理体系建设的宽度。这一阶段的主要工作任务是普及法治管理意识，搭建法治管理体系的基本框架，奠定法治管理体系的基础。主要工作事项包括开展法治文化建设、明确各部门法治管理的基本职责、制定法治管理的基本制度、组建/充实法治管理主管部门。衡量这一阶段是否实现工作目标的标准是：①有概念：法治文化入眼入脑。通过宣传教育等工作，员工基本能认知法治文化、感受法治文化、思考法治文化。②有基础：法治管理基础基本具备。实施法治管理的基础性工作基本完成，能满足法治管理的基本需求。如法治管理主管部门的职责职权明确、具体，与合规管理等其他主管部门的职责职权边界基本清楚；法治管理的基本制度，包括制度管理办法、法律事项审查管理办法、法律风险管理办法等基本建立；法治管理部门架构基本健全，在总分行分别设置法治管理主管部门，人员配备基本到位；法治管理 IT 系统，完成科技开发，投入使用。

（2）发展阶段。发展阶段即推动法治管理体系建设向纵深发展的阶段。这一阶段的主要工作目标是建立"有神"的法治管理体系。"有神"，就是要像那么回事。具体包括两个方面：一是法治管理体系是要符合法治的基本原则和基本精神，而不仅仅是披了件"法治"外衣，其实质还是人治式管理或制度化管理；二是法治管理体系在真正地运行，而不是仅停留在制度制度、编写法治手册等表面化的层面。为达到"有神"的目标，需要在第一阶段具备基本要素的基础上，建设法治管理的长效机制，着眼于法治管理体系建设的深度。这一阶段的主要工作任务是推动法治管理模式的实际运行，在运行中发现问题、解决问题。主要工作事项是推动、督促各机构实施法治管理，并监测、收集法治管理运行中出现的问题。衡量这一阶段工作目标是否实现的标准是：①有愿望：法治文化入脑入心。通过前期的法治建设工作，法治文化已经获得各级管理者和员工的普遍认同，管理者和员工都有实施法治管理的愿望和自觉。②有行动：在具体的业务发展和经营管理中，各级管理者和员工开始注重关注法律法规的要求，考虑自己的行为是否合法，并具备了按照法治管理的要求进行经营管理和业务拓展的意识和自觉。③有问题：在这一阶段中，也会暴露法治管理实施中存在的一些问题。由于是初步实践，肯定会存在一些问题。有问题并不可怕，可怕的是对问题视而不见或隐而不报。商业银行总行，尤其是总行法律部门，应鼓励各机构主动发现问题、及时报告问题。充分收集、诊断各机构的问题，有利于及时进行优化改进。

（3）优化阶段。优化阶段即法治管理体系不断优化，持续改进，逐步形成了良性循环的内部管理生态环境。这一阶段的主要工作目标是建立"有力"的法治管理体系。这一阶段的主要工作事项是对法治管理架构、管理制度、管理手段、管理资源等管理要素，持续优化改进，推动法治管理与业务发展相融合。这一阶段工作目标是否实现的判断标准是：①有改进。在实践中出现的问题都能得到及时改进：既包括具体事例的个案优化改进，还包括相应管理制度和管理流程等普遍规则方面的改进。②有保障。法治管理开始发挥对经营发展的促进作用，商业银行的总行和各级分支机构，都能提供推进法治建设所必需的人财物等物质资源、考核评价等管理资源的支持和保障。③有发展。通过实践和改进，法治意识、法治精神和法治思维都愈加进步成熟，法治管理模式、管理方式等也在持续地进步发展。

（4）成熟阶段。成熟阶段即法治管理体系相对成熟，能够满足法治管理的需要，对商业银行的经营发展有明显的促进作用，并能作为一种内生的管理模式不断传承发展。这一阶段的主要工作目标是建立"有效"的法治管理体系。这一阶段的主要工作事项是引导和促进法治管理和业务发展、经营管理深度融合，成为一种日常化的内部管理模式和方式。是否成熟的标准主要有：①有效果。法治管理在促进业务发展、提高管理效率、提升发展质量、美化品牌形象等方面，发挥了明显的作用。具体的标准是这种管理模式是否被同业认可、推崇和学习。②日常化。法治建设归于沉寂，法治式管理成为一种自觉的日常化管理，不需要特意强调。成熟的管理模式和管理方式都是一种日常化的管理自觉。被特意强调、特意宣传的管理方式，都是成熟之前的状态。归于沉寂，对法治建设者来说是一种失落，但更是一种胜利。③有传承。法治管理模式在一家商业银行落地生根，被不同时期的管理者所传承。

具体标准是在商业银行的主要负责人发生变更时，这种管理模式还能被延续，不因主要负责人的变更而被替代或被削弱。在国家治理中，法治的传承取决于支持与否的政治力量的变化；在企业治理中，法治的传承取决于法治管理的实际效果以及主要负责人对法治的认知和态度。

上述四个阶段是为了讲述方便而人为划分的四个阶段。在实务中，法治管理从不成熟走向成熟，从不完善走向完善，从被动走向主动，但各个过程之间是混合式发展、螺旋式进步，四个阶段的界限不是特别明显。

2. 法治管理体系建设的推进方式

明确了商业银行法治管理体系建设的内容、阶段和要求，就可以进行推进实施。从商业银行已有的管理体系建设的推进方式来看，法治管理体系建设的推进主要有三种方式可供选择。

（1）自上而下。自上而下即由总行统一推出法治管理体系建设的目标、事项、要求等内容的建设规划，出台法治管理体系建设的实施方案。同时在总行先行先试，构建总行层级的法治管理体系。各分行根据总行的规划和方案，在本分行内构建法治管理体系。这种方式的优点是能在较短时间内建立全行性、覆盖所有分支机构、所有部门的法治管理体系；缺点是法治管理体系不一定能充分反映各分支机构的管理思路、管理特点和管理水平。

（2）自下而上。自下而上即由总行出台法治管理体系建设的基本原则，由各分行先行先试，在分行内部构建法治管理体系。总行在各分行实践的基础上，进行总结提升，推进总行的法治管理体系建设，并指导分行继续优化分行的法治管理体系。这种方式的优点是法治管理体系能充分反映各分支机构的管理思路、管理特点和管理水平；缺点是法治管理体系在各分支机构存在差异，且推进速度一般比较缓慢。

（3）上下混合。上下混合即总行不出台法治管理体系建设的基本原则、建设规划和实施方案，总分行也不分先后顺序，而是总行、分行同步推进、各自探索。经过一段时间的实践后，由总行总结经验，制定出法治管理体系的建设规划和实施方案，以此来整合总分行之前的法治管理建设成果。这种方式的优点是相对比较契合实际，有利于法治管理体系的顺利推进；缺点是要求各级管理者都具有较强的法治意识、法治认同和实施自觉。

比较上述三种方式，上下混合式推进方式比较理想。但由于法治式管理模式是对人治式管理的否定，是对制度化管理的扬弃，关键是对管理权力的一种制约，在短时间内比较难以获得各级管理者的普遍认同和自觉实施。因此，自上而下的推进方式相对而言更加现实。由商业银行的总行统一制定法治管理的建设规划、实施方案，然后在全行推广适用，并在实践中逐步细化、逐步完善，这会更加务实，也更加可行。由于各家商业银行的管理风格、法治基础等情况各不相同，根据自身的实际情况，选择合适的推进方式，才是最现实的选择。

三、法治管理的职责职权体系

法治管理职责职权体系是商业银行内部不同的机构、主体，在推进法治建设、实施法治管理中，所承担的不同职责，享有的相应管理职权。法治管理职责职权体系是商业银行对法治管理权力进行科学配置，并赋予法治管理主体相应的责任，使之形成权责利高效统一的管理体系。它在整个法治管理体系中处于核心地位，是法治管理体系的"灵魂"。法治管理职责职权体系以实现"依法治行"目标为导向，以合理配置法治管理职能为中心，以明确权利义务和建立岗位责任为手段，逐步形成权限清晰、责任分明的权责体系。结合中国银保监会等国家机关的文件精神和主要要求，商业银行法治管理的职责职权体系主要内容如下。

（一）银行高层的法治管理职责

商业银行高层包括党委、董事会、监事会和高级管理层，是推进法治管理建设的关键力量，在法治管理中也承担相应的职责。

1. 银行高层的共同职责

（1）确定法治管理的基调和基本原则。在全行提倡"制度至上、依规办事、公平公正、全员守规、诚信敬畏"的法治理念和法治文化。

（2）建立健全法治管理基本制度，完善法治管理框架，将法治管理作为本银行的基础性管理模式。

（3）建立法治管理评价与考核制度，将法治管理纳入分支机构、业务部门及其负责人的绩效考核指标体系。

（4）建立法治管理责任追究机制，依法追究对于本银行重大法律风险负有责任的负责人与工作人员的责任。

（5）保障本银行法律顾问和总法律顾问的各项权利，为其开展工作创造条件。设立专项法律经费预算，为法律工作提供必要的组织、制度和物质等保障。

（6）自觉遵守法治管理要求，在法治管理实践中作出表率。如在讨论决定以下重要事项时，按照以下要求充分发挥法律顾问（或公司律师，下同）的作用：①讨论、决定企业经营管理重大事项之前，应当听取法律顾问的法律意见。②起草企业章程、董事会运行规则等，应当邀请法律顾问参加，或者听取其法律意见。③依照有关规定应当听取法律顾问的法律意见而未听取的事项，或者法律顾问认为不合法不合规的事项，不得提交讨论、作出决定。④对应当听取法律顾问的法律意见而未听取，应当交由法律顾问进行法律审核而未落实，应当采纳法律顾问的法律意见而未采纳，造成重大损失或者严重不良影响的，企业主要负责人、负有责任的其他领导人员和相关责任人员需要承担相应的责任。

2. 党委的法治管理职责

在推进法治建设中，商业银行中党的主要负责同志作为推进法治建设第一责任人，要认真抓好本单位法治管理制度的建设和实施，在推进法治建设中具体履行以下主要职责。

（1）促进党委（党组）充分发挥把方向、管大局、保落实的重要作用，成立法治建设领导机构，及时研究解决有关重大问题，督促领导班子其他成员和下级行主要负责人依法履职，确保全面依法治国战略在本商业银行得到贯彻落实。

（2）落实全面从严治党、依规治党要求，加强制度建设，提高党内法规制度执行力。

（3）严格依法依规决策，落实党委（党组）议事规则和决策机制，认真执行"三重一大"等重大决策制度，党委（党组）研究讨论事项涉及法律问题的，应要求总法律顾问列席会议，加强对党委（党组）文件、重大决策的合法合规性审查。

（4）坚持重视法治素养和法治能力的用人导向，完善银行领导班子知识结构。相同条件下，优先提拔使用法治素养好、依法办事能力强的干部。

（5）落实企业法律顾问制度，加强企业法律顾问队伍建设和人才培养，推动完善法律管理组织体系，支持总法律顾问和法律部门依法依规履行职能、开展工作。

（6）深入推进法治宣传教育，定期组织党委（党组）中心组开展法治学习，推动本银行形成浓厚的法治氛围。

3. 董事会的法治管理职责

董事会的职责之一是代表全体股东看管好商业银行。根据《公司法》《商业银行法》等法律法规的规定，董事会对商业银行的内部管理负有最终责任。在法治建设中，董事会也承担最终责任。因此，需要对商业银行的法治建设履行好看管责任。这一责任具体由商业银行的董事长、董事会内设专门委员会，如战略管理委员会、风险管理委员会等，具体承担。董事会的职责职权由董事长代表履行职责、行使职权。

具体而言，董事会在推进法治建设中具体履行以下主要职责：

（1）推动依法完善公司章程，合理配置权利义务，完善议事规则和决策机制，在董事会有关专门委员会中明确推进法治建设职责。有条件的，将依法治行要求写入公司章程。

（2）促进将法治建设纳入本银行发展规划和年度工作计划，与改革发展重点任务同部署、同推进、同督促、同考核、同奖惩。

（3）组织研制制定法治管理基本政策，研究部署法治建设总体规划，加强指导督促，为推进法治建设提供保障、创造条件。

（4）定期听取法治建设进展情况报告，并将其纳入董事会年度工作报告。

（5）带头依法依规决策，董事会审议事项涉及法律问题的，应当要求总法律顾问列席会议并听取法律意见。

（6）推动建立健全企业法律顾问制度，落实设置总法律顾问的监管要求，建立总法律顾问与董事会进行直接沟通的机制；设立与本银行经营规模和业务需要相适应的法治建设主管部门，促进本银行企业法律顾问队伍建设。

4. 监事会的法治管理职责

监事会的主要职责是监督商业银行的董事会和高级管理层的履职情况。在商业银行推进法治建设中，监事会的职责主要有：

（1）监督董事会和高级管理层是否履行了法治管理职责。

（2）监督董事会和高级管理层推进法治管理的有效性。

（3）监督商业银行法治管理政策的实施。

（4）每年至少一次评估商业银行法治管理的成效。

（5）通过内部审计部门，监督法治主管部门的履职情况。

5. 高级管理层的法治管理职责

高级管理层是商业银行内部管理的领导者、组织者，也是实施者。在法治管理、法治建设中，以行长为代表的高级管理层履行以下主要职责：

（1）加强对法治建设的组织推动，根据董事会审议通过的法治建设总体规划，研究制订年度工作计划，切实抓好组织落实。

（2）依法建立健全经营管理制度，确保本银行各项活动有章可循。

（3）督促管理层其他成员和各职能部门负责人依法经营管理，加强内部监督检查，纠正违法违规经营管理行为。

（4）推动法治管理与企业经营管理深度融合，充分发挥总法律顾问和法治主管部门的作用，不断健全法治管理机制、法律风险防范机制和内部控制体系，严格落实规章制度、重大决策、经济合同法律审核制度，加强合规管理和法律监督。

（5）完善法律顾问日常管理、业务培训、考评奖惩等工作机制，拓宽职业发展通道，并为其履职提供必要条件。

（6）组织实施法治教育规划，强化法治宣传教育，大力提升全员法治意识，努力打造法治文化。

6. 法治管理委员会的职责

为加强法治管理和法治建设的组织推动工作，商业银行可以成立法治管理委员会作为法治管理和法治建设的讨论、决策和部署的机构。法治管理委员会的主席可以由分管法律部门的副行长或总法律顾问担任，也可以由行长担任。为加大工作力度，由行长担任相对更为合适。法治管理委员会的成员单位主要包括法律部门、办公室、风险管理部门、内控合规部门、审计部门、财务部门、纪检监察部门等。法治管理委员会的职责主要为：

（1）审核法治管理体系的框架和实施计划。

（2）审核法治管理的重大方针、政策、规章制度及相关业务流程。

（3）指导和督促法治管理体系建设和实际运行。

（4）审定法治管理评价报告、法律风险报告等相关报告。

（5）负责审批重要的法治管理和法治建设方案，并提供所需的资源。

（6）检查和督促法治管理委员会办公室职能发挥的有效性。

（7）研究和决定与法治管理有关的其他重大事项。

（二）总法律顾问的职责职权

总法律顾问指具有法律专业技术资格和管理工作经验，经过规定程序聘任的，全面负责商业银行法律事务和法治管理工作的管理人员。

1. 总法律顾问的法治管理职责

商业银行的总法律顾问应独立、客观、公正地开展法律工作并发表法律意见，履行下列职责：

（1）贯彻落实法律、行政法规、监管机构等部门发布的规章和规范性文件要求。

（2）负责商业银行法律风险管理工作，统一协调商业银行法律工作。

（3）参与商业银行重大经营决策，并对相关法律风险提出意见。

（4）负责商业银行法律工作体系的建立，管理商业银行的法律工作部门。

（5）负责指导、协调分支机构的法律工作，对分支机构法律工作负责人的任免提出建议。

（6）负责指导协调商业银行并表管理子公司的法律工作。

（7）其他应当由商业银行总法律顾问履行的职责。

2. 总法律顾问的职责履行

总法律顾问主要通过以下渠道履行其法治管理的职责：

（1）参与决策。商业银行总法律顾问应当参与商业银行的重大决策。在提交决策机构审议的重要事项议案中，应当附有经总法律顾问签字的揭示风险和应对措施的专项法律风险评估报告，总法律顾问有权独立提出法律意见。

总法律顾问有权对商业银行重大关联交易独立提出法律意见。

（2）向行长报告工作情况。商业银行总法律顾问应当每年向行长（总经理）提交法律风险报告。商业银行发生重大法律风险时，总法律顾问应当向行长（总经理）报告。

（3）向监管机构报告工作情况。商业银行应当于每年一季度末向监管机构法律部门及机构监管部门报送法律顾问工作报告。在商业银行发生重大法律风险时，总法律顾问应当在向行长（总经理）报告的同时，报告监管机构法律部门及机构监管部门。

3. 总法律顾问的任职回避

在工作中，商业银行总法律顾问在工作中遇到以下情形时应主动回避：①在重大投融资项目、对外经济合作项目、招投标等工作中，涉及本人或本人亲属利益的；②本人作出的经营性决定，需要对该决定出具意见或审批的；③其他需要回避的情形。

4. 总法律顾问的履职责任

总法律顾问在工作中，如存在以下情形的，需要承担行内问责和被监管处罚的责任：①滥用职权、牟取私利，给商业银行造成重大损失的；②明知商业银行存在违法违规行为，不警示、不制止的。

（三）法律部门的职责职权

商业银行的内设法律部门是该银行法治管理的主管部门，是法治建设的组织推动部门。在成立法治管理委员会的商业银行中，法律部门还是其秘书机构。法律部门在法治管理和法治建设方面的职责主要有以下几项。

1. 监管规定的法律部门职责

根据《关于银行业金融机构法律顾问工作的指导意见》的规定，境内商业银行法律部门的职责是：

（1）起草或者参与起草、审核商业银行的重要规章制度。

（2）对商业银行公司章程制定、组织架构设计、管理职能划分等进行法律论证。

（3）起草或审核商业银行的各类合同，制定标准合同文本。

（4）参与商业银行的分立、合并、破产、解散等重大经济活动，处理有关法律工作。

（5）对商业银行的产品及其创新、经营行为等进行法律审查，并提出法律意见。

（6）负责商业银行的法治宣传教育和培训工作，组织建立商业银行法律顾问业务培训制度。

（7）对商业银行以及分支机构违反法律、行政法规的行为提出意见，协助有关部门进行整改。

（8）负责商业银行商标、专利等知识产权保护工作。

（9）参与商业银行的诉讼、仲裁、调解、行政复议和听证等活动。

（10）加强法治文化教育，负责对员工进行法治宣传教育。

（11）负责选聘代理律师，与律师进行沟通，并对其工作进行监督和评价。

（12）与银行业监督管理机构就重要法律问题进行沟通。

（13）代表商业银行对外开展法律协调工作。

（14）负责商业银行重大法律问题的研究工作。

（15）办理商业银行总法律顾问交办的其他法律工作。

此外，商业银行在境外设有分支机构的，境外机构也应当设置独立的法律工作机构（法律部门或法律岗），定期向总行法律部门报告工作。总行法律部门要加强对境外机构法律工作机构的指导和监督。境外机构法律工作机构除承担中国银保监会所规定的职责外，还要重点关注属地监管国家（地区）的国别风险状况，熟悉属地监管国家（地区）的法律制度，加强与属地监管国家（地区）监管当局、警察当局及司法机关的沟通协调。

2. 法律部门与其他部门的职责边界

相对而言，法律工作是一项专业性较强的工作，法律部门的职能职责也很清楚，与其他主管部门的职能职责交叉较少。但在实务中，在制度管理、创新管理等方面，法律部门可能与其他部门存在一定职能交叉或有必要进行优化调整，二者需要界定清楚。

（1）制度管理的职能职责交叉。目前，一些商业银行在制度管理的职能职责上，法律部门与合规部门存在一定的职能交叉。出现交叉的根源是两者的工作依据是法律法规，主要工作目标是合法合规。

合规部门即负责合规风险管理的主管部门。根据原中国银监会《商业银行合规风险管理指引》第十八条的规定，合规管理部门应在合规负责人的管理下，协助高级管理层有效识别和管理商业银行所面临的合规风险，履行以下基本职责：①持续关注法律、规则和准则的最新发展，正确理解法律、规则和准则的规定及其精神，准确把握法律、规则和准则对商业银行经营的影响，及时为高级管理层提供合规建议。②制定并执行风险为本的合规管理计划，包括特定政策和程序的实施与评价、合规风险评估、合规性测试、合规培训与教育等。③审核评价商业银行各项政策、程序和操作指南的合规性，组织、协调和督促各业务条线和内部控制部门对各项政策、程序和操作指南进行梳理和修订，确保各项政策、程序和操作指南符合法律、规则和准则的要求。④协助相关培训和教育部门对员工进行合规培训，包括新员工的合规培训，以及所有员工的定期合规培训，并成为员工咨询有关合规问题的内部联络部门。⑤组织制定合规管理程序以及合规手册、员工行为准则等合规指南，并评估合规管理程序和合规指南的适当性，为员工恰当执行法律、规则和准则提供指导。⑥积极主动地识别和评估与商业银行经营活动相关的合规风险，包括为新产品和新业务的开发提供必要的合规性审核和测试，识别和评估新业务方式的拓展、新客户关系的建立以及客户关系的性质发生重大变化等所产生的合规风险。⑦收集、筛选可能预示潜在合规问题的数据，如消费者投诉的增长数、异常交易等，建立合规风险监测指标，按照风险矩阵衡量合规风险发生的可能性和影响，确定合规风险的优先考虑序列。⑧实施充分且有代表性的合规风险评估和测试，包括通过现场审核对各项政策和程序的合规性进行测试，询问政策和程序存在的缺陷，并进行相应的调查。合规性测试结果应按照商业银行的内部风险管理程序，通过合规风险报告路线向上报告，以确保各项政策和程序符合法律、规则和准则的要求。⑨保持与监管机构日常的工作联系，跟踪和评估监管意见和监管要求的落实情况。

基于上述合规部门的职能职责，法律部门和合规部门在职责范围上，容易出现交叉的是"制度的管理"职责，即由法律部门还是由合规部门作为商业银行制度建设的主管部门。

法律部门与合规部门都是根据国家法律法规的要求，通过采取一定管理措施，使商业银行的经营管理行为符合国家法律法规的要求。在这些管理措施中，将法律法规的相关内容落实到商业银行内部管理制度中是重要的管理措施。法律部门需要保证管理制度的合法性，合规部门需要保证管理制度的合规性，因而容易出现两个部门的职能职责交叉重叠。一项职能职责由一个部门负责才能权责清晰、保证效率。如果一项职能职责由两个部门共同负责，容易出现分歧，进而影响效率。因此，主管制度建设的职能职责只能由一个部门具体负责。

制度建设由法律部门负责还是由合规部门负责，不同的商业银行有不同的选择。综合而言，由法律部门作为管理制度的主管部门相对合理。其原因是：①工作需要：从目前实务看，除制度建设管理外，合规部门的职责以内部经营管理的合规性为主线而开展，具体包括合规性检查、问题整改、合规问责、监管关系管理等。在当前的监管形势下，"能发现的问题没有发现是失职，发现了问题不报告不处置是渎职"，合规部门责任重大，自查自纠工作成为部门工作的主要内容。而法律部门的职责传统上以银行合法权益的维护为主线而展开，具体包括合同审查与制定、诉讼管理、外聘律师管理、知识产权管理等。在商业银行实行法治管理后，推动法治建设是其新的、重要的工作职能职责。推动法治建设需要抓手，制度建设是将国家法治建设要求和法律法规、监管政策的内容转换为内部管理依据的直接起点，如果在管理制度中不能落实法治建设的要求，商业银行的法治建设将无从谈起。因此，由法律部门承担制度建设的主管职责更有利于践行国家法治建设的要求，更有利于推动商业银行合法合规地开展法治建设。②专业分工：国家的法律法规和监管政策是法律部门和合规部门的工作依据。但法律与法规、部门规章、规范性文件之间有一定的区别。相对而言，"法"适用于两个或两个以上主体之间的关系调整；"规"更多适用于一个具体事项的管理，或同一个主体内部的管理关系。由此，"法"的理论性、逻辑性、宏观性要强于"规"；对平等、公平、权力约束与权利保护等法治精神的确认和规范，"法"的地位和作用要强于"规"。懂"法"的一定懂"规"，懂"规"的不一定懂"法"。具体到商业银行的实际，法律部门工作人员的专业背景基本都是法学专业；合规部门工作人员的专业背景则相对宽泛，法学专业与其他专业兼有。非法学专业的不一定就不懂法，但从大概率上讲，专业的与非专业的，是存在一定差别的，而专业人做专业事是企业内部岗位分工的一个基本原则。由法律部门负责主管制度建设，在通常情况下，更有利于准确把握国家法治建设的精神和要义，准确理解法律法规的精神，从而更有利于国家法治建设和法律法规的要求在商业银行的贯彻落地实施。③监管倾向：监管机构倾向于法律部门负责制度建设。在《银行业金融机构法律顾问工作的指导意见》中明确规定了法律部门的第一项职责是：起草或者参与起草、审核银行业金融机构重要规章制度。在《商业银行合规风险管理指引》中并没有规定合规部门的制度建设职责。在该指引中，合规部门与商业银行内部管理制度相关的职责内容是：持续关注法律、规则和准则的最新发展，正确理解法律、规则和准则的规定及其精神，准确把握法律、规则和准则对商业银行经营的影响，及时为高级管理层提供合规建议；审核评价商业银行各项政策、程序和操作指南的合规性、组织、协调和督促各业务条线和内部控制部门对各项政策、程序和操作指南进行梳理和修订，确保各项政策、程序和操作指南符合法律、规则和准则的要求。这两个文件并没有规定合规部门作为商业银行制度建设的"主管"职责，只是规定了"关注""建议""审核评价""确保"等职责。监管机构的上述两份规范性文件出现这种差异的原因之一就在于，由法律部门负责商业银行内部的制度建设管理更符合两个部门的职能定位，也有利于商业银行内部管理制度的合法化、合规化和法治化。

在将法律部门和合规部门分开设立的商业银行，这个问题相对比较突出，需要优化调整；在将法律部门和合规部门合并设为法律合规部的商业银行，这个问题并不突出，只需在法律合规部内部团队之间进行明确的职责划分即可。

（2）创新管理的职能职责调整。创新是商业银行开拓市场的利器，每个商业银行都高度重视创新和创新的管理。在创新管理方面，基本都成立了创新管理委员会，并由总行某个职能部门，如综合管理部、办公室、发展规划部、风险管理部等，负责创新的日常管理。由不同职能部门负责创新的日常管理也体现了该商业银行对创新的主要关注和创新管理的定位。只要有利于促进本银行创新的管理方式，都是合适的管理方式。

深入分析创新管理，它与法律部门的职能职责息息相关。创新管理的内容主要包括管理目的、管理流程、管理重点、管理措施。创新管理的目的是创新成果的运用和保护；创新管理的流程包括创新的激励、发现、保护和运用等环节；创新管理的管控重点主要是合法合规、风险可控、产出大于投入；创新管理的措施主要是申报、论证、批准等。在这些管理要素中，激励、发现、投入产出效益的评估、管理措施等事项，专业性要求不高，基本的管理部门都可以承担。而创新的其他事项则都具有很强的专业性：运用，包括向外部市场推广和内部管理应用，除开展市场策划和市场宣传营销外，在管理上都需要管理制度的规范、合同文本的约定。保护，在现有的知识产权法律体系中，商业银行的创新产品主要可以通过专利权、商标权、著作权予以保护。风险可控包括信用风险、市场风险、操作风险的可识别、可计量、可承受。这些要素与法律部门的制度管理、合同管理、知识产权管理、法律风险管理等直接相关。而相关性或紧密度是确定管理部门职能职责的重要依据之一。

由法律部门负责创新管理，除相关性或紧密度外，也有利于从具体的管理事项和管理措施、商业模式、业务产品等经营管理行为的源头上，落实合法合规、法治管理的要求，较好地奠定商业银行整体上依法经营、法治管理的基础。

3. 法律部门职能职责的概括

基于上述介绍，法律部门的职责可以概括为以下几类。

（1）传统确定的职能职责：如法律审查、合同审查、法律论证、知识产权管理、诉讼管理、外聘律师管理、法治建设的组织推动、法治管理委员会的秘书机构等，都是法律部门的传统职能职责，这是没有争议的。

（2）需要增加的职能职责：制度管理、创新管理与法律部门的职能职责关联紧密，从管理的科学性角度出发，可以将其调整为法律部门主管。

（3）相对灵活的职能职责：如消费者权益保护、授权管理等职能与法律部门存在一定的关联度，但紧密度不强，可以由法律部门负责，也可以由其他的管理部门负责。

4. 法律部门的职权

为保证正常履行法治管理组织推动的职责，法律部门应具有以下职权。

（1）法律审查权。为保证商业银行的经营管理决策、商业模式和产品创新、对外业务合同签订等事项的合法性和合规性，相关主管部门有义务在提交决策前、产品推向市场前、合同签订前，提交法律部门进行合法合规性审查。法律部门有权根据法律法规对送审事项进行审查，相关主管部门不能干扰、施压法律部门的审查工作，法律部门的审查意见，相关主管部门必须执行。

（2）参与讨论/决策权。商业银行决策重大经营管理事项时，应听取法律部门的意见。在设有总法律顾问时，总法律顾问有权参与决策。总法律顾问、法律部门对决策事项有权发表独立的法律意见，其意见应得到尊重和适用。

（3）直接报告权。总法律顾问、法律部门有权向行长、董事会、监管机构直接报告法治工作情况和重大法律风险事件。向行长的报告包括常态化报告、年度/季度工作报告、重大的法律风险事件。向董事会的报告可以直接口头报告，但报告的具体内容，各商业银行可能有所差异，但一般包括常态化报告、年度和季度工作报告、重大的法律风险事件。向监管机构的报告包括年度报告、重大法律风险事件。

（4）经费保障权。推进法治建设必然需要一定的费用支出。商业银行需要设立专项的法律经费预算，为法律工作提供必要的组织、制度和物质等保障。

（5）评价考核权。评价考核是指挥棒，为促使商业银行各级管理者和普通员工都能主动践行法治管理的要求，商业银行有必要建立法治管理的评价与考核制度，将法治管理纳入分支机构、业务部门及其负责人绩效考核指标体系，并占有一定的权重，由法律部门负责评价考核。

（6）责任追究权。违法违规必受罚是法治管理的要义之一。为推进法治建设，防范商业银行员工违法违规，商业银行需要建立法治管理责任追究机制，依法追究对于本银行重大法律风险负有责任的负责人与工作人员的责任。通过责任追究，既让违法违规责任人承担相应的代价，又是对其他员工的警示和教育。对违法违规行为的责任追究包括行内违规追究和行外司法机关追究两种。行内责任追究是对违反商业银行内部管理制度和违反法律法规但尚未触犯刑法的行为，根据商业银行内部的责任追究制度进行问责处理。处分措施一般包括纪律处分、经济处分和其他处分等。行外司法机关责任追究是对违反国家刑法的刑事犯罪行为，在发现犯罪线索、存在犯罪嫌疑时，由商业银行将责任人移交司法机关，进行责任追究。这类行为一般包括贪污受贿类、违法放贷类、扰乱金融秩序类等行为。

（四）其他机构与负责人的职责

法治管理人人有责，法治建设人人参与。在商业银行推进法治建设过程中，除总行管理高层、总法律顾问、法律部门外，其他机构及其负责人，如总行各职能部门、各分行、各事业部（如有），对法治管理的建设和实施都负有重要责任。各级管理者要充分认识到，商业银行推进法治管理建设、实施法治管理并不是一时的心血来潮，更不是主管部门的主张，而是顺应大势的一项全行性战略性决策。因此，各级管理者都要主动认同、接受和拥抱法治，积极投身于法治建设之中，成为法治管理的实践者。在法治管理体系中，各级管理者对其管理机构的法治管理负有第一责任，具体承担以下法治管理的具体职责。

（1）培育法治文化。在本机构内部倡导、推行法治文化，安排落实法治文化建设的各项工作要求。机构负责人要有意识地提高自己的法治意识、法治精神、法治思维，从而带动其他员工认知、认同、认可法治文化。

（2）树立法治表率。在日常经营管理活动中，各机构的负责人要主动学法、问法、尊法、用法，自觉践行依法合规、公平公正、诚信敬畏的法治要求，为本机构的法治管理作出表率。

（3）建设法治体系。根据总行的规划和要求，组织落实本机构的法治管理体系建设工作。具体包括：审查批准、督促落实本机构法治管理计划；设立法律部门，配备一定数量的法律工作人员，并配备相应的资源，确保其能正常履行职责；建立法律审查制度和流程，确保需要进行法律审查的事项应审尽审；督促落实法治文化建设要求，提高员工的法治知识和法治意识。

（4）优化管理制度。根据法治精神和法治原则，组织梳理、优化本机构的管理制度，使本机构的管理制度不仅做到全面覆盖，还要合法合规，不与法律法规相冲突。在此基础上，体现法治的"公平公正"等要求，使本机构的管理制度逐步法治化。

（5）落实法治要求。负责本机构的管理制度在本机构、本条线得到落实、执行。其中，首先要自己要遵守制度，不能游离于制度之外；其次，对其他人遵守制度情况进行督促、检查。对违反制度的行为，不管涉及谁，都要根据制度的要求进行严肃处理。法治管理的最终目标是实现全行性"依法治行"，在此过程中，可以尝试在部分分行先行实现。分支机构的负责人要具有这样的格局和追求。

（6）报告法治事项。按要求向上级行、法律部门报告本机构法治管理情况、法律风险事项。报告要遵循及时、全面、客观的要求。对法治管理的落实实践情况不美化；对法律风险事项不瞒报、漏报、迟报、不报。

（7）接受法治评估。法治评估是检验法治建设、法治管理成效的一种重要方式，也是法治管理的重要内容。各级机构首先要在本机构内，主动组织开展法治自评，对本机构的法治建设状况进行自我认识、自我发现问题、自我改进。其次要认真配合上级行、监管机构的法治检查评估和评价考核。对上级行、监管机构法治评估中发现的问题，要及时整改。

（五）法治管理人员的职责职权

法治管理人员的定义有广义和狭义之分。广义的法治管理人员指对法治建设负有管理职责的人员，包括商业银行的管理高层、总法律顾问、各机构负责人等；狭义的法治管理人员指除上述人员以外的，在商业银行中专职从事法治管理或法律工作的专业人员。在本书中，如无特指，法治管理人员指狭义的法治管理人员，具体包括商业银行法律部门的负责人和工作人员。根据商业银行法治管理的特性，法治管理人员承担以下职权职责。

1. 法律部门负责人的职责职权

法律部门负责人是商业银行法治建设的规划和方案的制定者、具体的组织推动者、日常事务的牵头者，在商业银行法治管理体系中具有承上启下的主要作用。

法律部门负责人的具体职责主要包括：

（1）正确执行国家的法律、法规和监管政策，对商业银行的重大经营决策提出法律意见。

（2）起草或参与起草、审核商业银行的重要管理制度。

（3）参与分立、合并、破产、解散、兼并、重组、改制、投融资等重大经营活动，处理相关的法律事务。

（4）具体落实合同管理，审核、制定格式合同和重要合同，参与重大合同的谈判和起草工作。

（5）参与新商业模式、新业务产品的合法性论证，并提出法律意见。

（6）办理工商登记、法定代表人授权委托等相关法律事务。

（7）开展法律风险防范、处置工作，对违反法律法规的行为提出纠正意见，监督或协助有关部门、人员予以整改。

（8）组织开展法治宣传教育工作，积极推进培育法治文化。

（9）提供与经营管理活动相关的法律咨询。

（10）受法定代表人委托，参加诉讼、仲裁、行政复议和听证等工作。

（11）管理外聘律师，通过招标等方式选择外聘律师，并监督和评价其工作效果。

（12）就商业银行的法律风险、法律部门的工作情况，向商业银行的总法律顾问或主管行领导报告工作，并提交年度报告。

（13）负责法律部门的组织、管理，并对法律部门的日常工作承担领导责任。

（14）办理行领导、总法律顾问交办的其他法律工作。

为履行上述职责，法律部门负责人应享有以下职权：

（1）独立履职权。为保证法律部门的负责人有效履行职责，其职责应相对独立，不受其他业务条线或管理条线的影响。这种独立性主要体现在以下三个方面：一是商业银行的重大经营决策、创新业务等事项，法律部门负责人的意见应单独体现，供决策者考虑。二是法律部门负责人的收入不应与商业银行的效益直接挂钩。三是法律部门负责人的履职表现，应主要由分管的行领导或总法律顾问评定，不应由其他部门的负责人评定。

（2）法律审查权。为保证商业银行的经营管理行为合法合规，日常的经营管理事项都应进行合法合规性审查。为了保证经营管理效率，合法合规性审查的方式，根据经营管理事项的种类，会有所不同。对于类型化的经营管理事项，即已经形成固定的模式，且已经重复办理的经营管理事项，在该事项第一次办理时，由法律部门对管理制度和业务合同进行审查。审查通过后，如无变化，即可直接重复使用，不需要再重复审查。对于单笔式的经营管理事项，即尚未固定化、模式化的经营管理事项，每次办理前，都应送交法律部门审查。法律部门的审查意见，应得到尊重和落实。不同意法律部门审查意见的，应提交行领导研究决策。

（3）获得保护权。由于法治意识淡薄和出于经济利益的考虑，无论业务合同的审查制定，还是法律风险的应对处置，法律人员容易被人误解，也容易与人产生矛盾。因此，法律部门负责人应获得一定的保护。这种保护体现在绩效考核、人员任免等方面。《商业银行合规风险管理指引》第27条明确规定了合规负责人任免的备案要求，即商业银行任命合规负责人，应按有关规定报告银监会；商业银行在合规负责人离任后的十个工作日内，应向银监会报告离任原因等有关情况。这一规定直接体现了对合规部门负责人的保护。目前，对法律部门负责人的任免，监管机构还没有出台类似的保护性规定。但对于准备推进法治建设、实施法治管理的商业银行，应主动从内部管理制度上，给予法律部门负责人一定程度的保护。

2. 法律人员的职责职权

法律部门的工作人员在开展工作、履行职责中也应享有一定的职权并承担一定的义务，这样才能促进其依法合规、勤勉尽职地开展各项工作。

一般而言，法律部门的工作人员在开展工作中主要享有以下工作权利：

（1）处理商业银行经营、管理和决策中的法律工作。

（2）列席商业银行经营管理决策的相关会议。

（3）对涉嫌损害商业银行合法权益和银行业消费者合法权益，违反法律、行政法规、监管机构等部门发布的规章和规范性文件的行为，提出意见和建议。

（4）根据工作需要查阅商业银行有关文件、资料，询问有关人员。

（5）独立开展工作，不受其他部门干涉。

（6）法律、行政法规、监管机构等部门发布的规章和规范性文件及商业银行授予的其他权利。

法律人员在工作中也应承担以下义务：

（1）遵守法律、行政法规、监管机构等部门发布的规章和规范性文件以及商业银行规章制度，恪守职业道德和执业纪律。

（2）维护商业银行的合法权益和银行业消费者合法权益，促进商业银行依法经营。

（3）对所提出的法律意见、起草的法律文书以及从事的其他法律工作的合法性负责。

（4）法律、行政法规、监管机构等部门发布的规章和规范性文件以及商业银行规定的其他义务。

四、法治管理的组织体系

法治管理的组织体系是商业银行内部法治主管部门——法律部门的隶属关系、职能职责边界、聚集状态以及总分支行法律部门之间相互联系的一种事务划分及存在形式。法治管理的组织体系是法治管理体系的物质载体，其实质是由商业银行法治建设目标决定的部门职能和部门权力的分配。

（一）法律部门的隶属关系

法律部门的隶属关系指在商业银行内部的管理层级中，法律部门的分管问题。在实务中，多数商业银行的法律部门都定位为法律风险的主管部门，因此，法律部门由分管风险的副行长分管，副行长对行长负责。在设有总法律顾问的商业银行，根据监管要求，应由总法律顾问负责分管，总法律顾问对行长负责、向行长汇报工作。

（二）法律部门的设置

法律部门的设置涉及三个问题：①横向关系：法律部门和其他相关部门的设立模式。②内部关系：法律部门内部的组织结构模式。③纵向关系：总分行法律部门之间的关系。在解决这三个问题时，需要考虑两个因素：一是间接因素，包括商业银行的战略目标、市场环境、企业规模、业务复杂程度、员工素质和企业文化、监管要求等；二是直接因素，包括工作专业化、部门化、管理流程、控制跨度、集权与分权、正规化、成本与效率等。

1. 法律部门的设立

（1）法律部门的设立模式。设立模式主要处理法律部门与相关职能部门的设立方式。与法律部门职能职责联系紧密的主要有合规部门和消费者权益保护部门。目前，商业银行在设立三个部门时，主要有三种模式。

单独式：即设立单独的法律部承担全行法治管理职责。在法律部内部设立若干个法律工作团队，如合同审查团队、诉讼管理团队、知识产权管理团队等。另外，再设立独立的合规部门、消费者权益保护部门，分别负责合规风险管理和消费者权益保护。大型银行一般都采用这种模式。

联合式：具体有两种联合方式，一种是设立法律合规部，集中统一承担法治管理和合规风险管理的职责。在法律合规部内部设立法治管理团队、合规管理团队、内部控制团队，分别负责法治建设、合规风险、内部控制等事务。在这种模式下，消费者权益保护由其他部门负责。另一种是分别设立法律部和合规部，其中法律部负责法治管理和消费者权益保护，合规部负责合规风险管理。中型商业银行或一些中大型商业银行的分行多数采用这种模式。

混合式：即将法治管理、合规风险、内部控制、授信评审、资产监控等风险管理职责，由一个部门（如风险管理部）集中管理。在该部门内部设置法律、合规、授信评审、资产监控等专业团队，承担相应管理职责。消费者权益保护，或者由这个部门负责，或者由其他部门负责。一些小型商业银行或一些中型商业银行的分行一般采用这种模式。

（2）法律部门的设立准则。一般来说，专业化的部门设立有利于纵向的落实执行；联合式和混合式的部门设立有利于横向的管理协同。因此，需要商业银行根据自身的实际情况，选择相应的模式。只要有利于推进法治建设和管控法律风险，都是合适的选择。科学地设立法律部门，需要综合考虑以下因素。

现实需要：虽然合规创造价值、合法经营就是效益，但法律部门和合规部门不能直接创造账面收益价值。因此，一些商业银行将其归属为后台部门、成本部门，是否设立这些部门，以及这些部门的组建方式、人员配置等，都要考虑成本因素。对于这些商业银行而言，现实的需要，如风险事件的频发、监管机构的要求等，是首要的考虑因素。

战略目标：商业银行的战略目标包括经营发展目标和管理模式变革目标。在把精细化、规范化、法治化作为管理模式变革目标的商业银行中，将法律部门和合规部门分开设立，有利于推进法治管理和合规风险管理。在一些还处于粗放式管理阶段，还把规范化作为管理模式变革目标的商业银行中，将法律部门和合规部门合并设立，也是一种不错的选择。

企业规模：企业规模体现在商业银行的资产规模、员工数量、分支机构数量、子公司数量等方面。一般而言，企业规模越大，其总部管理的事情越多，管理的复杂难度也越大，部门设置就相对细分化。对于规模大的商业银行，法律部门和合规部门分开设置是比较合理的选择；反之亦然。企业规模的大小是一个相对的概念，与同业进行比较即可得知。

工作专业化：专业化是影响商业银行组织架构搭建、部门设置的一个重要因素。法治管理或法律风险管理与合规风险管理在管理依据、管理事项、管理目标等方面存在相似性；但在工作对象、工作内容与工作方法等方面也存在许多差异性。为更有利于将两部分工作做深做透、做大做强，设立两个部门各自分别负责一个板块，是一个不错的选择。

成本与效率：此处所指成本与效率包括直接的成本与效率，也包括间接的成本与效率。一些商业银行设立的后台管理部门比较少，配备的后台管理人员也比较少。表面看似节约了成本，但风险案件时常发生，实质上加大了成本。

监管要求：为促进商业银行稳健经营，监管机构对商业银行的部分风险管理部门的设立提出了一些要求。商业银行在设立管理部门时，要满足这些要求。

上述因素是商业银行设立法律部门时需要考虑的主要因素。能基本满足上述因素的部门设置是科学的；基本不符合上述因素的，在法治管理、法律风险管理和合规风险管理等方面，都会存在一些问题。在上述因素发生变化时，法律部门的设立也应相应调整。今天科学并不意味着永远科学。

2. 法律部门的组织结构

（1）法律部门的组织结构模式。法律部门的组织结构是法律部门内部的团队组合方式。目前，商业银行法律部门的组织结构主要有以下三种模式：

集中式：即总行和分行的法律人员都分别集中在总行法律部和分行法律部工作。这是目前商业银行的通行模式。

分散式：即法律人员除在一个独立的法律部工作外，部分法律人员还被派驻到事业部等业务单元工作。这些被派驻的法律人员，需要同时向所工作的业务单元和被派出的法律部门报告工作。

综合式：即在总分行分别设立独立的法律部门，负责全行或分行的法治管理，同时由总分行法律部分别向一些特殊的业务单元（如事业部、二级分行、异地支行等）派驻法律人员，负责所在业务单元的法治管理。这些被派驻的法律人员，需要同时向所工作的业务单元和被派出的法律部门报告工作。

（2）组织结构模式的选择标准。商业银行的法律部门在选择团队结构模式时，需要考虑以下三个因素：

银行的组织结构：商业银行主流的组织架构模式是总行、分行、支行、储蓄所（或有）逐级管理结构。但也有一些商业银行，在此模式之外，还采用了事业部模式，事业部的层级与分行相同，但一般都与商业银行的总行在同一个城市。在这种"分行＋事业部"组织架构中，事业部有法治管理和法律风险管理的需要，但在事业部设置独立的法律部，管理成本稍高。因此，采取由总行法律部派出法律专员入驻事业部工作的方式，相对比较合适。同样，在一些二级分行、异地支行，因资产规模较大，有法律人员的需求但设立独立的法律部，成本比较高。在这种情况下，由分行法律部派驻法律人员是比较合理的选择。

工作的推动力度：在商业银行推行法治管理是管理模式的变革式进步，在初期会遇到一些阻力、存在一些困难，需要有人深入一线，进入各业务单元进行现场推动。因此，除了传统的分行外，事业部、二级分行、异地支行等业务单元也需要法律人员现场推动。在考虑成本因素，不能达到设立独立法律部的标准时，向其派驻法律人员是相对合理的方式。

人员的管控力度：法律风险管理是一项专业的风险管理。管理不当，将产生违约、侵权、违法犯罪等一系列不利后果，因此需要给予一定力度的管理。管理的力度既体现在对业务审批和落地的管控，也体现在对业务办理人员的管控。由总分行派驻法律人员到一些特殊的业务单元，通过双线式的报告方式，既有利于这些业务单元的业务发展，也有利于法律风险的管理。

根据上述三种模式，在总分支组织体制的商业银行中，法律部门采取集中式组织结构比较合适；在总分支和事业部混合组织体制的商业银行中，采取综合式组织结构比较合适。

3. 总分行法律部门的层级管理

（1）法律部门的层级管理模式。法律部门的层级管理指总分行（含事业部，下同）法律部门之间的关系。商业银行法律部门层级管理主要有三种模式。

业务管理型：即总行法律部门仅在法治建设、法律风险管理等业务方面指导、管理分行的法律部门，分行法律部门无须向总行法律部门报告法律风险和工作情况。总行法律部门除对其直接审查的法律事项负责外，无须对分行法律部门的工作结果承担责任。

垂直管理型：即总行法律部垂直管理分行法律部。分行法律部的法律审查根据总行法律部的授权进行，分行法律部法律人员的绩效、任免、考核、工资发放等，都由总行法律部负责。分行法律部向总行法律部实行实线汇报，对分行实行虚线报告；总行法律部对分行法律部的工作结果承担责任。

双重管理型：即分行法律部同时受分行、总行法律部的管理。分行法律部的负责人由分行任免，并报备总行法律部，分行法律部门对分行负责。总行法律部除对其直接审查的业务负责外，不需要对分行法律部的工作结果负责。在报告路线上，分行法律部对分行实线报告，对总行法律部虚线报告。

上述三种模式各有优劣：业务管理型有利于调动分行法律部的积极性，但缺乏整体协调性和统一性，容易造成一个分行一个样，且分行法治管理效果直接受制于分行一把手的重视程度。垂直管理型有利于推进法治建设，贯彻总行意识，保持全行步调一致性；缺点是影响分行主动实行法治管理的积极性，甚至在一些具体事务上，总分行容易产生一些分歧和矛盾。双重管理型有利于兼顾总分行两方面的积极性；缺点是总行的实际影响力会受到一定的限制，各分行在贯彻落实总行的法治战略、法治要求时，会存在一定折扣。综合而言，双重管理型模式集合了业务管理型和垂直管理型的优缺点，是目前商业银行比较普遍采用的法律部门层级管理模式。

（2）层级管理模式的选择因素。通过比较，总分行法律部之间关系的三种模式各有利弊。在实务中，具体采用哪种管理模式主要受以下因素的影响。

管理风格：在总行对分行的管理模式中，不同的商业银行有不同的风格。有些商业银行，总行对分行全部采用双重管理型；有些商业银行，在多数业务条线、管理板块，采用双重管理型，但在一些特殊的业务条线、管理板块，采用垂直管理型。这种管理风格是长期形成的，自然会对法律部门的层级管理产生影响。整体喜欢垂直管理型风格的商业银行，在法律部门的层级管理上也会倾向于采用垂直管理型。不过，综合考虑管理成本、管理效率、管理效果等因素，大部分商业银行采用的是双重结合式管理模式，即多数条线和板块采用双重管理型、少数条线和板块采用垂直管理型。在这种情况下，总分行法律部之间采用双重管理型也是多数商业银行的选择。

管理效率：法律工作与业务办理紧密相关，业务合同的谈判、拟订、签订、履行等全流程都离不开法律的支持，法律服务的效率直接决定了业务办理的效率，甚至是业务能否办理。在这种情况下，法律工作要注重效率，需要就地服务、就地支持。垂直管理型有利于强化总行的管控，但也有可能会降低分行法律部对所在分行的服务效率和支持力度。双重管理型则可以相对合理地平衡好管控力度和服务效率的关系。

管理力度：管理力度包括两个方面，一是适用范围，即哪些领域管控力度要强，哪些领域管控力度可以相对弱化；二是力度大小，一般来说，管理力度与管理链条成反比，管理链条越长，管理力度越弱；管理链条越短，管理力度越强。就商业银行法治管理与法律风险管理而言，其与信用风险、合规风险等种类的风险相比，在日常工作中服务的特点更加明显。而且，由总行法律部垂直管理全国各分行的法律部，也会存在管理链条过长、管理力度减弱的问题。

五、法治管理的人员体系

法治管理的人员体系是法治管理体系的唯一主观能动的要素，指法治管理人员的构成以及法治管理人员所具有的法治意识、法治能力，如法治意识转换为法治行动的能力、法治方案的规划策划能力、法治建设的组织推动能力等，以及由此所形成的法治文化。法治管理的人员体系以商业银行的全体员工参与为目标、以法治管理专业人员为基础、以业务管理人员为主体、以外部专家（如外聘律师等）为补充，注重法治管理意识和法治管理技能，是具有法治管理文化的全员法治管理体系。

商业银行法治管理的人员体系包括全体员工，但不同岗位的员工在法治管理中职能职责并不相同，对其要求以及其所起的作用也不一样。与法治管理、法治建设直接相关的专职主体包括总法律顾问、法律部门负责人、法律人员/法律顾问。

（一）法治管理人员的工作角色

根据商业银行法治建设的需要和法律部门的职能职责，法治管理人员的工作角色，主要有以下六个。

（1）法治建设的组织推动者。在商业银行实施法治管理、建设法治银行是商业银行董事会、高级管理层作出的战略性决策。这一战略性决策的落地实施和目标实现，除商业银行高层管理者自觉带头践行外，需要法律部门及其法律人员的组织推动。商业银行的法律人员需要深刻领悟商业银行进行管理模式变革的重要意义，准确把握商业银行法治建设的要求，创造性地将"依法治行"的蓝图转换为行动方案和行动措施，组织推动全行各级机构、全体员工执行总行法治管理意图和要求，指导、推动、督促各级管理者和普通员工共同为实现依法治行而努力。

（2）银行法治战略的执行保障者。商业银行的法治战略是商业银行经营管理的指示明灯。法治战略由商业银行的董事会、高级管理层等管理高层制定，但法治战略的执行需要商业银行的各级机构、全体员工共同落实。法治战略在落实执行过程中会遇到种种不确定因素的影响和干扰。法治管理人员通过法治管理的机制建设、制度建设、行为管理等手段，可以有效地将法治战略贯彻落实在各项管理制度中，并通过落实"制度至上""依规办事"等要求以有效排除法治战略执行过程中的干扰因素，有力地保障法治战略的落地执行。

（3）法律风险的管控者。法律风险是商业银行面临的主要风险之一。在法治社会，商业银行的各类风险最终都会转换为法律风险，都需要通过法律程序、法律机制来解决。法律部门及其法律人员可以通过以下措施积极有效地管控好法律风险：①行为规范。法律部门及其工作人员通过法治教育、制度建设等工作，有效树立起合法经营、依规办事的意识和理念，建立合法合规、无缝衔接的行为规则，构建预防员工违法违规的意识基础和制度堤坝。②风险预防。法律人员通过业务谈判、起草合同等方式，平等地约定好银企双方的权利和义务，详细具体地约定业务操作细节，将不确定交易环节确定化、条款化、合同化，从而有利于预防、预控法律风险。实务中，有人认为，商业银行的法律人员应通过合同条款将商业银行的法律风险转移或转嫁给客户。这种认识是错误的。因为中大型客户也有自己的法律人员，不可能让商业银行实现法律风险的转移；对于小型客户而言，在当前法律意识逐渐增强、自媒体发达的环境中，即使实现了转移，也存在随时被曝光的风险，且不具有持续性。平等地约定好银企双方的权利义务是商业银行拓展业务的正道、大道。③风险解决。在发生业务纠纷或经营管理行为发生侵权或违法时，法律人员通过协商、诉讼、仲裁等方式解决各类纠纷，从而有效地维护商业银行的合法权益，并化解风险，将法律风险对商业银行的影响降至最低。

（4）金融业务的交易辅助者。商业银行的业务由一笔笔的交易所构成。达成交易、提高交易量是业务一线的职责，但法律部门也可以成为重要的辅助者角色。这种辅助角色主要体现在三个方面：①业务创新的合法性论证者。商业银行商业模式、金融产品的创新，在正式推向市场前，都要交由法律部门进行合法合规性论证。不合法不合规的产品不能推向市场。②交易条件的谈判者。在一些金额大、复杂的个性化金融业务中，其业务结构、交易条件都需要逐条谈判，经双方协商后确定。法律人员通过与客户的充分谈判，可以确定业务结构和交易条件。③交易合同的制定者。所有的业务交易都要由银企双方签订合同来予以确认。起草、制定合同是法律人员的基本职能。

（5）法治能力培训者。法治建设需要通过法治知识、法治意识、法治精神、法治逻辑、法治行动等步骤稳步推进。专业的培训是普及法治知识、培养法治意识的基础。法律部门及其法律人员通过有计划地组织分对象、分层次、多轮次、多主题的系列法治培训，通过组织开展法治宣传、法治竞赛等多种形式的法治文化主题活动，可以有效地普及法治知识，塑造法治意识。

在此基础上，再逐步进行培育法治精神、推广法治逻辑等法治建设行动，以逐步提高管理者和员工的法治能力，夯实法治建设的基础。

（二）法治管理人员的资质要求

法治管理人员要满足上述角色要求，履行好自己的职能职责，需要具备一定的资质。

1. 法治管理人员的硬性资质要求

硬性资质要求是法治管理人员必须具备的资格资质，可以称为"硬件"，主要是三懂：懂法律、懂业务、懂管理。具体包括以下几点：

（1）品德要求：具有社会主义核心价值观；拥护党和国家的基本路线、方针和政策；勤勉尽职、遵纪守法。

（2）专业资质：法律及相关专业本科及以上学历；通过律师资格或国家司法资格考试者优先；通过国家英语四级考试。

（3）工作经验：在商业银行或其他经济实体从事业务工作 3 年以上者优先。

在招聘法律部门工作人员时，可能有不同意见的是上述第 3 点，即工作经验的要求。目前，商业银行法律人员的来源主要有两种：一是毕业后直接进入商业银行从事法律工作；二是毕业后，先进入商业银行或其他经济实体，如公司、企业、律师事务所等工作，一段时间后再进入商业银行从事法律工作。由于商业银行的法律工作具有较强的专业性，而且在商业银行从事法律专业工作和法治管理工作，不仅需要就法论法，而且需要从事一定的管理工作。尤其是总行法律部的法律人员，合同审查是基础性的工作，法律风险的管理和法治建设的管理才是工作的重点。因此，商业银行法律工作具有"专业＋管理"的特性，不懂业务、不懂管理难以满足法治建设对法律人员的工作要求。而要满足这个特性的要求，工作人员既需要专业背景，也需要实际业务工作背景，否则，较难达到要求，或者需要在法律岗位上相当长时间的积累才能满足要求。因此，商业银行的法律人员都需要有一定的实际业务工作经历。对于已经在法律部门工作，但没有实际业务经验的人员，在条件允许的情况下，都应该到业务条线轮轮岗，深入了解业务拓展和业务操作，对业务有所了解后，再回来从事法律工作。

2. 法治管理人员的软性资质要求

软性资质要求即是在具备上述硬性资质要求外，还应该具备的、难以用客观标准度量，但又十分必要的要求，可以称为"软件"。简而言之，就是要有法治意识，有"长度""宽度""高度"的资质。①

需要具备这种软性资质要求的原因是建设"法治银行"需要商业银行的全体员工人人参与、人人实践，不能只依靠学法律的员工或者法律部门的员工。法律部门是建设"法治银行"的重要力量，但更需要深入每位员工内心的法治基因来共同发力、共同推动。在商业银行推进法治银行的建设过程中，需要有大格局、有"长度""宽度""高度"的法治人员。

"长度"：即对法治建设有长远的谋划，能持久坚持，能克服困难、解决问题。商业银行的法治建设目标不可能一蹴而就，而是需要长期的积累、长期的实践才能实现。在这个长期的过程中，如果不能正确认识商业银行法治建设的客观规律，不能准确把握法治建设的实质和节奏，不能长期坚持、想方设法、务实推进，就不可能实现"依法治行"的目标。而有"长度"的法治人员才能深刻意识到法治建设是商业银行管理方式的深远变革，才能深刻理解"依法治行"所带来的稳定预期，从而致力于学法、守法、用法、尊法的文化培育，埋头推进体制机制、管理制度、管理措施、管理评价的法治建设。

"宽度"，即人的胸怀宽厚、知识面的宽大、事业的眼界宽广。无论是法律风险管理，还是法治建设，都是在商业银行既有的内外部环境中进行，都是既要满足专业管理的需要，又要满足业务发展的需要。合法合规是经营管理的底线，也是红线。但在合法合规的基础上，怎样才能使经营管理更好地合法合规也是法律人员的职责。有人认为，法律部门是矛盾急迫的：一笔授信业务好不容易审批了下来，合同条款却反反复复谈不下来。这种认识主要原因在于业务人员和法律人员对法律风险没有共识，但也有可能是法律人员对业务不知所以、对法律一知半解。而有"宽度"的法治人员，可以在法律与业务、发展与风险之间准确地找到平衡，从而达到业务发展和法律风险管

---

① 洪崎．法治是银行持续发展之基．环球网［EB/OL］．［2015 – 07 – 20］．http：//finance. huanqiu. com.

理的双实现。

"高度"，即深度，也指速度和角度。实践发展永无止境、理论创新永无止境、学习提升永无止境。在国家法治建设加快深入、金融业务持续创新、金融新规不断出台的形势下，需要法律人员和其他员工不断地学习，在干中学、在学中用、在实战中成长。这种本领与能力体现了一个人的"深度"或"高度"。有"高度"的法治人员，能把产品与业务的法治需求统一在管理决策中，把对金融政策走向的预判、对金融新规的理解与应用迅速落实到经营管理之中。诸如轻资产业务、新资本市场业务等如何在传统商业银行有效落地对接，是法治人员需要面对的新课题。

（三）法治管理人员的构成

1. 总法律顾问

总法律顾问是商业银行总行具体分管法治建设的最高管理者。商业银行设立总法律顾问是顺应国家法治建设的大势和要求，推进商业银行内部法治建设，提高法治成效的具体体现。在没有设置总法律顾问的商业银行，其职能职责由分管法律部门的行领导承担，这里统称为"总法律顾问"。

（1）总法律顾问的设置及其地位。根据原中国银监会《关于银行业金融机构法律顾问工作的指导意见》（银监发〔2016〕49号）的要求，各政策性银行、大型银行、股份制银行、邮储银行、金融资产管理公司应当设置专职总法律顾问，专职总法律顾问不得兼任其所在银行的内部董事、监事及高级管理层其他职务。外资银行、城市商业银行、农村商业银行、信托公司等银行业监督管理机构批准设立的其他金融机构应当设置总法律顾问。

商业银行总法律顾问对行长（总经理）负责。商业银行应当将总法律顾问制度纳入本行规章制度，并建立总法律顾问与董事会进行直接沟通的机制。

总法律顾问是否纳入高管人员管理由各商业银行根据经营状况自行确定。如纳入高管人员管理，应当符合《关于银行业金融机构法律顾问工作的指导意见》《银行业金融机构董事（理事）和高级管理人员任职资格管理办法》及银行业监督管理机构其他规章、规范性文件对于商业银行高级管理人员的要求。

（2）总法律顾问任职资格。根据规定，商业银行总法律顾问应当具备下列条件：熟悉国家法律、行政法规及监管规则；熟悉商业银行法律风险管理的制度、流程；熟悉商业银行经营管理；具有本科以上学历或者通过国家司法考试，并且在金融业法律部门工作 6 年以上，具有法律工作经验和能力。

（3）纳入高管的总法律顾问任职资格。对于纳入高级管理人员管理的总法律顾问，除具备上述任职资格外，还需要具备商业银行高级管理人员的任职资格。而根据原中国银监会《银行业金融机构董事（理事）和高级管理人员任职资格管理办法》（中国银行业监督管理委员会令 2013 年第 3 号）的要求，总法律顾问纳入高级管理人员管理的，应当在品行、声誉、知识、经验、能力、财务状况、独立性等方面应当达到以下监管要求。

满足高级管理人员任职资格的基本条件：①具有完全民事行为能力；②具有良好的守法合规记录；③具有良好的品行、声誉；④具有担任商业银行高级管理人员职务所需的相关知识、经验及能力；⑤具有良好的经济、金融从业记录；⑥个人及家庭财务稳健；⑦具有担任商业银行高级管理人员职务所需的独立性；⑧履行对商业银行的忠实与勤勉义务。

在品行、能力上不存在以下情形：①有故意或重大过失犯罪记录的；②有违反社会公德的不良行为，造成恶劣影响的；③对曾任职机构违法违规经营活动或重大损失负有个人责任或直接领导责任，情节严重的；④担任或曾任被接管、撤销、宣告破产或吊销营业执照机构的董事（理事）或高级管理人员的，但能够证明本人对曾任职机构被接管、撤销、宣告破产或吊销营业执照不负有个人责任的除外；⑤因违反职业道德、操守或者工作严重失职，造成重大损失或者恶劣影响的；⑥指使、参与所任职机构不配合依法监管或案件查处的；⑦被取消终身的董事（理事）和高级管理人员任职资格，或受到监管机构或其他金融管理部门处罚累计达到两次以上的；⑧有其他不具备任职资格条件的情形，采用不正当手段获得任职资格核准的。

在财务状况、独立性方面不存在以下情形：①本人或其配偶有数额较大的逾期债务未能偿还，包括但不限于在该商业银行的逾期贷款；②本人及其近亲属合并持有该商业银行 5% 以上股份，且从该商业银行获得的授信总额明显超过其持有的该商业银行股权净值；③本人及其所控股的股东单位合并持有该商业银行 5% 以上股份，且从该商业银行获得的授信总额明显超过其持有的该商业银行股权净值；④本人或其配偶在持有该商业银行5%以上股份的股东单位任职，且该股东单位从该商业银行获得的授信总额明显超过其持有的该商业银行股权净值，但能够证明相应授信与本人或其配偶没有关系的除外；⑤存在其他所任职务与其在该商业银行拟任、现任职务有明显利益冲突，或明显分散其在该商业银行履职时间和精力的情形。此情形中所称近亲属包括配偶、父母、子女、兄弟姐妹、祖父母、外祖父母、孙子女、外孙子女。

通过监管机构的任职资格的审查：商业银行总法律顾问作为高管人员管理的，应当通过监管机构的任职资格审查。任职资格审查过程中，应当听取监管机构法律部门的意见。高管任职资格审查通过的，商业银行可聘任为高级管理人员级别的总法律顾问；高管任职资格审查未通过的，商业银行不能聘任为高管级别的总法律顾问，但可聘任为非高管级别的总法律顾问。

2. 法律部门负责人

（1）法律部门负责人的定位。在商业银行法治管理人员体系中，法律部门负责人处于承上启下的位置。其工作任务主要有三个方面①：①在商业银行特定的组织环境和商业环境中，从事与本银行相关的法治管理、法律风险管理工作；②考虑如何组建和管理团队去完成上述工作任务；③在特定的企业文化氛围内，考虑如何与管理层、其他部门进行沟通，以传递法律工作的成果，展示法律工作的价值。

为完成上述三项工作任务，法律部门负责人需要承担特定的工作职责。法律部门负责人具体的管理职责，在前述内容中，已有介绍，这里不再赘述；归纳起来，其工作职责主要有四项：①业务管理职责。业务管理职责即带领团队完成商业银行法律部门的主要职能职责，这是法律部门负责人的基本职责。②内部管理职责。内部管理职责即如何组建部门内部团队、如何发挥团队积极性、如何提高团队的凝聚力，使团队高质量地完成各项工作任务。③沟通管理职责。沟通管理职责即如何与商业银行的管理层、平级其他部门负责人、下级机构负责人、下级法律部门负责人、司法机关、监管机构等主体进行有效沟通，有效展示法律部门的工作成效和工作价值，有效维护银行的合法权益。④团队成长职责。法律部门的工作需要团队共同努力、一起完

---

① 陶光辉. 公司法务——揭开公司法务的面纱［M］. 北京：法律出版社，2016：13.

成，因此，带领团队成长也是法律部门负责人的重要职责。培养团队战斗力的关键是"利可共而不可独，独利必败"，法律部门负责人与部门成员的关系是共力共为、共创共享。衡量团队是否成长的客观标准是"法治之花，开遍神州大地"，即法律部门培养干部的能力和数量是判断法律团队是否真正成长的客观标准。

（2）法律部门负责人的资质要求。为完成工作任务，法律部门负责人需要具备一定的综合能力，符合一定资质要求。法律部门负责人包括总行法律部负责人和分行法律部负责人，两者的任职资格基本相同，但总行法律部负责人的综合素质要求高于分行法律部负责人。

法律部门负责人的具体资质要求有以下几项：①品德品质：拥护、执行党和国家的基本路线、方针政策，尽心尽力、遵纪守法；在以往的工作过程中，没有违法记录。②知识结构：一般要求大学本科以上学历，法学专业优先。还要具备一定的金融、管理、审计、财务等知识。③专业资质：通过国家法律资格考试，取得相应的资质。如律师资格证、司法资格证、企业法律顾问执业证等。④年龄工龄：作为部门负责人需要一定时间和经历的历练，因而，对年龄和工龄都有相应的要求。如总行法律部负责人应年龄不低于 40 岁，工龄不少于 10 年，担任下级机构或团队负责人不少于 3 年等；分行法律部负责人可适当放宽。⑤工作经验：熟悉商业银行业务和管理，具备专业经验、行业经验、诉讼经验等。⑥综合素质：具备良好的沟通能力、文字表达能力、协调能力、协作能力、抗压能力等。

3. 法律人员/法律顾问

法律人员又称为法律工作人员、法律顾问、法治管理人员等，指在商业银行专职从事法治建设的组织推动、法律风险管理的人员。这些人员是法治建设和法律风险管理的具体承担者和执行者。

（1）岗位资质要求。无论是法治建设，还是法律风险管理，既是一项专业性工作，又是需要懂业务、懂风险、懂管理的综合性工作。因此，商业银行的法律人员，首先是一个专业型人才，同时又是一个复合型人才。这种综合型人才需要具备一定的基础和一定的历练，才能满足岗位的资质要求。

法律人员的资质要求主要包括：①学历：一般要求大学本科以上学历；

法学专业。②资格：应当具有法律职业资格或者律师资格。未取得法律职业资格或者律师资格的人员，可以继续履行法律人员的职责，但也应当尽快参加资格考试，取得相应的资格。③经验：具有商业银行内部业务条线或外部经济实体业务营销、拓展类工作经验优先。④品德：勤勉尽职，有上进心，即看得清方向、坐得下板凳、抗得住压力、想得出办法。

（2）团队岗位设置。目前，商业银行法律部门一般都会下设若干团队和岗位，分工负责具体的法律工作。团队设置标准，在不同的商业银行，略有不同。多数是根据工作事项的不同来设置相应的团队，如制度管理、合同审查、诉讼管理、知识产权管理、支持保障等团队。也有些根据服务对象的不同，而分为公司业务法律团队、零售业务法律团队、金融市场业务法律团队等。这些团队的工作职责不重叠、不遗漏，就是合理科学的组建标准。有些商业银行，在团队内部还会进一步设置不同的岗位，如制度管理岗、公司业务法律岗、零售业务法律岗、金融市场业务法律岗、诉讼管理岗、外聘律师管理岗、综合岗等。这些团队和岗位是根据法律风险管理要求而设置，基本能较好地满足法律风险管理的需要。但在商业银行开展法治建设后，为了满足法治建设的组织推动需要，可以考虑在法律部门增设"法治建设"团队，并设置法治建设推动岗和法治建设评估岗，分别负责法治建设的组织推动和效果评估。如此才有利于法治建设的有序、有力、有效开展。

（3）人员配备标准。为达到法治建设和法律风险管理的要求，法律部门需要配备一定数量的专职法律人员。具体的配备标准，目前监管机构尚未要求（对审计人员，监管就有不低于总员工数量2%的要求）。出于压缩成本的需要，商业银行对于法律人员的配备一般都相对偏紧。在配备法律人员时，需要考虑金融业务复杂度、岗位工作饱和度、服务质量与效率的满意度、人工成本等因素。具体配备时，根据上述因素，综合考虑后可实行动态配备。

（4）技术序列管理。为有利于法律人员的成长，可以对其实行岗位技术序列管理，以体现其岗位价值和工作贡献。法律人员的岗位序列可以设置为：助理法律顾问、初级法律顾问、中级法律顾问、高级法律顾问、资深法律顾问。建立了岗位技术序列管理的商业银行，对其序列划分、序列资质、序列待遇等内容，会有明确的制度规定。一般来说，序级的差别主要体现为两点：

①序级要求：序级越高，其对工作经验、工作能力、工作绩效等方面的要求越高。②序级待遇：序级越高，待遇也越高。对特定的法律人员，经评定其为某一序级时，应给予其相应的待遇。岗位技术序列是在行政职务序列外，为商业银行的员工另行建立的一条职业通道，运用得当可以充分调动法律人员积极性的。在运行过程中当然也会出现一些问题，如序级上调难、待遇配备难。这些问题是岗位技术序列管理中正常存在的问题，需要商业银行通过进一步深化改革予以解决。

（5）专业培训提升。法治建设和法律风险管理都是综合性要求比较高的工作，要求从业人员懂法律、懂业务、懂风险、懂管理。而且，还要保持持续学习进步，以适应不断变化的内外部经济金融形势和管理方式的变化。目前，这种高素质的复合型人才比较稀缺。商业银行需要通过内部培养和外部引进的方式，充实法治管理专业队伍。同时，更需要通过系列的专题培训，帮助法治管理人员及时更新知识结构、提高认知眼界，不断提高法治管理人员的组织推动能力和法律风险管理能力。

（6）岗位资格退出。为保障法治管理人员能有效履行职责，对法治管理人员需要设置岗位退出制度。当法治管理人员存在下列情况之一时，应退出法治管理岗位：①存在违法违纪行为或有其他不良行为，且情节严重的。②对法治管理工作中发现的重大法律风险及经济案件等隐瞒不报的。③指使或教唆其他员工违反法律法规、规章制度和规范性文件，给商业银行造成较大财产损失或信誉损失的。④玩忽职守，疏于管理或使管理流于形式，对重大工作失误和经济案件负有主要责任的。⑤隐瞒事实真相，拒不承认错误，逃逸、阻挠、抗拒调查和处理的；帮助或串通被管理对象，编造虚假账务凭证、报表及其他资料的。⑥向外界散布、传播有关本银行尚未公开的重要信息和商业秘密的。⑦因违法违规受到纪律处分，再次故意违法违规的。⑧连续两个考核期被评定为不合格的。⑨因工作能力、身体状况及其他原因，不再适合从事法治管理工作的。⑩其他违反法律法规、规章制度和规范性文件，且造成严重后果的。

（四）法治管理人员的绩效管理

为保证法治管理人员能正常履职，商业银行应当建立规范的法治管理人员绩效考核评价制度，以确保商业银行法治管理人员积极主动开展工作，保障工作质效。

由于法律工作是专业工作和经验工作的结合体，但工作经验和工作成果都不易于量化衡量，合同审查、法律审查、诉讼等多数工作带有被动性的特点，且法律人员的自主性、独立性、自我价值感都比较强等。这些特点决定了与其他管理人员的绩效管理相比，法律人员的绩效管理具有一定的特殊性。在对法律人员的绩效管理中，这是需要注意的事项。

1. 考核目标

考核的目的是通过考核，促使员工在工作中发挥积极性和主动性，帮助企业取得成效①，实现经营管理目标。对法律人员的考核同样也是为了促进和提高法律人员的工作积极性和主动性，帮助法律人员取得工作成效，从而帮助商业银行取得成效，实现经营管理目标。

2. 考核指标

考核指标主要包括两个维度：横向维度是法律人员的工作内容；纵向维度是法律人员的工作结果。对法律人员的考核是两个维度的综合。其中，工作内容指每个人具体的工作职责，即所从事的法律审查、合同审查、法律论证、知识产权管理、诉讼管理、外聘律师管理、法治建设的组织推动、制度管理、创新管理、消费者权益保护、授权管理等工作。工作结果指法律人员的实际工作数量、工作质量、工作效率、客户满意度等。

在对法律人员的考核指标中，相对难以确定的是工作数量、工作质量、工作效率的基准值。因为大多数法律工作都难以量化。比如审查一份合同，其难易程度、时间花费和工作贡献等，与合同的内容长短、合同的金额等没有直接的关系，也难以直观地用数字评价。由于法律工作难以量化，因而就难以比较，也就难以准确地评价一个法律人员的工作付出和工作贡献。

在这种情况下，对法律人员的考核指标及其考核权重，只能去繁就简，以相对客观、可操作、易于评价为标准。根据这个标准，比较合理的方法是将法律部内同类型工作，如合同审查、诉讼管理等的工作数量、工作质量、

---

① ［美］彼得·德鲁克.21世纪的管理挑战［M］.朱雁斌译，北京：机械工业出版社，2013：34.

工作效率等维度的平均值作为考核的基准值，即 60 分。实际工作结果超过基准值的给予相应加分，低于基准值的给予相应减分。

3. 考核方式

目前，对法律人员的考核方式主要有以下几种：书面描述法、关键事件法/关键指标法、评分表法、行为定位评分法、多人比较法、目标管理法、360 度评估法等。① 每种考核方式都各有优劣，需要根据具体的情况相应使用。

对法律人员的考核方式，比较可行的是关键指标法（KPI）和 360 度评估法。在使用 360 度评估法时，需要根据关联度原则确定评估人，避免出现"因为熟悉，所以低分；因为不熟，反而高分"的不公平现象。

考核的频度可分为月度、季度、半年度和年度。由于法律工作的效果需要长时间才能显现，从工作成本上考虑，合理的频度是季度和年度，即按季考核、按年汇总。

根据考核结果，可以分为优秀、良好、合格、不合格四个档次。为使考核能真正反映法律人员的工作，可以对优秀、良好、不合格分别设置一定的比例。

目前，大部分商业银行都建立了对法律人员的考核体系，在实践中也反映出一些问题，诸如难以量化、难以公平等。商业银行的绩效考核与其他实体的绩效考核一样，不管是哪个条线、哪个板块，都没有绝对公平合理的考核体系。只要事先制定考核规则、考核标准尽可能量化、对相同岗位适用相同的规则，这个体系就是合理的、可以操作的、相对公平的考核体系。

4. 结果运用

考核的目的是通过考核，总结成绩，诊断工作结果的差异，发现问题和改进问题，从而改善员工的个人绩效，促进员工和企业共同成长。考核结果的运用就是实现绩效考核目标的途径。正确地运用考核结果，可以有效地促进员工提高绩效，实现员工的成长；否则将会适得其反。对于法律人员来说，考核结果主要运用在以下几个方面：

---

① ［美］斯蒂芬·P. 罗宾斯，玛丽·库尔特. 管理学［M］. 李原，孙健敏，董小勇译. 北京：中国人民大学出版社，2012：321.

（1）行级上调。提级提干是大多数员工的工作追求，也是体现工作价值的最直观表现。其中，行级上调，是大多数法律人员的诉求，也是相对比较容易实现的目标。对应于法律人员的考核结果，达到行级上调标准的应予以上调。在实务工作中，因人工成本等原因，有时会出现达到标准却没能上调的情况。这既是失信于员工的行为，也是不符合依规办事等法治精神的行为。

（2）职务提升。对那些长期工作成果突出，考核良好的员工，应该考虑提拔使用。考核良好只是提拔使用的必要条件，能否实际提拔使用，一方面要考虑其是否具备相应的管理能力，另一方面也要确认是否有合适的岗位。但建立这种预期，对法律人员会是一种强心针和兴奋剂。

（3）绩效辅导。对于考核不合格的员工，应由其直接管理者进行绩效辅导，指出存在的问题，并提出改进意见，督促其在下一个考核周期内积极改进。

（4）行级下调。对于多次考核不合格的员工，可以给予行级下调的处理。行级下调和岗位退出都是对法律人员工作态度、工作能力、工作绩效的一种否定，既要慎重应用，也要有所应用。在规则明确、考核公正、结果确定的情况下，在一定范围内有所应用也是对法律人员的反向激励，有利于提高法律人员的工作积极性和主动性，从而有效地提高工作绩效。

（5）岗位退出。对考核结果连续多次或累计多次，如连续三次或三次以上被考核为不合格的员工，应退出法律岗位，另行安排其他岗位工作。岗位退出是法律人员新陈代谢的必要措施，对一些确实不符合岗位要求的员工，安排其及时退出，转换岗位，是对商业银行的负责，也是对员工本人的负责。

六、法治管理的制度体系

法治管理的制度体系是商业银行为推进法治建设、实施法治管理、规范法治管理行为而制定的一系列管理政策、管理制度和管理程序的总称。法治管理的制度体系是法治管理"有规可依"最直接、最基本的体现，是法治管理的职责职权体系、组织结构体系、人员体系、运行机制体系在制度规则上的结晶，是法治管理体系正常运行的依据和保障。它是以法治管理基本制度为核心，以法治管理具体制度、内部控制制度为重点，以其他管理制度为补充的多层次、结构化的规则体系。

（一）法治管理基本制度

法治管理的基本制度是商业银行实施法治管理的基础性制度，是商业银行内部实施法治管理的最高行为准则，也是法治管理具体制度的依据。主要内容有商业银行法治管理的目标、基本原则、主体机构、职权职责、管理流程等。

1. 法治管理基本制度的种类

法治管理基本制度主要有以下几类：

（1）法治管理政策。主要表达商业银行推进法治建设，实施"依法治行"的信心和决心，明确商业银行法治建设的目标、愿景、基本原则、主流价值观和法治精神、实施步骤等内容。为充分反映商业银行各机构的意愿，法治管理政策应由法律部门与商业银行总行管理部门、各分支机构充分沟通后制定。法治管理政策经充分讨论，达成共识，由商业银行的高级管理层批准后印发。为提高权威性，更好的方式是由董事会审批同意后，以董事会的名义印发。法治管理政策印发后，即成为商业银行推进法治建设，实施法治管理的最高准则和最高依据。

（2）法治建设管理办法。主要规范商业银行推进法治建设的主要目标、基本原则、职能职责、重点事项、建设步骤、考核奖惩等内容，是法治建设的基础性制度。

（3）法治管理五年纲要。这是对商业银行法治管理、法治建设在一个相对较长时间内（如五年），法治建设的阶段性目标、重点事项、基本要求、建设步骤等内容所做的规划。在这个期限内，商业银行的法治建设以五年纲要为指引，落实纲要、充实纲要、发展纲要。五年到期时，可以再对下一个五年法治管理和法治建设的重点工作进行规划。法治管理五年纲要可以单独成文，也可以和商业银行的其他内容一起，合并形成《商业银行经营发展五年纲要》。

（4）法治建设三年规划。这是对商业银行法治管理、法治建设在一个相对较短时间内（如三年），法治建设的阶段性目标、重点事项、基本要求、建设步骤等内容所做的规划。三年规划是五年纲要的充实和细化,也是法治建设的重要依据。为突出其重要性,三年规划应单独成文,印发制作《商业银行法治建设三年规划》。三年到期后,应该根据实际情况再次规划未来三年的法治建设工作。

2. 法治管理基本制度的特点

法治管理基本制度一般具有以下特征:

(1)重在统一认识。法治管理基本制度的目的和作用主要是统一全行对法治管理、法治建设的认识和思想。作为一种新的管理模式,要成功在商业银行落地生根,首先要统一全行员工,特别是各级管理者对它的认识。如果商业银行的员工,特别是各级管理者没有认识到法治管理的重要意义,没有认识到实施法治管理的必然趋势,就无法推进这项工作。制定法治管理政策、五年纲要、三年规划等文件旨在通过制定过程中的讨论、制定印发后的实施,统一全行员工,特别是各级管理者的认识和思路,为顺利推进法治建设、实施法治管理奠定思想基础。

(2)偏重宏观整体。法治管理基本制度是有关法治管理和法治建设的整体性、结构性事项,是从宏观上、整体上规范和规划法治管理和法治建设的思路、原则、内容、步骤,而基本不涉及也不陷入法治管理和法治建设的具体细节。基本制度的主要内容和行文风格相对比较原则和抽象。

(3)明确方向路径。法治管理基本制度的主要目的是为法治管理和法治建设指明方向、明确路径。在基本制度的适用期限内,法治管理和法治建设应该以基本制度为指引,将基本制度所规划的蓝图变成现实。

(4)强调原则思路。法治管理基本制度的主要内容大多是明确法治管理、法治建设的基本原则、主要思路、重点内容和重点措施,以作为法治管理和法治建设的基础性依据。基本制度很少涉及规范法治管理和法治建设中的具体事项,相关事项的具体管理内容、管理要求,在法治管理具体制度中再做进一步的规范。

(二)法治管理具体制度

法治管理具体制度是商业银行在法治管理和法律风险管理过程中,为规范某项具体的管理行为而制定的相应管理制度。

1. 法治管理具体制度的种类

法治管理具体制度的种类和数量相对比较多。如《法治管理委员会工作制度》《法治建设实施办法》《法治文化建设管理办法》《法律事务管理办法》《法律风险管理办法》《管理制度管理办法》《法律审查管理办法》《合同审查管理办法》《合同管理办法》《知识产权管理办法》《诉讼案件管理办法》《外聘律师管理办法》《法治培训管理办法》《法治评估管理办法》《法治报告管理办法》《法律人员绩效考核管理办法》《法律人员工作奖惩管理办法》《法治系统管理办法》；等等。设有总法律顾问的商业银行，还可以制定《总法律顾问制度实施办法》。对于这些具体制度，商业银行可以根据需要分类分批有序推出。

2. 法治管理具体制度的特点

与法治管理基本制度相比，法治管理具体制度具有以下特点：

（1）一活动一制度。法治管理具体制度是针对具体的管理活动、管理事项和管理行为而在制度上做的安排，一般都是一项管理活动，制定一份管理制度。出现了新的管理活动，管理制度也相应增加；管理活动的内容和要求有调整时，管理制度也相应修改调整。

（2）讲法治讲规范。法治管理的具体制度是法治管理制度体系中的重要组成部分，对贯彻落实执行和组织推动法治建设等事项进行规范，是由法治建设主管部门制定的管理制度。因此，这些制度都要讲法治讲规范。讲法治指制度的内容要充分体现法治精神，充分体现和落实法治管理的要求，将法治管理的各方面内容都制度化和规范化，有效构建起法治管理的制度体系和依据体系。讲规范指法律部门在制度制定的程序、制度的结构和行文等方面都要规范化，要使用法律专业术语。

（3）重执行重操作。法治管理具体制度对法治管理中每项具体管理活动的管理权限、管理流程和管理要求等内容进行规范，针对性和实用性非常强。因此，要求这些制度在内容上要注重可执行性和可操作性；也就是说，法治管理的各项具体制度，都是要可用、能用、管用的制度规则。

（三）内部控制制度

内部控制指商业银行为实现经营目标，通过制定和实施一系列制度、程序和方法，对风险进行事前防范、事中控制、事后监督和纠正的动态过程和机制。商业银行内部控制的目标是：①确保国家法律规定和商业银行内部规章制度的贯彻执行；②确保商业银行发展战略和经营目标的全面实施和充分实现；③确保风险管理体系的有效性；④确保业务记录、财务信息和其他管理信息的及时、真实和完整。

鉴于内部控制的目标和作用，内部控制被看作法治管理的重要保障，法治管理的实施离不开内部控制的支持。商业银行在推进法治管理制度建设时，也要加强内部管理建设和内部控制制度建设。与法治建设相关的内部控制制度主要有：内控岗位授权制度、内控报告制度、内控标准制度、内控责任制度、内控审计检查制度、内控考核评价制度、重要岗位权利制衡制度等。

内部控制制度建设主要由内部控制主管部门负责。法律部门在推进法治管理制度建设时，要主动与内部控制主管部门沟通协商，共同推进内部控制制度建设。

（四）其他管理制度

法治管理的其他管理制度指与商业银行的法治管理相关，但重要程度不及上述三类管理制度的制度。这些制度主要有《员工手册》《员工职业道德规范》《合同审查指导意见》《法治考试管理办法》等。这些制度由法律部门或其他主管部门负责制定，也是法治管理制度体系的重要组成部分，在法治管理过程中也发挥着重要的作用，法律部门需要认真对待，积极制定或协助相关主管部门制定这些制度。

第四章　商业银行法治管理机制

法治管理机制体系是商业银行在法治管理过程中，有关法治管理权力在法治管理组织体系中的有效运行方式，是决定法治管理功效的核心问题。科学的法治管理机制是法治管理的保障，也是法治管理的制约，可以保障商业银行法治管理紧扣法治的精神而不断优化发展。建立健全法治管理机制是商业银行实施法治管理、推动法治建设的重要内容和核心保障。法治管理机制是法治管理体系的重要组成部分，为方便介绍，这里单独成章。

一、基础性法治管理机制

基础性法治管理机制是法治管理机制支撑框架，其能否有效运行，直接关系到法治管理机制的效力。基础性法治管理机制包括决策机制、执行机制、动力机制、监督机制、沟通机制、协调机制、应急机制、改进机制、反馈机制、制约机制等十种机制。[①]

（一）法治管理的决策机制

根据所决策事项的重要性以及影响大小，法治管理决策可以分为战略性决策、重大事项决策、日常管理决策三个类别。法治管理的决策机制指在法治管理运行中，在不同层级的管理主体之间，三类决策事项的决策主体和决策程序。它是法治管理决策权力在商业银行管理高层、法治管理委员会、法律部门、其他职能主管部门、业务部门等管理主体之间的分配与制衡，是法治管理工作的中枢系统。

---

① 风险管理智慧. 从管理学角度探讨全面风险管理体系的要素构成 [EB/OL]. [2019 - 05 - 13]. https：//mp. weixin. qq. com.

法治管理的决策机制一般应根据以下四个原则建立：①权限级差原则。法治管理决策权的分配应基于商业银行组织架构的层级差别而进行差异化分配。原则上，战略性决策权应由管理高层等战略性决策机构享有；重大事项决策权应由法治管理委员会等重大事项管理机构享有；日常性决策权应由法律部门等日常事务主管机构享有。在总分行管理结构中，法治管理的战略性、重大性、日常性的区分是相对的，总分行应根据权限级差原则进行具体的划分和明确。②上级授予原则。下级机构、下级管理者的决策权由上级机构、上级管理者授予。下级机构及其管理者只能在上级授权范围内，行使决策权；没有书面的、明确的授权，下级机构和下级管理者没有决策权。没有上级的授权，下级行使了决策权，是自我赋权，是越权行为。③权责一致原则。享有相应的法治管理决策权力就应承担相应的管理责任。各级管理主体在权限范围内，既要积极行使管理权力，又要对权力行使的后果承担责任。④制度规定原则。对法治管理决策权的分类、授予、行使、责任等事项，都要由管理制度进行明确的规定，不能口头授权、暗箱操作。

（二）法治管理的执行机制

决策后，就需要落实执行；不执行的决策，是空白的决策。法治管理的执行机制指在法治管理中，通过明确各类管理主体的执行权范围以及行使方式，来实现法治管理执行权力在各类主体之间合理分配，最终保障各类决策的有效执行。

有效的执行机制就是要做到：①执行到位：不越位、不缺位，不重叠、不扯皮。②时效保证：不拖沓、不虚化。

执行机制要实现有效有力的目标需要做好以下几个方面：①执行权力分配合理。商业银行的组织架构是有层级的，不同层级的管理者或执行者所能调动资源的能力是不一样的。因此，执行权力应根据各级机构、各级管理者的职能职责进行合理分配，才能保证执行到位。②决策内容科学正确。决策内容科学正确是执行到位的前提之一。违背法治管理规律，不符合商业银行实际情况的法治管理决策都是难以落地执行的决策。③资源保障合理到位。执行决策就需要调动一定的资源，也需要消耗一定的资源。为执行决策所需的必要的、合理的资源需要配备到位，才能保障执行按要求深入进行。④执行人员能力具备。机制需要员工来维持运转，执行需要员工来实际操作。员工的实际工作能力与所执行事项的难易程度相适配时，才能较好地完成执行工作。人才梯队建设的意义即在于此。

（三）**法治管理的动力机制**

法治管理团队的能力、动力和持久力状况直接关系到法治管理和法治建设的实际效果。法治管理的动力机制要解决法治管理过程中管理团队的动力和持久力的问题。动力机制是法治管理体系的"发动机"，"发动机"要长期高效运转就需要通过综合运用考核评价等措施，配合物质、精神等激励手段，为员工的工作激情增添燃料，激发、鼓励法治管理人员的工作士气，调动其工作积极性、创造性，从而更好地完成法治建设的各项任务，将法治管理局面不断地推向新台阶。

动力机制包括利益驱动、命令推动和社会心理推动三种驱动力量。其中利益驱动是商业银行动力机制中最基本的力量，是由经济规律决定的。如在商业银行中，多劳多得，少劳少得。命令推动是管理者通过下达命令等方式，要求员工完成工作，这是由社会规律决定的。社会心理推动是管理者通过对员工进行职业道德观教育，调动员工的积极性，是由社会与心理规律决定的。商业银行法治管理动力机制就是充分发挥三种驱动力量，调动法律人员的工作积极性。

结合上述三种动力驱动力量，法治管理动力机制要发挥作用，需要做到以下几点：①规则适配。考核规则要与法治管理人员的工作特性、人员特性相适应，才能发挥考核"四两拨千斤"的作用。专业性、难以量化性、部分工作被动反应性是法治管理的工作特性，而尊重规则、讲究公平是法治管理的人员特性。在考核规则上，需要体现和满足这些特性的需求。②标准可达。考核标准要分档次，其中的及格、优秀和良好的标准应是有能力达到相应档次的人，努努力能够达到的标准。也是就这些标准不能太低也不能太高，太低了，不用努力就能达到；太高了，再努力也无法达到。这两种情况，都会使人放弃努力。理想的考核标准是让考核结果成为"橄榄型"，两头少、中间多。③奖励有力。奖励的方式可以多样化，物质和精神、经济利益和政治利益等可以灵活运用，但必须有一定的吸引力。太低的奖励力度，会让被考对象觉得无所谓。而且，在奖励时要拉开差距，让机会和待遇向奋斗者倾斜；① 既不能搞低水平的大锅饭，也不能搞高水平的大锅饭。④惩戒有度。对不能达到考核要求的员工，要有一定力度的惩戒，以警告本人，并警示其他人。

（四）法治管理的沟通机制

法治管理的沟通机制主要解决法治管理中的信息传递问题。法治管理是一个动态连续的过程，它需要各级机构和全体人员的参与，在实施过程中也可能出现一些风险和问题，因此必须做到信息的及时传递和共享，以达到整体联动效应。良好的沟通机制是法治管理体系的血液系统，将法治管理生命系统的养分及时输送到需要的地方。

建立沟通机制的目标是实现法治管理信息在上下级机构之间及时、全面、客观地传递和反馈。良好的沟通机制一般具有以下几个特征：①上级对下级：准确、全面、一致。上级对下级传递信息，一般都是安排工作任务、提出工作要求、回答下级问题。在这种上对下的沟通中，上级要做到准确、全面和一致。准确指要尽量正确解读并完全地传达商业银行管理高层的法治管理精神和工作安排；全面就是要尽量完整地传递工作信息，不要分次传递，反复补充；一致指同一个部门或不同部门，针对法治管理事项，向下级传递的信息，是大体一致的，而不是相互矛盾的。②下级对上级：及时、客观、全面。这是下级向上级传递信息的基本要求。及时指在风险或问题发生后，要及时报告。对报告时限有要求的，要在时限内报告；没有明确时限要求的，也要尽快报告。客观要求对报告事项的描述实事求是，不能有过多的主观色彩。全面指不能故意遗漏一些信息。③平级之间：尊重、坦诚、协作。平级主体之间是平等协作的关系。双方沟通时要相互尊重、坦诚相待、协作支持，而不能有所隐瞒或有所防范，更不能设置障碍。

（五）法治管理的协调机制

法治管理的协调机制指在法治管理和法治建设过程中，对于涉及其他部门、其他机构的事项，由特定的主体根据制度规定的协调权和协调程序，进

---

① 丁伟华，陈金心．人治到法治——华为人力资源管理方法［M］．北京：机械工业出版社，2019：230．

行协调的机制，以确保法治管理的要求能得到及时的贯彻和执行。

法律部门是法治管理和法治建设的主管部门，但法治管理和法治建设并不是法律部门一个部门的事情，而是全行性事情。在法治管理和法治建设中，如果一些事情涉及其他部门、其他机构，仅靠法律部门推动有难度时，就需要通过协调机制予以解决。

法治管理的协调机制要发挥作用需要满足以下几点要求：①协调平台要有权威。协调要达到效果，协调平台的地位一定要超越于法律部门和需要协调的各部门/各机构。这个平台一般是法治管理委员会。法治管理委员会的主席/主任由总法律顾问或法律部门的分管行领导担任。为提高其权威性，也可以由商业银行的行长担任主席/主任，由总法律顾问或法律部门的分管行领导担任副主席/主任。②协调决策要共同参与。需要协调的事项，在作出决策前，应由相关方充分讨论，达成共识，在共识的基础上形成决议。对难以达成共识的某些事项，需要明确原因，分别处理。如果是事项本身不成熟的，可以推迟决策，在进一步讨论研究后，再作决议；如果是相关部门不愿作为而达不成共识的，应按照少数服从多数的原则，由委员会作出决议，较相关部门执行。③决策执行要跟踪监督。对决议的落实执行情况，应由委员会的秘书机构跟踪评估，并将执行落实情况报告委员会，以便于根据执行情况作出下一步决定。

（六）法治管理的监督机制

法治管理的监督机制是为了了解掌握法治管理和法治建设的实际情况，督促相关机构和人员履行法治管理和法治建设职责，而由特定的部门根据特定的方式，进行监测督促的机制。监督机制是法治管理体系的压力系统，通过监督的压力，督促法治管理体系正常运行。

法治管理的监督机制主要包括以下几个方面的内容：①监督主体。法律部门和审计部门是法治管理体系中的监督主体。法律部门是法治管理体系的自我监督；审计监督是第三方的独立式监督。②监督对象。商业银行的所有机构、全体员工都是监督的对象。当然，根据法治管理的特性，各级管理者是法治管理监督的重点。在审计监督中，法律部门及其负责人也是监督的对象。③监督事项。法治管理的实际运行情况和法治建设的实际推动落实情况是法治管理监督的主要事项。④监督方式。调查、检查、审计、报告、举报、走访座谈等都是法治管理的监督方式。且监督方式的实际选择以实质效果为准，可以是专项型的监督，也可以是综合审计项目的一个内容。⑤结果运用。监督的结果不能仅仅是一份报告，而要有实际的行动。包括对被监督的机构对象要有改进提升的具体要求；人员对象也要有客观的评价以及相应的管理要求。

（七）法治管理的应急机制

法治管理的应急机制就是如何识别、预警可能存在或将要发生重大法律风险以及如何处理已经发生的重大法律风险的管理机制。应急机制可以看作法治管理体系的免疫系统，平时在默默地关注、抑制异常细胞，在异常细胞发生病变时，又自动启动战斗功能，主动消灭病变的细胞。

法治管理的应急机制要发挥作用，需要做到以下几点：①心中有数。商业银行的法律部门应定期组织各机构分析本机构的法律风险状况，清晰地掌握本机构的法律风险在各业务环节的分布情况，法律风险爆发的可能性情况，法律风险爆发后可能产生的负面影响情况等。在此基础上，绘制各机构的法律风险地图，作为法律风险的基础性数据。法律风险状态的分析，应定期持续开展，以保证法律风险数据是即时的、变化的数据。②手有预案。针对法律风险状态，要事先制订应急管理预案，以便在发生重大法律风险时能作出快速的反映和处理，将损失降至最低。应急管理预案一方面要分级分类，根据法律风险的大小而制定不同的处理措施，另一方面要及时修订完善，要根据法律风险的变化而及时修订，不能总是换汤不换药。③时常演练。应急管理预案制定完成后，不能锁在柜子里，而是要时常演练，以固化意识，锻炼反应和处理能力。④快速反应。在发生法律风险时，要根据应急管理预案进行处理。鉴于法律风险的特点，法律风险的处理要遵循"三快"原则，即快速到位、快速行动、快速止损。如此才能将损失降到最低。⑤争取支持。法律风险的处理，除商业银行自身努力外，还需要得到司法机关的支持。商业银行的法律部门，平时要做好与司法机关的沟通对接，以争取其合法合理的支持。

（八）法治管理的反馈机制

法治管理的反馈机制指对法治管理的过程和结果提供信息反馈，使决策者能够及时了解法治管理的实际情况，并据此进行相应的改进提升，从而形成法治管理的闭环体系和改进体系。通过管理信息的持续反馈，法治管理体系才能不断完善，法治管理效果才能不断提升。

反馈机制与沟通机制的主要区别是反馈机制重点在于执行者对管理者、下级机构对上级机构、配合部门对主管部门，有关法治管理和法治建设工作结果的单向信息输送。因此，从广义角度来说，反馈机制可以看作沟通机制的一部分；从狭义角度来说，反馈机制可以独立存在。

法律部门要高度重视反馈机制对法治管理体系的促进作用，并通过以下措施发挥反馈机制的作用：①平时要重视。反馈机制是法治管理体系的免疫系统，法律部门不能因为其平时的悄无声息而忽视或漠视。在日常的工作中，要多提倡、多肯定反馈工作，以形成重视反馈、愿意反馈的工作氛围。②反馈有回应。对相关机构的反馈，法律部门应及时回应，收到反馈后不能默不作声，给反馈机构造成石沉大海的不良影响，从而降低这些机构后续反馈的积极性。③改进有反馈。对于相关机构反馈的信息，法律部门要分情况处理。对于合理的反馈，应及时改进有关问题。而且，对于所采取的改进措施，要及时再反馈给反馈机构，以形成正向的互动，促进反馈机制的良性运转。

（九）法治管理的改进机制

法治管理的改进机制指针对法治管理和法治建设中存在的问题，进行改进提升，以持续提高法治管理和法治建设的效率和效益，从而更好地实现法治管理和法治建设的目标。改进机制类似于细胞的重生系统，在自我诊断、自我治疗后，重新恢复甚至提高相应功能，以持续保持组织的活力。

改进的启动依据来源比较多，包括监督中发现的问题、反馈中反映的问题、法律风险暴露所反映的问题等。这些问题都要及时进行改进，既要避免问题的进一步恶化，又要防范相关问题的再次发生。改进的对象包括具体事项的整改和整体管理的提升两类。前者针对执行中出现的偏差、错误和扭曲；后者针对管理内容、管理思路、管理措施和管理节奏等方面出现的不当、不适。因改进对象的不同，改进主体和改进措施也有所不同。具体事项的整改应由执行者根据制度规范和整改要求，负责改错纠偏。管理事项的改进应由法律部门根据管理的基本原则、法治精神、内外部实际情况，综合考虑后，对制度、流程和系统进行整体性的改进提升。为提高改进提升的能力，定期开展专题培训、定期组织法治管理工作研讨会、向现阶段法治管理最佳实践的商业银行进行学习考察等，都是必要的合理的途径。

（十）法治管理的制约机制

法治管理的制约机制指为了保证在法治管理中，各级机构或人员不会滥用其所拥有的决策权、执行权等权力，而通过一定的机制技术对其进行的有效制约，以防止不正当决策、不适当执行给商业银行以及决策者、执行者本身带来不利影响。

对法治管理也要建立相应的约束机制，因为"没有约束的权力，必然会遭到滥用"。虽然法治管理的权力，实际含金量有限，但也是一种权力。法治管理的主要目的是"把权力关进制度的笼子里"。作为法治管理本身的权力更应该要受到有力的约束，为其他管理领域的权力约束作出表率。

一般而言，企业的约束机制主要包括以下四个方面：①权力约束。通过管理权力对系统运行进行约束，同时对权力的拥有与运用本身也要进行约束。②利益约束。通过物质利益为手段对管理的运行过程施加影响，同时对运行过程中的利益因素也要加以约束。③责任约束。通过明确相关机构与管理人员的责任来限定或修正机构及其管理者的行为。④社会心理约束。通过运用教育、激励和社会舆论、道德与价值观等手段，对管理者及有关人员的行为进行约束。

对商业银行法治管理权力的约束同样包含上述四个方面的约束，具体则是通过以下四个渠道予以落实：①决策程序化。除操作性权限外，对法治管理所有的决策权都要建立相应的决策程序制度。在行使决策权时都要按照既定的程序行使，而不能在程序外行使。②事项公开化。"阳光是最好的防腐剂"。要通过公开制度，依法依规公开权力运行流程，让广大员工在公开中监督，保证管理权力的正确行使。对法治管理的决策事项，在作出决策后，应该在应知的范围内予以公开，既获得员工的关注，又接受员工的监督。③责任到人化。即决策权的授予要明确到人，权力行使后果的责任承担也要明确到人。对于法治管理委员会等集体决议的机构，虽然实行少数服从多数的原则，但要记录每个人的意见。在需要追究责任时，根据决策时每个人的意见承担责任。责任到人就是要防止借集体决策之名、行个人决策之实，从而逃避个人责任。④追责终身化。要强化责任追究，不能让制度成为纸老虎、稻草人。对经过责任认定需要承担责任的人，只要其还在该商业银行工作，就应该追究责任，不能以已离开原岗位为由而不承担责任。

二、制度制定管理机制

（一）制度制定管理存在的主要问题

商业银行内部的管理制度是商业银行内部管理的载体，是依法治行、依规治行的主要依据。科学健全的管理制度体系在商业银行中的作用如下：①管理基础。管理基础即管理制度是商业银行规范化、制度化管理的基础和重要手段，同时也是预防和解决争议的重要依据。②行为指引。行为指引即员工的行为守则和操作依据。③评价依据。评价依据即对商业银行及其员工工作进行考核评价的依据。①

当前，各商业银行都建立了较为健全完善的管理制度体系。但从管理实效看，商业银行的制度制定和制度制定管理还存在以下问题。

1. 制度内容不合理

（1）极少数制度内容不符合法律法规。国家法律法规、部门规章、规范性文件是商业银行管理制度制定的首要依据，任何商业银行在制定管理制度时都必须符合这些外部法规的规定，不得与其相矛盾。只有满足"必符合不矛盾"的管理制度才是有效的管理制度，才能保证国家法治建设在商业银行的落实，保证商业银行的发展方向符合国家的发展大方向。但是，一些商业银行，或出于无意，或出于满足"创新"的需要，所制定的极少数管理制度违反了"必符合不矛盾"的要求，与国家法律法规、部门规章、规范性文件等存在一些抵触。

（2）制度内容缺乏可操作性。某些管理部门在制定制度的时候，没有对相关的实际情况进行深入的调查研究和充分的科学论证，造成管理制度与管理执行没有关联度。有些制度制定人不熟悉业务但承担了制定制度的工作，制定过程中没有不同专业人员的参与，使得制度内容空泛不合理，或过度借

---

① 邵平. 商业银行合规风险管理［M］. 北京：中国金融出版社，2010：166.

鉴其他商业银行管理制度而忽略了本商业银行的业务特点和管理特征。这种情况下制定的制度，在一定程度上没有事实依据，制度条款仅是空洞的规定，与实际情况完全不符，在商业银行内部无法实施。

（3）制度内容更新迟缓。目前，金融科技迅速发展，商业模式和金融产品也不断推陈出新，在这样的经济金融环境中，商业银行必须不断地创新和改革，以适应飞速发展变化的经济金融环境。商业银行创新和改革的方向、内容和成果，都需要通过管理制度予以规范和确认。而且，商业银行内外部环境发生变化时，也需要相应调整管理制度，以适应和满足这种变化。因此，管理制度需要与时俱进，不断地更新完善。能及时反映和满足业务发展和内部管理需要的制度是业务发展和内部管理的推动器；反之则会成为业务发展和内部管理的阻碍器。商业银行必须高度重视管理制度的及时更新、及时优化。但是，一些商业银行的部分管理制度，或者长期保持不变，以不变应万变，或者虽有更新，但缺乏新意，不能很好地满足业务发展和内部管理不断变化发展的需要。

2. 制度体系不完善

商业银行的管理制度数量众多，也存在制度体系问题，因此需要制度之间相互形成合力，以充分发挥制度效益，进而提高管理效益。但一些商业银行的管理制度体系却存在一些问题，降低了制度体系的合力。这些问题突出表现为：

（1）制度制定的随意性。商业银行制定制度应根据内外部环境、战略目标、业务活动和管理需求而进行整体规划。但一些商业银行在制定管理制度时，没有经过系统的思考与论证，不是从体系的角度去考虑制度的制定，而是随机制定。往往是在发现业务发展或经营管理没有制度依据时，才临时制定制度，制度的内容、形式等要素，会因为制度起草者对制度以及制度体系认识的不同而不同。这种制度制定方式会造成制度体系不完善，存在空白点或重叠点，从而给制度执行者带来困惑，或者无制度可依，或者不知道依据哪个制度。

（2）制度制定管理的无序性。有的商业银行制度制定管理责任不明确、不合理，会造成制度内容的不协调、相冲突。有的制度政出多门，各部门都在各自职能范围内制定制度，单项管理制度可能本身没什么问题，但汇总后，会造成各部门制度间的衔接和匹配性较差，甚至彼此矛盾。有的制度制定者对制度的认知不准确，只能制定宽泛空洞的管理制度，当出现了漏洞、不好执行时，则又不断以"补充通知"的形式"打补丁"应付，形成"管理办法＋实施细则＋补充通知＋补充通知的补充通知"的叠加局面，结果严重破坏了制度内容的严谨性、严肃性。有的甚至存在发现一个问题、解决一个问题就出台一个制度的现象；有的还认为制度数量多意味着制度完善，因此，动不动就制定印发一份制度，结果造成制度数量众多、体系庞大，但好用、管用的制度却不多。其实，制度体系是否完善，制度内容是否管用，不是以数量多寡而论，更主要的是要看制度内容是否体现和满足经营管理的需求，能体现和满足的，一份制度就足以；不能体现和满足的，再多的制度也没用。

（3）制度文本编制不规范。规范编制的制度文本有利于查找、理解和执行。但在一些商业银行，制度文本的编制不规范，样式较多，给制度使用带来了种种不便。制度文本编制不规范主要表现在两个方面：①制度形式要件的不规范。制度作为一种管理规则，在行文风格、表现形式、形式要件等方面，应符合制度规则的通行要求。但一些商业银行的管理制度，在制度的层级、名称、文本格式、遣词造句、发文流程等方面并不统一。②制度文本管理的不规范。制度文本缺乏统一的分类标准和存储标准；新旧制度的衔接处理，或者没有规范的要求，或者规范要求没有得到完全遵守，造成制度的检索、查找和使用极为不便。

3. 制度制定流程不规范

规范的制度制定流程是科学制定管理制度的重要保障。但目前，一些商业银行在制度制定流程中，存在一些不规范的现象，主要表现在以下方面：

（1）制定流程不严肃。为保障管理制度的有序制定，不同层级的制度应有不同的制定流程。但一些主管部门为了部门工作的简便，绕开制度分层和制度制定流程，时常以一个简单的通知代替一个制度的部分内容，甚至全部内容。

（2）制度内容不稳定。商业银行业务的"传统＋创新"特点决定了管理制度也应是"稳定＋变化"状态，能适用的，应保持稳定，继续适用，不适用的，应及时更新完善。但一些商业银行的部分机构管理者喜欢突出个人管理风格，大幅修改其主管机构的管理制度。管理制度受机构负责人变化而变化的状态，将导致制度的稳定性较差。

（3）管理角色不突显。制度主管部门在制度制定流程中的作用不突出，不是作为制度的主管部门主动牵头制度制定，仅是充当"会签"的角色。这种角色定位不仅导致制度主管部门的工作比较被动，难以全面深度介入制度的制定，而且所提的制度审查意见，有时也不能得到完全落实。

4. 制度执行不刚性

一些商业银行的管理制度数量众多，不遵守制度、不执行制度的行为和现象时常发生。最终出现制度制定和制度执行"两张皮"现象，完全失去了制度的约束力和激励作用，难以达到制定管理制度的目的。其原因是制度存在问题，从而导致制度的执行缺乏刚性。

（1）制度本身不合理。这方面的原因，在前文已有详细介绍，这里不再重复。

（2）制度制定是为了应对某些工作。在风险管理、绩效考核等方面，监管机构的规范性文件中要求商业银行制定相应的管理制度，落实这些方面的管理要求。一些商业银行为了满足监管要求会制定相应的管理制度，但没有认真执行，导致这些制度只是存在于制度汇编里。

（3）制度执行考核偏弱。任何制度都是为了给人以规范，所有的规范都会给制度执行者带来一定的麻烦，如果可以选择，制度的执行者可能更愿意根据自己的理解来开展工作，而避开那些可能约束自己的制度要求。一般来说，所有能够得到良好执行的制度基本都是强迫执行，因此在制度体系的执行过程中应该配以严格的考核，以此强迫制度执行者来执行制度。但一些商业银行重视经营绩效的考核，而相对忽略制度执行的考核，造成了管理制度难以得到完全的执行。

（4）制度执行对下不对上。少数人员存在制度管下不管上的想法，认为规章制度是针对下级机构以及普通员工，而无视上级机构遵守规章制度的要求，导致上级机构或上级管理人员遵守规章制度的主动性较差。

（5）选择性执规降低制度公信力。一些商业银行对违规行为的处理会掺杂一些人情因素，存在人情大于法现象，降低了规章制度的权威性、统一性和公正性。

（二）制度制定及其管理的基本原则

1. 制度制定应遵循的基本原则

为解决管理制度所存在的上述问题，有效推进法治管理和法治建设，在制定管理制度时，应将"科学立规"作为制度制定应遵循的基本准则。

科学立规是国家法治建设"科学立法"精神在商业银行制度制定中的具体体现。科学立法是对我国立法工作提出的新要求。科学立法是对经验立法、政绩立法和封闭立法的否定，也是对主观立法的否定。[①] 是否能做到科学立法，重点在于能否满足以下八个标准[②]：准确认识和反映客观规律的认识论标准；妥善处理改革、发展、稳定关系的策略标准；科学规定权利与义务、权力与责任的公平正义标准；考虑立法中各种特殊情形的合理因素标准；用程序科学实现内容科学的程序标准；成熟有效的立法技术标准；可执行性标准；立法者的政治与专业素质标准。

借鉴科学立法的精神和标准，科学立规主要应遵循"确有必要、合情合理；内容合法、程序合规；符合实际、满足需要；制度分层、规则分类；完整协调、科学先进"五个基本原则。

（1）确有必要、合情合理。对于商业银行的经营管理而言，管理制度确实重要，但并不能因此随意制定制度。制定制度要从实际需要出发，确有必要的制度一个不能少，可要可不要的制度一个也不可要，否则会扰乱商业银行的正常经营管理活动。一些管理者，以为制度多就是管理有方，因而制定了一大堆制度；如果确有必要，那确实是管理有方，如果制度重叠，那就是给制度制定者和制度执行者带来的却是高成本、易混乱、低效益。事实上，如果现有的管理制度，或一些非正式行为规范或习惯能很好发挥作用，就不需要再制定类似内容的管理制度，以免加大成本、引起混乱。因此，各主管部门应当严控发文数量，除部署新的管理事项或细化已有制度的相关内容外，一般不再制定新的管理制度。合情合理指制度的内容、制度的要求需合情合

---

① 百科用户. 科学立法. 搜狗百科［EB/OL］.［2020-06-19］. https：//baike. sogou. com.
② 刘松山. 科学立法的八个标准［J］. 中共杭州市委党校学报，2015（5）.

理，既要体现制度严谨、公正和高度的制约性、严肃性，同时也要考虑员工的人性特点，避免完全不近情、不合理情况出现。在制度规范的制约方面，在明确基本的约束要求后，还要充分发挥员工自我约束和考核激励机制的作用，避免过多过度地使用强制措施。

（2）内容合法、程序合规。这个原则包含两个方面的意思。一是在制度内容上，商业银行制定的各类管理制度，必须符合法律、法规、规章、规范性文件等国家法律法规的规定，不得与之相抵触；在没有明确的法律法规依据时，要符合行业惯例的规定；没有行业惯例时，要符合法律法规的基本精神、监管的主要导向以及公平、公正的要求。不符合法律法规的管理制度，不仅是无效的管理制度，还会给商业银行的经营管理带来负面后果。二是在制定程序上要符合商业银行制度制定的程序性管理规定。为强化制度制定管理，多数商业银行都会有自己的制度制定管理规定，对制度制定的权限、流程、形式、内容等都有相应的规定和要求。商业银行主管部门在制定管理制度时需要遵守这些规定，不能逆程序制定，也不能随意制定。

内容合法、程序合规的原则要求商业银行在制定管理制度时，在研究讨论制度起草阶段，应认真研究相关法律法规、部门规章和规范性文件的有关规定，准确把握文件精神和条款内容，确保管理制度的实质内容与其没有抵触。有选择性地忽视或漠视这些文件精神和条款内容的做法，实质都是违反依法制定原则，而应该遭到否定的行为。

（3）符合实际、满足需要。就是指管理制度的内容要符合商业银行的实际情况，有效满足经营管理的实际需求。

商业银行外部的经济金融形势和监管形势，内部的发展战略、业务定位、业务结构与业务规模、管理风格、组织架构、员工素质、科技能力等，是商业银行安身立足的基础，也是管理制度制定的基础和根源。不管是制定新制度还是对现有管理制度的完善和发展优化，都要立足于商业银行的内外部环境和实际情况，根据商业银行的经营环境、制度目的、管控要求等要素来理清业务流程，识别业务风险点并设计相应的风控措施，从而较好地满足经营管理的实际需要。

制度的制定要做到符合实际情况、满足实际需要，需要采取以下三个措施予以保障：①制度制定者要充分掌握情况。掌握情况的渠道有两个，一是深入一线，通过调研、座谈等方式，掌握相关实际情况；二是已有检查、审计、不良资产暴露等方式所反映的管理上存在的问题。制度制定者应充分掌握这些情况并进行深入研究。②组成制度制定工作小组。对于重要的管理制度，或者涉及多个业务条线、管理板块的管理制度，牵头部门可以组成制度制定工作小组，吸收制度可能涉及条线的人员共同参与，以保障制度制定时就能够充分听取相关部门的意见，满足相关部门管理的需要。③广泛征求意见。对于重要的管理制度，特别是直接涉及员工利益的管理制度，如对于违规违纪行为问责处罚方面的制度等，在形成制度草案后，在制度适用对象范围内，充分征求管理者和员工的意见。制度制定者应充分考虑所收集的意见。制度虽然存在层级、类别的区别，但在实质上，应基本遵守这三个要求。

（4）制度分层、规则分类。为审慎管理制度的制定，方便管理制度的使用，对管理制度应实行分层分类管理，不同层级、不同类别的制度采取不同的制度管理措施，适用不同的制度制定程序，当然也有不同的制度内容、表现形式等制定要求。

根据不同的标准，管理制度有不同的分类：①根据制度制定主体的不同可分为制定类和转发类。前者指由商业银行自行制定的管理制度；后者指商业银行将监管机关印发的规范性文件在系统内转发实施所形成的管理制度。②根据管理制度内容的不同可分为管理类和操作类。前者指与商业银行经营管理活动直接相关的管理制度，用于明确管理者和被管理者各自的权限、职责和要求；后者则是明确业务操作环节、流程和操作要求的制度。管理类和操作类的区分是相对的，而且有些制度中既有管理类制度条款，又有操作类制度条款。做此区分的主要目的是便于适用不同的制度制定流程。③根据所规范事项的不同可分为基本类、具体类和细则类。基本类是用于规范基础性经营管理行为的制度；具体类指规范具体事项的制度；细则类是对具体制度的进一步细化和明确。在效力层级上，基本类高于具体类，具体类高于细则类；在制度内容上，后者的内容不能与前者相冲突。④根据制度效力的确定性不同可分为正式类和试行类。前者指发布后就正式生效适用的制度；后者指因制度的部分内容或制度的适用环境存在一定的不确定性，因此在发布后的一段时间内先尝试使用的制度。

制度分层、规则分类的主要作用是在制度制定时可以采取不同的制定程序，从而提高制度制定效率。对于转发类、操作类、细则类的制度，可以适用简易程序，由相关主管部门提起发文后，制度主管部门会签审核即可印发；对于管理类、基本类、具体类和正式类的制度，应根据制度制定的完整流程，经会商、审核等程序通过后才能印发实施。

（5）完整协调、科学先进。完整指商业银行管理制度的内容要尽量完整、全面、周密、严谨，做到概念清晰、要求明确、内容完整和程序规范，确保制度可得到有效实施。协调指制度与制度之间要相互配套、形成系统，要相互衔接，避免冲突和遗漏。这就要求制度的制定，应当遵守规定的权限和程序，从全行整体利益出发，维护商业银行的经营管理理念，确保制度的统一和尊严。科学指制定制度应遵从商业银行经营管理的客观规律，法治化的管理要服从法治建设和管理学的一般原理和方法，违反了原则只会导致失败；只有遵从客观规律才能将管理引向科学、理性、规范、法治的轨道，实现管理的稳定性和有效性。先进指制定制度时，除要总结和体现自身的管理经验教训外，还要注重吸取其他商业银行的先进经验，不论是本银行还是其他银行的制度，只要是成功的、先进的就应该学习、发扬和保留；只要是过时的就坚决舍去，是不合理的就要坚决废除。另外，在制度弹性上，除操作性制度要明确、具体，尽量不留弹性外；对于管理性制度，可以适当留有一定的弹性，以给创新发展的实践探索，留有一定的空间。

2. 制度制定管理应遵循的基本原则

为满足"科学立规"的要求，商业银行在制定管理制度时，应遵循"统一管理、分类管理、流程立规、持续清理、系统运维"的管理原则。

（1）统一管理。统一管理指应由一个部门统一管理制度的拟订、发布和修改。根据法治管理的要求，法律部门是承担这项工作的最佳选择。管理的重点内容包括制度制定的必要性、制度内容的合规性和完整性、制度体系的和谐性、制度条款的适宜性等；管理方式包括：印发制度的申请、制度内容的会商和审查、制度效果的评估等。为落实统一管理制度管理的要求，制度主管部门应制定《管理制度管理办法》，作为商业银行内部制度制定管理的基本依据，明确规定制度制定权限、制度管理权限、制度类型、制度内容、制度制定程序、制度制定和制度管理的责任等事项。

（2）分类管理。分类管理指根据对管理制度进行分类分层，采取不同的管理措施。为管控管理成本，制度制定流程也应进行分类。如根据流程环节的简易和繁杂，可以分为标准程序、简易程序和特殊程序等类别。标准程序包括评估论证、起草、会商、审核、审批、公布等全环节、全流程；简易程序是对标准程序的简化，主要包括起草、审核、审批、公布程序；特殊程序是指对特殊事项，如情况紧急或特别重大的事项，所适用的或者比简易程序更简便，或比标准程序更繁杂的程序。作为一种常态化的管理工作，标准程序和简易程序是制度制定的通常管理程序；而特殊程序只适用于极少数的特殊情形，只有在制度明确规定的情况下才能适用。

（3）流程立规。流程立规是相对于部门立规的一种制度管理方式。流程立规指根据经营管理流程，由流程涉及的部门来共同制定管理制度；部门立规则是由主管部门自行主导，根据部门的需要制定管理制度。流程立规因能充分反映和体现经营管理流程涉及的各部门需要，因而比只反映和体现本部门需要的部门立规，更能保证制度的合理性和科学性，也符合法治管理的精神。由此，流程立规应作为制度制定的主要管理方式。但由于管理习惯等原因，部门立规还被一些商业银行所采用。这种制度制定的管理体制不仅容易影响制度的权威，也容易降低制度的执行力。为落实"科学立规"的要求，有必要建立适用流程立规的规章制度管理机制，以保证管理制度体系的和谐、实用。

（4）持续清理。制度是环境的产物、管理的需要，在环境和管理发生变化时，制度也应及时地跟进变化，以保障制度能始终适应环境并满足经营管理的需要。为此，制度制定部门和制度主管部门都应及时掌握商业银行内外部环境、经营管理风险的变化，定期做好制度实施评估工作，实事求是地评估管理制度本身及实施情况并根据评估结果，及时进行制度完善、废除等清理工作，从而保证制度体系的与时俱进。

（5）系统运维。即管理制度的印发、存储、查找等工作都通过制度管理系统进行。传统工作模式中，商业银行的管理制度印发后，电子版文件只是作为档案，保存在 OA 办公系统中，具体的制度通过印制制度汇编的形式保存、使用。这种制度管理方式不利于后续使用。为提高制度使用的便利性，一些商业银行在法律、合规或风险管理系统中设置了制度模块，作为制度存储、查找的平台。这是对传统制度管理的改进。但还存在制度存储衔接的问题，即制度的印发原本在由办公室主管的 OA 办公系统中实施，OA 系统是按照公文管理逻辑开发的系统；制度的管理系统平台由法律、合规或风险管理部门负责，是按照制度管理逻辑开发的系统，这会导致 OA 系统与制度管理系统难以自动对接。解决这个问题需要根据"流程立规"的要求，进行调整优化。具体的调整优化措施有两个：一是改造 OA 系统中的制度管理模块。根据制度管理的要求，在 OA 系统中制度印发、存储功能的基础上，增加制度的分层分类以及基于这种分层分类的制度检索、查找等功能，使 OA 中的制度管理模块从公文管理逻辑转变为制度管理逻辑。二是改造制度管理系统。制度的印发、存储、查找等功能集中统一到制度管理系统中。在这种管理模式中，办公室依然负责制度印发中的公文办理，但需要在制度管理系统中进行。这两种模式各有优劣，均可以在实际中尝试。

（三）制度制定管理的主要内容

1. 制度制定的形式要求

管理制度是一种行为规则，不同于一般的文件或公文，它有自己特定的形式要求。逻辑性、规范性、明确性和简洁性是管理制度的基本形式要求。商业银行的管理制度也应遵循制度规则的通常要求。这些要求具体包括以下几点。

（1）制度名称要求：一份管理制度必须有确定的名称，具体名称应根据制度的具体内容确定。如《法治培训管理办法》，就是用于规范法治培训的内容主题、培训方式、培训要求等事项的制度。作为企业，管理制度一般可以使用"办法""规定""通知""决定""意见""细则"等名称，但不得使用"法""条例"等名称。这些名称在具体使用时也要注意使用的适当性。其中"办法"和"规定"适用于管理的事项涉及全行、制度的内容比较重要、制度结构比较完整的管理制度。这是最正式的制度名称，也是实际制度制定中使用比较多的名称。"通知""决定"类制度，在制度结构、行文风格等制度的形式要求方面不是特别严格，一般适用于临时性的或新型的管理事项，管理事项和制度内容还需要经过一段时间的实践才能相对成型。在这种情况下，先使用"通知""决定"等相对非正式的名称，在后续相对成型后，可以再转换为"办法""规定"等名称类制度。"意见""细则"类制度一般是对上述制度的补充规定或内容说明，多发生在制度生效后，发现某些事项没有涉及，或者某些字句没有表达清楚，有必要进行补充完善或解释。对于这样的制度规范就可以使用"意见""细则"等名称。

（2）框架结构要求：总分附、编章节、条款项是管理制度的基础性框架结构，具体的管理制度则在这个框架结构上可以适当简化。①完整版的框架结构。管理事项比较复杂、制度内容比较多的管理制度，可分为总则、分则、附则三部分，每一部分均可按内容的多少分列若干章节或若干条款，必要时，可以有目录、注释、附录、索引等附加部分。其中总则主要规定本制度的制定依据、制定目的、制定原则和适用范围等内容。分则主要针对所规范事项的性质及内容、相关方的权利义务、管理程序、管理措施和管理要求等具体内容。附则主要规定制定部门、批准日期、施行日期以及其他需要补充的内容。涉及前后制度衔接的，在新管理制度的附则中，应当明确列明因该制度施行而失效或者废止的制度的名称、文号；仅涉及部分条款失效或者废止的，也应当列明相关条款。②通行版的框架结构。多数管理制度不需要分设总则、分则和附则，而是用编、章、节或直接用章与节来架构。③简洁版的框架结构。内容少的管理制度可以不分总则、分则和附则，也可以不分篇，直接以章节或条的形式来连贯排序。最简洁的制度可以直接用"条"来区分并排序。无论哪种结构，其基础都是条款项。在具体使用时，编、章、节、条的序号用中文数字依此表述，款不编序号，项的序号用中文数字加括号依此表述，目的序号用阿拉伯数字依次表述。条、款、项、目都应当另起一行错开两个字书写。

（3）逻辑思维要求：指制度的谋篇布局、前后排列、遣词造句等都要符合形式逻辑的要求。形式逻辑是逻辑思维的一种，其主要特点是抛开对象的内在矛盾及运动发展，把思维形式看作既成的、确定的，主要反映对象的抽象同一性和确定性。形式逻辑与辩证逻辑是两种不同的逻辑思维，但两者并不互相排斥和绝对对立。形式逻辑主要包括概念、判断和推理三个要素。概念指一个事务的内涵与外延，内涵指概念的含义与性质，外延指概念包含事物的范围大小；判断从质上分为肯定判断和否定判断，从量上分为全称判断、特称判断和单称判断；推理是形式思维的最高形式，是从 A 事务/原因，推向 B 事务/结果。三要素的关系是：概念构成判断，判断构成推理。形式逻辑要求人在考虑问题时，思维必须满足同一律、矛盾律、排中律和理由充足律，必须具备确定性、无矛盾性、一贯性和论证性。形式逻辑是法律思维、制度思维的基本逻辑。这种逻辑在管理制度上的体现是冷静、单向、有理、有序。具体表现为以下四点：一是制度内容、制度要求与所规范的事项要有针对性，即制度要能解决实际问题。二是制度要直接表达要求，不用解释原因。即直接用"一二三"，而不用"因为……所以……"。三是制度前后内容要有承接性，即前言要搭后语，而不能前言不搭后语，各说各话。四是制度要求应具有单向性和确定性，即只能是明确规定以下事项：要求做什么、不得做什么，能做什么、不能做什么，做事的流程是什么等单向句；而不能是"既是什么，又是什么""既要什么，又要什么"等兼顾句。

（4）行文风格要求：法言法语是制度文件在用词造句上的基本要求。这种风格具体表现为：结构严谨、条理清晰、概念明确、用词准确、文字简练规范、标点符号正确、制度要求具有可操作性。结构严谨指制度的框架结构要符合要求。条理清晰首先指在制度条文的排列顺利上要符合要求，其次是制度内容的表达要按照统一的逻辑顺序，如时间顺序、流程顺序等，逐一表达。不能在一份制度中，这个部分，按照时间顺序表达；那个部分，又按照从大到小顺序表达。如此，则条理混乱。概念明确指使用名词术语时，要对其内涵和外延进行一定的界定，不能出现理解上的歧义。用词准确指在用词造句时，要符合相关制度的具体语境。文字简练规范指制度中的条文，要尽量简洁规范；规范性主要指词语的选择要符合制度的内容，不能随意使用；条款的结构要规范，不能出现无头句或无尾句，让人读之费解。标点符号使用要正确，指在管理制度中，一般情况下主要使用"，""。""；""、"等符号，"！"和"？"等语气符号则不能使用，且这些符号的使用要符合规范的使用要求。可操作性则指制度的内容，除了在总则中规定原则性内容外，制度的主体内容要具体明了，使执行者一看就知道怎样做，而不能是宣传口号式或宏观抽象式内容、云遮雾罩的，让人反复研读都不知道怎么办。

2. 制度制定的程序要求

科学立规，除要求内容科学外，制定程序也要科学，要按照规定的程序制定制度。商业银行的制度制定程序一般包括评估论证、征求意见、合法合规性审核、审议决定、公开发布等程序。当然，为预防、应对和处置风险事件等突发事件，或者执行监管机构或上级行的紧急要求和决定，对于亟须制定和实施的管理制度，也可以缩短制定时限或适用简化程序。

（1）评估论证和起草。在制度的起草环节主要有以下要求：①职责分工：管理制度的起草部门需根据商业银行内部管理各部门的职能职责分工来确定。涉及两个或者两个以上部门的制度，根据工作需要协商确定牵头起草部门。②必要性论证。起草部门在起草制度文本时，首先应当对制定管理制度的必要性、可行性、合法性和合理性进行全面论证，并对管理制度需要解决的问题、拟规定的主要制度措施、有关制度措施的预期效果和可能产生的影响进行评估。对专业性、技术性较强的管理制度，可以组织相关领域的内外部专家进行论证。③征求意见。在管理制度起草过程中，起草部门应当向行内同级其他主管部门、分支机构征求意见。对于涉及员工重大利益调整或者对被适用对象权利义务有重大影响的管理制度，起草部门要深入调查研究，采取座谈会、论证会、实地走访等方式充分听取各方面意见，特别是被适用主体对象的意见。除需要保密的内容外，对于涉及员工利益调整或者对被适用主体对象权利义务有重大影响的管理制度，应向员工公开征求意见。起草部门可以通过商业银行的 OA 办公系统、邮件等通常的办公信息传递渠道，公布制度草案及其说明等材料。公开征求意见时间一般不少于 10 日。起草部门认为影响特别重大的制度，可经分管行领导审议后再向员工公开征求意见。对公开征求意见时相对集中的意见建议不予采纳的，公布时要通过适当方式说明理由。④起草说明。在管理制度基本成型，准备送交法律部门进行合法合规性审核时，起草部门应当一并制备起草说明，说明内容包括制定该管理制度的背景、宗旨；制定本制度的依据（包括监管机构的规范性文件依据、本银行管理高层的决策依据、本银行已有的基本管理类制度依据等）；制度起草时的评估论证过程和结论；征求意见及意见采纳情况；与此前印发的相关管理制度的合并、衔接、替代、废止等关系；其他需要说明的问题。

（2）合法合规性审核。①送审。起草部门应当将管理制度草案、起草说明、制定依据以及其他必要材料，一并提交法律部门进行合法性审核。②审核期限。法律部门对送审材料的完备性、规范性进行审核，不符合要求的可以退回，或者要求起草部门在规定时间内补充材料或说明情况。为保证效率，合法合规性审核也要有期限要求。原则上，法律部门自收到全部送审材料之日起一般不少于5个工作日，但最长不得超过10个工作日内，应完成合法合规性审核。③审查内容。法律部门在进行合法合规性审核时，重点审核以下内容：制度制定的必要性；制度内容的合法合规性，即不得违反国家的法律法规、部门规章、规范性文件，以及本行内继续生效适用的基本管理类制度的相关内容；制定程序的合规性，即该征求意见的管理制度是否征求了相关员工的意见，员工意见是否得到采用，或没有采用的原因；制度形式是否符合要求；其他审查要求。④审核论证。法律部门在进行合法合规性审核时，可以根据实际情况，采用书面征求意见、座谈会、论证会等多种方式，听取有关专家的意见。⑤审核结论。法律部门根据审查情况，作出予以通过、不予通过或应当修改的书面合法合规性审核意见，并反馈给起草部门。⑥草案修改。起草部门应当根据合法合规性审核意见，对管理文件草案进行相应修改或补充。起草部门如未完全采纳合法合规性审核意见，应当在提交上级主管行领导审议时说明理由和依据。⑦重新审核。合法合规性审核后，如起草部门对管理草案有重大修改，应当重新提交法律部门进行合法合规性审核。

（3）批准和印发。①批准权限。管理制度须经有审批权限的行领导审批同意后，才能印发实施。管理制度制定的审批权限主要根据商业银行的授权体系确定。原则上，对于仅涉及一个业务条线或一个管理板块的管理制度，可由其分管行领导审批；对涉及两个及两个以上业务条线或管理板块的管理制度，应由相应的主管行领导分别审批后，再报行长审批。对于法律法规或商业银行内部管理对审批权限有特殊要求的，应按照这些特殊要求执行。如对于基本类的风险管理制度，一些商业银行可能要求报经董事会审批，则需在高级管理层审批同意后，报董事会审批。董事会审批通过后，再印发实施。对于涉及员工薪酬待遇、违规违纪问责等方面的制度，应经职工代表大会集体审议通过后，再报相关行领导审批。②报批。起草部门应当将管理制度草案、起草说明、意见采纳情况表、合法合规性审核意见等材料一并提交办公室。办公室需要在提交行领导审批前对起草部门是否遵守制度制定程序进行审核。管理制度草案未经合法合规性审核或合法性审核不予通过的，或按要求应经职工代表大会审议而未经审议或审议未通过的，应直接退回起草部门，不得提交行领导审批。③审批。行领导对送审的制度草案，可以作出同意、不同意、或有意见的同意的批示。对于不同意的，起草部门应进行汇报解释，再次不同意时，应撤回制度审批。对于有意见同意的，起草部门应当根据审批意见修改完善管理制度草案；但如果有重大修改意见的，起草部门应在根据意见修改完善后，再次报经审批。对于同意的，即可进行印发流程。④印发。行领导审批同意后，管理制度应由办公室统一登记、统一编号、统一印发，不得以便函、白头文、电子邮件、内设部门发文等方式印发管理制度。⑤存储。管理制度印发后，办公室应按照文件保存要求予以保存；起草部门应及时将制度抄送制度主管部门，由其上传到制度管理平台。

（4）解释和清理。①解释。管理制度的起草部门或履行管理制度所规定职权的部门，负责解释管理制度。在执行主体对管理制度的内容含义、适用条件等有理解上的困难时，可以向负责相关制度解释的部门提出咨询，负责解释的部门应及时予以解释答复。②清理。起草部门或履行管理制度所规定职权的部门，需要根据实际工作需要开展管理制度的动态清理。法律部门也应当定期组织开展管理制度集中清理。清理结果主要包括继续适用、需要修改、需要废除三类。除此之外，还有一种深度清理，即对管理制度的结构进行的清理。在一些管理领域，经常出现对同一个事项存在"管理办法＋实施细则＋补充通知"的制度"打补丁"现象。这种现象的存在，给制度的使用带来极大的不便。深度清理是将这种补丁式制度结构重新整合为一份管理制度。这种清理需要制度主管部门的主动作为，也需要制度起草部门的配合。为避免制度"打补丁"，一方面需要制度主管部门在制度制定时要有制度"法典化"思维，避免出现"打补丁"情况；另一方面要通过深度的制度清理，逐步解决这个问题，以方便制度的使用和检索查找。③修改。管理制度有下列情形之一的，应当及时修改：个别条款与外部的法律法规、规范性文件和内部的基本类管理制度不一致，但基本适应内部管理需要、可以继续实施的；不同管理制度之间对同一事项规定不一致的；作为主要依据的法律法规、规范性文件或内部管理制度已经修改的；个别条款不能适应内部管理需要的。修改管理制度时也应遵循制度制定的管理程序。④管理制度有下列情形之一的，应当及时废除：主要内容与现行法律法规、规范性文件或内部基本管理类制度相抵触的；主要内容已经不能适应商业银行经营管理需要，规范对象已消失或规定的事项、任务已完成的；主要内容已被新的管理制度代替的；作为主要制定依据的法律法规、规范性文件或内部管理制度已废止或者失效的。废除管理制度时也要经过论证、审核、审批、印发与公示等程序。

3. 制度建设的规划管理要求

为加强制度建设的有序性管理，一些商业银行推出了制度建设规划管理，即在每年年初，各主管部门都要制订该部门新的年度内制定或修改制度的计划，并将该计划上报制度主管部门，由制度主管部门汇总后，作为该年度制度制定的基本依据。各主管部门主要按照计划制定制度，制度主管部门也根据计划督促各主管部门制定制度。

制度建设的规划管理，从理论上看有其合理性和必要性，但实际作用有限。主要原因是：与国家立法机构的立法相比，商业银行的制度制定，具有以下两个差异：①管理制度的涉及面要小于法律。制度适用的范围仅在商业银行内部，规范对象也仅是内部的具体管理关系。因此，制度的涉及面要小于法律，需要考虑的利益平衡要弱于法律，制度的制定难度要小于法律。由此，制定管理制度时，不需要像法律那样进行深入的调查、反复的论证，也就不需要进行长远的规划。②管理制度的时效要高于法律。除少数的特殊法律外，法律都需要经过较长时间的论证和审议后才能提交表决；而管理制度则是在有实际需要时就应该启动制定程序。这种实际需要，可能在年初时能够预见，也可能在年初时难以预见。而基于管理需要，在规划之外也要制定制度。因此，制度建设的规划管理将会出现"规划＋另外"的局面。一方面这会导致规划没有意义，另一方面也容易导致制度起草部门与制度主管部门之间的摩擦。总体而言，制度是实践的产物，不是规划的结果。制度建设的规划管理有一定的意义，但不是制度制定管理的必需内容。与其将人力、时间等成本，花费在制度建设的规划管理上，不如将其花费在制度内容的优化上，真正按照"科学立规""流程立规"的要求，将每份制度都制定成为好用、能用和管用的制度，这才是制度制定管理的真正要义和价值所在。

三、法律风险管理机制

（一）法律风险概述

1. 法律风险的概念与种类

法律风险指商业银行在经营管理中，基于法律法规所规定的义务或合同约定的行为和事务，由于商业银行及其利益相关者的作为或不作为或商业银行内外部环境变化，而对商业银行产生负面影响的可能性。

根据原中国银监会在 2007 年发布的《商业银行操作风险管理指引》附件的说明，法律风险包括但不限于下列风险：①商业银行签订的合同因违反法律或行政法规可能被依法撤销或者确认无效的；②商业银行因违约、侵权或者其他事由被提起诉讼或者申请仲裁，依法可能承担赔偿责任的；③商业银行的业务活动违反法律或行政法规，依法可能承担行政责任或者刑事责任的。

2. 法律风险的特征

商业银行的法律风险具有以下几个主要特征：

（1）产生原因的违法违约性。商业银行的经营管理行为违反了法律规定和法律要求才会产生法律风险。其中违反的对象包括违反法律或者行政法规，也包括违反了商业银行与客户之间的合同。

（2）涉及范围的广泛性。法律风险的涉及范围几乎覆盖了商业银行所有的经营管理活动。商业银行开展各种银行业务、进行各类交易、采购物品、建设基础设施、劳动用工等都要受到相关的民商法、经济法、国际经济法等法律法规的调整和规范，各类经营管理行为都存在违法违规的可能。少数银行员工的违法行为还可能触及刑法，需要承担刑事责任。法律风险是一种全面、全员、全程的风险，在任何业务、机构、员工、环节中，都可能发生法律风险。

（3）风险存在的隐蔽性。法律规定的行为模式可分为三种：①可为模式，即在假定条件下，人们"可以和有权如何行为"的模式；②应为模式，即在假定条件下，人们"应当或必须如何行为"的模式；③勿为模式，即在假定条件下，人们"禁止或不得如何行为"的模式。商业银行法律风险，大都集中在违反了勿为模式中的禁止性规定和应为模式中的强制性规定方面。在日常经营管理中，具体的业务处理或管理行为违反法律的相关规定并不是即时产生法律风险，而大多数都是在交易行为的后续管理阶段或对方当事人主张自己的权利的时候才发生。法律风险的这种特性使法律风险发生的时候已经错过解决问题的最佳时间。

（4）风险形成的偶发性。并不是所有法律隐患都会转化成法律风险，法律风险也不一定全部形成损失。如劳动合同关系中，商业银行解除和员工的劳动合同，但没有按照法律规定保障劳动者应享有的权利，但劳动者不进行主张，就不会产生法律风险；诉讼时效已经期满的贷款，如果借款人偿还了贷款本金和利息，则法律风险就归于消灭，不会形成法律风险的损失。

（5）风险后果的多样性。违法行为的后果可能使商业银行的行为被确认为无效或被撤销；可能使商业银行承担败诉和民事赔偿的责任；也可能面临行政处罚、承担刑事责任等风险；还可能会引发信用风险、声誉风险、流动性风险等其他风险。这些后果主要可以分为三类：一类是使商业银行及其相关责任员工承担刑事责任或监管处罚；第二类是使商业银行处于舆论旋涡之中而形象受损；第三类是使商业银行承担经济责任或监管处罚。这些后果对商业银行的影响是全方位的。

（6）风险管理的专业性。法律是一门专业性非常强的社会科学，风险管理是一种技术性和艺术性紧密结合的管理工作，只有接受过系统专业的法律学习、有丰富法律实务经验，并且熟悉商业银行各类业务，熟悉风险管理基本要求的人，才能较好地揭示、防范和化解商业银行的法律风险。

3. 引发法律风险的原因

可能引发商业银行法律风险的原因很多，具体包括以下几种：

（1）金融违法犯罪行为。这是比较严重的一种违法行为，商业银行的员工和商业银行本身都可能成为违法犯罪行为的主体。在经济新常态时期，对金融反腐、金融乱象的整治是一种常态，金融违法犯罪是引发商业银行法律风险的一个高危类型。

（2）违规行为。这里的规包括行政法规、规范性文件和监管要求等。通常意义上的"违规"目前是商业银行合规风险管理的主要内容。在严监管成为常态的形势下，合规风险管理成为商业银行一项非常重要的风险管理类型。

（3）违约行为。违约行为指商业银行违反贷款合同、代销协议等与客户之间合同约定的行为。如贷款已经生效，在没有出现不可抗力等情况下，商业银行不给借款人发放贷款。

（4）侵权行为。侵权行为即商业银行侵犯了其他主体的合法权益。如在广告宣传时，使用了未经授权的图片，侵犯了其他人的著作权或肖像权；科技系统中，未经许可，使用了其他人的专利等。

（5）怠于行使权利。没有在法律规定的期限内行使权利，导致权利不能得到法律的保护。如贷款逾期后，在诉讼时效内没有留取催收的书面证据，也没有提起诉讼等。

（6）不当行为。不当行为即商业银行不正当的行为导致商业银行需要承担法律责任的风险。如商业银行分支机构不当使用所租赁的房屋，使房屋受损，从而需承担赔偿责任；或商业银行档案保管不当，致使信贷档案毁损或丢失，导致在贷款逾期后，商业银行难以起诉借款人的风险。

（7）法律环境风险。法律环境风险即法律法规的变化给商业银行带来的风险。如国内目前商业方法还不是知识产权的标的，不能受到知识产权的保护。如果引进了商业方法知识产权保护制度，商业方法将受到知识产权的保护。到那时，未经授权使用商业方法的，即构成侵权。这属于宏观范畴上的法律风险。

4. 法律风险与合规风险的关系

商业银行的法律风险与各类风险相伴而生，但与法律风险关系最为密切的是合规风险。商业银行合规风险指商业银行由于没有遵守适用的法律、法规和准则而可能遭受法律制裁、监管处罚、重大财务损失和声誉损失的风险。

从概念上看，法律风险与合规风险联系紧密。一方面，违规操作可能招致法律风险。如在理财产品销售中，如果销售人员误导客户购买理财产品，后续客户出现亏损的，商业银行将既可能面临监管机关的处罚，又可能引起客户的赔偿诉讼。但另一方面，两种风险之间也存在较大的区别。归纳起来，两者的区别主要有以下几点：

（1）两者适用的规则范围不同。法律风险的适用规则主要是国家的法律法规；而合规风险的适用规则则非常广泛，包括适用于银行业经营活动的法律、行政法规、部门规章及其他规范性文件、经营规则、自律性组织的行业准则、行为守则和职业操守等；广义的依据，还包括商业银行的内部管理制度。两者的依据中有交集的部分是法律法规，但其他的依据则没有交集。

（2）两者的风险来源不同。不合规的风险行为基本上来自商业银行及其员工自身的主动行为；而法律风险行为的来源则比较广泛，既可能来自商业银行内部行为，也可能来自商业银行外部的主体行为以及法律环境的变化（如颁布新法、法条修订、最新司法解释和司法判例等），且主要来源是商业银行外部的风险。一般来说，管理自身的行为比管理他人的行为要相对容易，因此，管理合规风险的手段比管理法律风险的手段要简单有效。

（3）两者的风险性质不同。合规风险是纯粹风险，只会带来损失，不会带来收益或机会；合规风险危及的是商业银行存在的基础，商业银行的价值观对合规风险没有容忍度。而法律风险既可能是纯粹风险，也可能是机会风险，或兼而有之，即法律风险对商业银行可能是损失，也可能带来收益或机会，可以为商业银行创造巨大的价值。从实务上看，法律风险管理是企业创新的重要来源之一，当一个阻碍商业机会的法律风险被合理合法地解决，一个新的商业模式也许就会因此诞生。支付宝的成功就是在处理违约法律风险过程中找到的机会风险。当年线上交易不畅的主要原因是卖方担心发了货却不能收到钱，买方则担心付了钱却不能收到货，这两种担心本质上都是对违约法律风险的担心。支付宝正是在解决这一法律风险的过程中，发现了巨大的商机，从而成就了马云和阿里巴巴。①

（4）两者的表现形态不同。法律风险主要包括法律环境变化风险、违法违规风险、违约风险、侵权风险、怠于行使权利的风险、行为不当的风险。而合规风险主要是违反了法律、法规和准则中行政管理类法律法规和准则的

---

① 叶晓华. 合规、法律风险管理：不是一码事 [J]. 董事会杂志, 2019 (9).

风险。一个具体的行为在违反法律法规时，合规风险和法律风险有所交集，其他行为中则没有关系。如商业银行违反未经开业批准而开业办理业务的行为是合规风险而不是法律风险；而商业银行怠于行使权利、一般性的违约、行为不当等行为是法律风险而不是合规风险。

（5）两者的责任后果不同。合规风险的后果，除了罚款等经济责任以外，还可能涉及行政和刑事责任，如吊销营业执照、许可证、对商业银行高管个人责任的追究等。而法律风险侧重在商事活动领域，主要依据民法、知识产权法等法律规定，后果主要是赔偿责任。触犯刑事法律的法律风险则非常严重，将承担刑事责任。从日常风险的主要后果来看，合规风险的后果一般比法律风险的后果要严重。

（6）两者的管理要求不同。合规风险是零容忍式管理，法律风险是风险经营式管理。合规风险管理的基本目标，是遵循、符合商业银行内外部的强制性规定和自愿性承诺，合规的要求是严格的、刚性的，对违规事件是零容忍的，商业银行各级机构和员工必须执行。在管理实务中，合规风险虽然可以进行风险程度等级的划分，但并不意味着商业银行可以接受这些合规风险，而只是为了进行管理频次、管控手段等的具体管控措施而进行区分。法律风险管理的主要目标是通过对各种法律风险的有效管控，帮助商业银行实现战略和经营目标。法律风险的管理策略有规避、降低、转移和承担等多种方式，商业银行具体采取何种法律风险管理策略，需要在收益和风险之间权衡，最终服从于商业银行的战略目标。由此可见，法律风险更多是业务支持性的功能，可以根据风险和收益的大小关系进行经营性管理。是否能给商业银行带来利益是衡量法律风险管理效果的重要依据之一。

（二）法律风险管理概述

1. 法律事务管理

与法律风险管理关系密切的是法律事务管理。目前，在一些商业银行中，"法律事务管理"比"法律风险管理"使用得更为普遍。法律事务管理是具体处理商业银行在日常经营管理中涉及银行权利义务的各种法律事务工作，承担这项职责的部门是"法律事务部"。基于这种认识，法律事务管理具有以下几个特点：

（1）职责认知的简单化。法律事务部承担的职能职责比较广泛，主要包括法律培训、合同审查、法律审查、法律咨询、知识产权管理、诉讼管理、内部法律顾问管理、外聘律师管理、法律风险管理报告等。但在法律事务管理的认知下，法律事务部的职能职责就是审合同、打官司。在实务中，就是业务经过审批同意后、放款前才急匆匆的找法律事务部审查合同，而且时不时会对法律人员提出："业务都审批同意了，就过一下吧。"或者就是因侵权被人告至法院，才告诉法律部门，由法律事务部去应诉。对法律事务部职责认知的简单化，必然导致部门地位的边缘化，这是企业中普遍存在的现象。

（2）风险识别的碎片化。在法律事务管理中也需要进行法律风险的识别和评估。但由于法律人员日常面对和处理的是单独的一份合同或一件独立的诉讼，日常工作呈现碎片化的特点。这种工作状况使法律人员和法律事务部只能了解和掌握其所接触的点，而难以及时全面地了解、掌握商业银行的业务结构全貌和业务流程全貌。工作比较主动、有归纳总结能力的，可能会在这些单独的合同、诉讼案件中，发现和总结部分法律风险及其管理的规律；工作状态一般、或缺乏归纳总结能力的，只能局限于单个法律事务的处理。单个法律事务的处理，碎片化的识别评估使商业银行的法律风险识别评估难以做到全面、系统，也无法建立一套完整、规范的法律风险识别评估的方法和流程。由此导致法律事务部的工作会出现 1 = 1 的结果，而难以出现 1 + 1 > 2 的效果；法律事务管理会有利于单个事件的法律风险管理，但并不能有利于某个业务领域或某个业务类型的整体法律风险的管控；法律人员可能是合同审查高手、诉讼管理高手，但难以培养出全面性、综合化的法律风险管理人才。

（3）管理过程的事后化。对风险管理来说，有效的事前预防胜于数倍的事后处理。有效的风险管理是早预防、早发现、早处置。但在法律事务管理模式中，法律事务部不能在事项的启动阶段就介入企业的日常经营活动中，基本都是事后介入，如业务审批通过后的合同审查、资产不良后的起诉、侵权之后的被动应诉等。事后的法律风险管理不仅无法实现对法律风险的前期管理和过程控制，而且无法预测事后处理的效果。

（4）管理能力的无力化。风险管理需要资源的支撑，法律风险又是一种全面、全员、全程的风险，有效管理法律风险需要全员参与和一定的资源保障。在"审合同、打官司"的部门职责认知下，法律事务部除了做培训、编写法律知识学习材料外，很难调动一定的资源来督促员工在业务办理过程中管理好法律风险，也无法推动或帮助业务部门研发创新产品。

（5）管理体系的破碎化。在长期事务处理定位的影响下，商业银行的法律工作变成了法律事务部的工作，法律事务部的工作变成了法律人员的工作。这种模式又带来了新的特点：①法律人员的单干性。法律人员就像个体户，完全依靠个人能力完成工作，也在个人能力范围内开展工作。②管理方式的经验性。对法律事务的处理取决于法律人员个人的工作经验，难以形成定量化、科学化的管理方式。③管理体系的粗糙化。目前，法律事务部的工作是成体系的，主要有法律事务部的职责划分和部门设置；合同审查流程、诉讼审批流程、法律报告流程等。这种体系存在以下缺点：一是不完整。缺少对各机构、各业务的法律风险识别评估等内容。二是管理力度有限。比如在诉讼管理、法律报告等事务中，法律事务部没有发言权，只能被动地工作。在这种情况下，法律事务管理体系难以建立健全，法律事务管理的成果也难以被人所客观、全面地认知。

（6）成果认可的形式化。法律事务的碎片化、定性化等特点，使得法律工作成果难以定量化描述、呈现和评价。一般情况下，法律事务部的工作人员平时都非常忙碌，加班加点是常事。但一年到头，年底总结时，只能讲讲：审查了多少份合同、提出了多少份法律意见、审批了多少笔诉讼、代理了多少个案件等。这种工作成果的总结，对法律人员同行来说，有一定的意义，但对于非法律人员来说，不一定知道这些工作的意义和价值。商业银行是个企业，是讲经济效益和经济价值（包括经济增加值和损失减少值）的，离开了这个主流标准和关键价值谈工作成果，是没有可比度，也是没有多少意义的；即使再怎么强调，非法律人员无法理解，也就无法认可。由此，对于法律人员或法律事务部的年度工作总结，相关人员最多也就是给予"不错""有成效"等的评价。但其实到底哪里"不错"、哪里"有成效"，多数人是茫然的。在这种情况下，专业水平高、与外界接触多的法律人员，一般都会被认为是专业人才，而很少会被认为是复合型人才、管理型人才；至于那些与外界接触少的，基本上都是默默无闻的老黄牛。这种认知其实未必正确，但很少有人会主动去全面了解，且一旦形成这种认知，又是很难改变的。法律事务部门难出干部，与该部门工作和人员难以嵌入主流评价体系是很有关系的。

基于法律事务管理的上述问题，商业银行的法律事务部门和法律人员需要主动转变思维，在法治管理体系建设过程中，从体系化、全程化、定量化等角度努力，更加积极主动地树立风险经营的理念，引进定量化管理技术，推进全流程管理方式，开发法律风险管理 IT 系统平台，建立健全法律风险管理体系，实现从法律事务管理向法律风险管理的转变。从而既提高自身的综合素质和综合价值，成就个人职业追求，又提高法律工作对商业银行的价值，使法律部门真正成为商业银行的战略资产，实现个人和银行的双赢。

2. 法律风险管理的主要内容

法律风险管理指商业银行针对其所面临的法律风险而开展的风险识别、风险评估、风险控制、风险控制成效评估等一系列的管理活动。法律风险是操作风险的一种，对法律风险的管理是根据风险经营的理念，遵循收益大于风险的原则，采取规避、转移、降低、承担的方式来经营管理商业银行的法律风险。

从法律事务管理和法律风险管理的定义可以看出两者的区别：法律事务管理是法律部门自己做，法律风险管理是法律部门让别人按照自己的要求做。法律风险管理与法律事务管理并不是对立的关系，法律事务是法律风险管理的主要组成部分，法律风险管理是法律事务管理的扬弃，是在法律事务管理的基础上引入风险管理的意识、思维和方法，对法律事务进行的风险经营式管理。

按照风险管理的主要内容和一般性要求，法律风险管理的主要内容及要求包括以下几个方面：

（1）风险识别。风险识别是对商业银行各业务条线以及各项经营活动中的法律风险进行分类、表述，并对其产生的原因、后果等作出总结，从而形成商业银行法律风险点和法律风险清单。法律风险识别，一般由法律部门组织并提供识别的框架和方法，各业务部门对本部门可能存在的法律风险进行识别，并将法律风险点报送法律部门。法律部门据此形成法律风险清单，以便提供法律风险分析。风险识别是法律风险管理的起点，也是难点和重点。

（2）风险分析。风险分析指对识别出的法律风险清单，利用定性或定量的方法分析其风险程度的大小、风险暴露的概率、风险暴露后的损失等，作为法律风险的评价以及应对的依据。

（3）风险应对。法律风险应对指商业银行针对法律风险或法律风险事件采取相应措施，将法律风险控制在商业银行可承受的范围之内。

法律风险的应对主要包括法律风险应对策略、法律风险应对现状评估、制定和实施法律风险应对措施三个环节。法律风险应对策略主要有规避风险、降低风险、转移风险、接受风险和其他策略等，各种策略可以单独使用也可组合使用；法律风险应对现状评估是对现有的应对状况进行评估，以明确哪些措施可以有效应对，哪些措施需要加强等；在法律风险应对现状评估的基础上，制定和实施新的法律风险应对措施。这三个环节组成闭环系统，相互作用，从而有效地应对法律风险。

（4）监督和检查。为保证法律风险应对措施能落到实处，监督和检查是法律风险管理必要的辅助管理手段。商业银行应实时跟踪内外部法律风险环境的变化，及时监督和检查法律风险管理的实际运行状况，以确保法律风险应对措施的有效执行，并根据发现的问题对法律风险管理进行持续改进。

对于法律风险管理的内容，需要明确两点：①风险识别、分析和评估，既是工作事项也是工作方法。在合同审查、法律审查、诉讼管理等工作中也需要运用风险识别、分析和评估的方法。在法律事务管理中，风险识别、分析和评估仅是工作方法；在法律风险管理中，既是工作方法也是专项的工作事项。②法律部门的职责，除上述风险识别、风险分析、风险应对、监督和检查外，传统的法律培训、合同审查、法律审查、法律咨询、知识产权管理、诉讼管理、内部法律顾问管理、外聘律师管理、法律风险管理报告等也是法律部门的职责。

3. 法律风险管理的特征

与传统的法律事务管理相比，法律风险管理具有以下几个特征：

（1）风险识别的全面性。传统法律事务管理只能识别出某一个或某几个管理板块、业务条线和业务流程中的法律风险，而难以识别出商业银行所有管理板块、业务条线和业务流程中的法律风险。通过法律风险管理体系的建设，可以实现法律风险识别的全面化：①识别对象的全面。对商业银行的所有管理板块、业务条线和业务流程中可能存在的法律风险，进行结构化、全覆盖、全方位的识别。②风险点的全面。在全面风险识别的基础上，可以梳理出商业银行在实际经营管理中可能面临的全部法律风险，形成完整的法律风险点和法律风险清单。③管控方案的全面。在形成法律风险清单的基础上，可以对法律风险进行准确分类，制定相应的管理措施方案。这样就可以使法律风险的识别成为一项规范化、标准化的工作，从而可以有效改变传统法律风险识别基本依靠商业银行法律人员个人能力和经验的状况。

（2）风险分析的定量性。传统上，法律风险都是定性化管理，法律风险的发生及其损失都是处于"可能、大概"的模糊状况，而难以进行定量化的分析和描述，也就难以进行经营式的风险管理。而且，对法律风险管理的成效也难以进行定量化的评估。在法律风险管理模式中，通过在风险分析环节引入定量化分析技术对被识别出来的法律风险进行量化测评，将具有不同法律性质、分散在不同业务领域和不同机构的法律风险统一用发生概率、损失率等数据指标来衡量，从而使各种法律风险的大小进行数据化衡量，使各种法律风险之间也具有可比性。法律风险实现了定量化、数据化，就可以为法律风险具体管理措施的选择提供客观、科学的依据，从而不仅可以实现法律风险的经营式管理，也为法律工作找到了从事后救济转换为事前防范的切入点。

（3）风险控制的全员性。法律风险是一种全面、全员、全程的风险。法律风险的管理由法律部门主管，但并不是法律部门一个部门的事情，而是全商业银行所有机构、所有员工共同的事情。在传统法律事务管理中更多的是法律部门的事情。而在法律风险管理模式中，通过组织所有机构开展法律风险识别、分析、评估等工作，让商业银行的所有机构、所有员工都参与其中，都能了解法律风险以及如何管理法律风险。在不断的管理实践中，商业银行的员工会逐步认识到法律风险的危害，也逐步培养其法律意识、法律精神和法律能力，从被动式管理逐步转为主动式管理，从而将一个部门的事情，转换为全商业银行的事情，使法律风险的管理真正成为全面覆盖、全员参与、全程管理的一种风险管理。

（4）管理过程的全程性。法律风险管理是一种全程性、前瞻性的风险管理。全程性指法律风险管理在业务办理的事前、事中、事后都以不同的方式介入。以合同审查和合同管理为例，在传统法律事务管理模式中，法律部门仅负责合同的法律审查、合同纠纷的处理，极少情况下可能介入业务模式设计和业务谈判，并不涉及合同的签订、履行等环节。这种"只管两头、不涉中间"的状况，一方面，与商业银行内部分工细化的特点有关；另一方面，也与对法律事务部"审合同、打官司"的定位有关。在法律风险管理模式中，这种状况将会得到有效改变。在合同管理中，虽然法律部门的工作重点仍是合同的审查和纠纷的处理，合同的签订和履行由其他职能部门主管，但法律部门通过法律风险识别、检查等措施，可以及时掌握合同的签订和履行情况，从而为可能出现的法律风险做应对处置准备。前瞻性指法律风险管理要防患于未然，法律部门通过对法律风险的分析评估、风险数据的收集和整理、国家法律法规的立改废的跟进，提前预判商业银行法律风险的变化趋势，提前发现、识别可能存在的法律风险，并提前采取应对处置措施，从而将法律风险控制在未然状态。

（5）管理活动的持续性。只要有经营管理，就可能有法律风险，这决定了商业银行的法律风险管理不是一蹴而就的，而是一个动态的管理过程，与商业银行的持续发展相伴始终，因此需要持续跟进。法律风险管理活动的持续性意味着以下两点：①法律风险不可能被消灭。对于法律风险管理者而言，法律风险的管理不是为了消灭法律风险，而是为了经营法律风险。因此必须树立风险经营的理念，核算风险收益，在看到风险的同时，还要看到机会，特别是可能带来商业模式、产品结构创新的机会，而不是一味地控制风险，甚至将其消灭。②管理体系应持续优化更新。在不同的发展时期，法律风险的发生领域、表现形式、危害大小、变化规律和发展趋势等风险因子都是不同的，这就需要不断地优化更新法律风险管理体系，使其始终与风险特点相适应，能够满足不断变化的法律风险的需要。

4. 法律风险管理目标

根据法律风险的特性，法律风险管理的目标是通过法律风险管理的制度、流程、系统建设，建立法律风险管理的长效机制，逐步建立一个全面、规范、有效的法律风险管理体系，将法律风险的防范、控制和处置职责具体落实到各机构、各岗位，将法律风险管理的要求贯穿于经营管理活动的各个环节，形成法律风险管理的合力，从而将法律风险控制在商业银行可接受的范围内。

具体来说，法律风险管理的目标包括以下两个层级：

（1）法律风险管理体系建设目标。①体系化、机制化。法律风险管理不是仅依靠法律人员或法律部门的单打独斗就可以完成的，而是需要成形的管理体系、管理机制的支持，让商业银行各级机构、全体员工共同参与，履行各自的管理职责，共同管理法律风险。为此，商业银行需要将与法律风险管理有关的职责、主体、事项、工具、技术等，予以体系化、机制化。法律风险管理体系建设和机制建设是法律风险管理的基础性工作。②定量化、经营化。在法律风险管理实务中，要根据风险管理的思维和方法，将传统的经验型、定性化管理向科学型、定量化管理转变，将控制和消灭的管理思路向共生和经营的管理思路转变。如此才能将法律事务管理转变为法律风险管理。③效益化、可控化。商业银行的法律风险管理要紧紧围绕服务银行业务发展和法治管理提升两个基点而展开。有利于做好服务的，要大力开展；对做好服务没有帮助的，尽量少做或不做。在推进法律风险管理体系建设中，还要注意管理成本的投入，同时要分阶段逐步深化、逐步完善。

（2）法律风险管理作用目标。实现法律风险管理体系建设目标仅是实现了法律风险管理的基础性目标，法律风险管理的最终目标是对商业银行的经营管理发挥促进和支持作用。这种作用具体体现为：①行为合法化。行为合法化即引导、保障商业银行及其员工的经营管理行为、日常工作生活行为合法合规。这是法治管理的目标，也是法律风险管理的目标。法律风险管理不能保障员工一切行为的合法合规性，只能保障员工职务行为/工作行为的合法合规性；对员工的非职务行为/生活行为进行引导。②关系契约化。关系契约化具体有两层含义：一是商业银行与其内部员工和外部客户都是一种契约关系。在雇佣员工和办理业务时，都要签署合同，约定好双方的权利义务；不能没事时你好我好、放松关系管理，有事时相互指责但又口说无凭。二是要根据契约精神履行好各自的义务、处理双方的分歧和纠纷。按契约精神处理关系比签订合同明确关系更加重要，也相对难以落实。但契约精神是市场经济的核心精神，法治管理、法律风险管理就是要保障商业银行根据契约精神来处理其内外部关系。③纠纷司法化。商业银行在处理其与外部客户和内部员工之间的纠纷时，能协商解决的应协商解决；在难以协商解决时，要通过司法机构来解决，而不是利用自己的优势地位，外欺客户、内压员工。④权益实现化。没有实现的权益是纸上的权益。法律风险管理就是要积极维护并有效实现商业银行的合法权益。这种实现具体表现为：在与客户关系中，该收回的利息、费用和本金，就要有效收回；在与员工关系中，员工该承担的职责、该完成的任务，要按时按量按质承担和完成。⑤损失最小化。法律风险经营式管理指在一段期限内，通过规避、转移、承担等方式，将法律风险的损失控制在一定的容忍度之内。这个容忍度是整体法律风险的最大幅度，在每个法律风险事件的应对处置中，要尽量压低损失，将损失控制在最小范围内。⑥价值最大化。在实现前述目标的基础上，法律风险管理还可以直接产生经济价值。比如法律部门可以为客户提供法律服务，创造经济收益；也可以通过知识产权的授权使用产生经济价值。

5. 法律风险管理的基本原则

商业银行在管理法律风险时应遵循以下基本原则：

（1）以商业银行战略目标为导向原则。商业银行的一切经营管理都应服从于、服务于战略目标，法律风险管理自然应当与商业银行战略目标相适应，支持和促进战略目标的实现。

（2）与商业银行经营管理相融合原则。法律风险管理是商业银行经营管理的组成部分，应当主动融入商业银行的经营管理活动中，成为其不可分割的有机组成部分。

（3）人人参与、人人有责原则。法律风险涉及商业银行所有的板块、条线、机构和员工，所有的机构和员工都应具有一定的法律风险意识，主动参与法律风险管理，并履行与岗位职责相适应的管理职责。

（4）成本效益原则。商业银行在管理法律风险时，要考虑成本效益和投入产出比，管理的产出效益要大于成本投入。

（5）合法性、可行性原则。在管理法律风险时，管理理念、管理技术和管理措施都必须合法合规。而且，法律风险管理措施应当具有可操作性、可执行性，不能过于复杂。即法律风险管理措施既要有利于管理，又要便于操作。

6. 法律风险管理与合规风险管理

法律风险管理与合规风险管理存在密切的关系。二者的区别如下：

（1）管理理念不同。合规风险管理和法律风险管理都是通过防控和管理风险，保障商业银行的稳健可持续发展。但是，合规风险管理主要是通过确认并遵循商业银行的价值观来实现；法律风险管理主要是通过利益考量来实现对商业银行法律风险的管理。换而言之，合规风险管理是价值导向，法律风险管理则是利益驱动，这是两者之间最大的区别①。对合规风险管理来说，如果将"依法合规经营、追求长期发展"作为商业银行的价值观，各级管理者都会自觉地遵纪守法，而不会为了短期业绩违法违规；如果"短期业绩第一、规则可有可无"是商业银行潜在的价值观，那么无论投入了多少管理资源、采取了多少管理措施，合规风险则难以管控。法律风险管理则不同，除了违规和触犯刑事法律的风险外，其他的法律风险都可以进行利益考量。在对具体的法律风险发生概率、损失率进行评估后，只要收益大于风险，则可以承担相应的法律风险。

（2）管理要求不同。合规风险的管理要求是"不能做什么""禁止做什么"等；而法律风险的管理要求是在不触犯刑法等禁止性规定之外，怎样去完成业务。那些强制性和禁止性的法律法规规定相当于是给商业银行画了一个圈。但在合规风险管理和法律风险管理的视野中，这个圈是不一样的。对于合规风险管理而言，这个圈是个大圈，商业银行只能在圈内开展活动，圈外则不可以；对于法律风险管理而言，这个圈是个小圈，圈内时不能做的事情，圈外可以做。从这个角度来说，相比较而言，合规风险管理带有较多的封闭性特点，法律风险管理带有较多的开放性特点。

（3）管理方式不同。对于合规风险，商业银行唯一能做的就是遵守服从，对违规的行为一律严禁和杜绝。商业银行经常采用的合规审查、合规检查、违规问责等，就是为了保证各级管理者遵纪守法、不违规、不妄为。法律风

---

① 叶晓华. 合规、法律风险管理：不是一码事［J］. 董事会杂志，2019（9）.

险管理则不同，可以通过接受、拒绝、分散、转移等措施，将其控制在可接受的范围内。

（4）管理难点不同。合规风险管理的难点在于执行，法律风险管理的难点在于识别。在合规风险管理中，对是否违规的识别是相对容易的，难点在于如何让各级管理者和员工遵守这些法律法规和准则。在法律风险管理中，难点在于如何识别哪些业务中存在法律风险，这些法律风险暴露的可能性，暴露之后实际损失的大小。只要准确识别出这些法律风险因子，采取相应的管理措施相对比较容易。

根据上述比较，可以将两者的区别简单概括为：合规风险管理的核心是不得为、不得做；法律风险管理的核心，除刑事犯罪和违规行为不得为之外，更多的是怎样做得更好。

（三）法律风险管理体系

法律风险和法律风险管理的全面、全员、全程特点决定了法律风险管理不是法律人员仅凭个人力量就可以开展的，而是需要有相应的管理体系作为支撑和保障，通过体系化的力量，管理好法律风险。而且，管理体系的效果是相对的，只是在一定的内外部环境中才能发挥作用，因此，商业银行需要根据内外部环境变化对法律风险管理体系进行持续优化，从而促进法律风险管理体系与商业银行的经营管理和业务发展深度融合，服务好业务发展，管理好法律风险，将法律风险控制在风险容忍度之内。

根据风险管理体系和法治管理体系的基本结构，法律风险管理体系的构建也包括职能职责体系、组织体系、人员体系、机制体系和制度体系。

1. 法律风险管理的职能职责体系

法律风险涉及商业银行的所有员工，需要全体员工共同努力才能实现有效管理。在法律风险管理中，不同主体因其岗位不同、管理职责不同，其承担的法律风险管理的具体职责是不同的。与法律风险管理紧密相关的主体及其职责如下：

商业银行行长的法律风险管理职责：①批准法律风险管理的制度、流程；②批准法律风险管理计划；③对重大法律风险管理事项进行决策；④其他法律风险管理职责。

法律部门是法律风险的归口管理部门,其职责主要有:①建立健全法律风险管理的职责、流程;②组织推动法律风险管理体系建设;③研究提出重大法律风险的识别评估机制和识别评估标准;④制定法律风险管理年度计划;⑤研究提出重大决策的法律风险管理评估和防范管控报告;⑥组织应对和处置法律风险事件;⑦开发和维护法律风险管理系统;⑧组织推动、监督考核各机构法律风险管理工作;⑨组织评估法律风险管理效果,并组织推动持续改进;⑩提出法律风险管理年度、季度报告;⑪其他应由法律部门承担的职责。

法律部门负责人的法律风险管理职责:①参与商业银行重大经营管理决策,保证决策的合法性;②组织建立健全法律风险管理制度、流程;③组织制订法律风险管理年度计划;④协调处理法律风险管理的重大事项;⑤推动解决重大法律风险事项或纠纷;⑥组织提出重大决策的法律风险评估报告、防范意见;⑦推动培育法律风险管理文化、理念和意识;⑧提出法律风险管理年度、季度报告;⑨其他应由其承担的职责。

其他部门/机构是法律风险管理的执行部门,在法律部门的组织推动下,具体管理本部门/机构的法律风险,对本部门、机构的法律风险承担第一管理职责,其具体职责主要有:①识别和评估本部门/机构涉及的法律风险;②落实与本部门/机构相关的法律风险管理要求;③评估本部门/机构法律风险管理状况,并制定持续改进措施;④向法律部门报告法律风险信息和法律风险管理状况;⑤在法律部门的指导下,应对、处置法律风险事件;⑥其他应由其承担的职责。

2. 法律风险管理的机制体系

(1)确定法律风险管理准则。法律风险管理准则是法律风险管理的基本原则、基本标准和基本要求,它是衡量法律风险重要程度的尺子,体现了商业银行对法律风险管理的价值观、风险偏好与风险容忍承受度。商业银行需要根据其本身的全面风险管理准则,进一步确定法律风险管理准则,以作为法律风险管理的基本依据和评判标准。

(2)法律风险分析。商业银行的法律风险分析主要包括法律风险的识别、测评和定向(含定性和定量)分析。法律风险分析由法律部门和各机构(含总行职能部门、各分行、分行职能部门、支行，下同）共同承担，协作进行。在法律风险分析过程中，法律部门主要负责组织发起、初定结果、法律风险点和法律风险清单维护等工作；各机构主要负责信息材料提供、结果确认等工作。①法律风险识别。法律部门要定期（如每年一次、或每半年一次等）组织发起法律风险识别，各机构则负责提供风险识别的基础信息、初步识别结果，并对法律部门的识别结果进行确认。在风险识别并确认的基础上，各机构需要根据风险识别结果制定法律风险点和法律风险清单，以此作为管理本机构法律风险的基础性依据。除定期有组织性的开展法律风险识别外，各机构对在日常工作中发现的法律风险信息应及时报告法律部门，法律部门根据报告的信息，及时对法律风险清单进行补充、更新。②法律风险测评。法律部门需要定期组织法律风险测评，各机构负责提供风险测评的基础信息、初步测评结果，并对法律部门的测评结果进行确认。法律部门根据测评结果，对法律风险进行排序、分级，并确定商业银行的重大法律风险。各机构也应当了解和掌握本机构涉及的重大法律风险，并根据测评结果，确定本机构的重大法律风险。③法律风险定向分析。法律部门应当根据法律风险识别、测评的结果，结合商业银行实际情况对法律风险的大小、暴露的可能性、暴露后的可能损失等因素进行定向分析，作为法律风险控制的依据。

（3）法律风险控制。法律风险控制包括控制状态评估、控制计划制订及控制计划实施。①控制状态评估。在法律风险分析的基础上，法律部门根据法律风险发生的可能性以及紧迫性、可能损失的大小等因素，确定本年度需要进行控制的主要法律风险并分解至各机构。②控制计划制订。各机构对分解至本机构的法律风险进行控制现状评估，并根据评估结果提出风险控制计划报法律部门。法律部门对各机构所报送的法律风险控制计划，根据本年度风险偏好和风险容忍度进行审议，提出修改和完善建议，汇总成商业银行法律风险控制计划后，正式下发给各机构执行。在制订法律风险控制计划时，无论是法律部门还是各机构，都要遵循全面性、审慎性、有效性、及时性的原则，而不能随意制订应付了事。③控制计划实施。各机构应当严格执行法律风险控制计划，法律部门可对法律风险计划的执行情况进行检查、指导和监督，对控制计划执行中发现的问题，执行机构应及时反馈给法律部门。

（4）法律风险的预防。预防是最有效的风险管理措施。法律风险的管理也应高度重视法律风险的预防性管理，在日常的具体经营管理活动之中要落实管理要求。预防性管理主要体现在以下几个方面：①决策前的评估。商业银行在进行重大经营活动决策时，应由法律部门预先进行法律风险评估，对存在违规的经营活动，应终止推进；对合规但可能存在法律风险的经营活动，应制定相应的管理措施。②日常中的落实。各机构在日常工作中应当主动对照法律风险清单，监测本机构法律风险的变化状态，并及时采取相应的管理措施。③执行中的督促。法律部门可以建立检查、报告等制度，并根据检查、报告等渠道中发现的法律风险情况提示各机构可能存在的法律风险，并督促其采取相应的风险控制措施。

（5）法律风险的检查。检查是发现法律风险、督促相关机构和员工履行法律风险管理职责的主要手段，但在实务中，由于"法律事务管理"等原因的影响，商业银行的法律部门相对较少开展法律检查，这里需要重点改进的地方。法律部门开展法律检查，主要检查以下事项：①法律意见的落实情况。目前，商业银行法律部门在完成合同审查、法律审查、法律意见后，交由相关机构自行落实执行。相关机构是否完全落实执行了法律部门的意见，法律部门只有在合规检查或审计发现后，或法律风险发生后才能知道。法律部门通过法律检查可以及时了解法律意见的落实执行情况，从而可以更好地督促相关机构管理好法律风险。②法律风险的报告情况。有些管理者对所在机构发生的、包括法律风险在内的风险，更愿意自行处理而采取"捂、盖"的态度，致使上级法律部门难以及时掌握情况，从而可能延误处置时机。通过检查，上级法律部门可以全面掌握下级机构法律风险事件的报告情况，从而可以有效督促各机构及时报告法律风险事件。③法律风险的管理情况。法律风险的管理效果需要法律部门的努力，也需要各机构的共同努力。通过检查，可以掌握各机构法律风险管理状态，也可以面对面地了解法律风险管理措施的适当性，从而既有利于促进法律部门不断改进法律风险管理策略、方式和措施，也可以促进各机构更好地履行各类职责，提高法律风险管理的整体效果。④下级法律部门履职情况。受机构压力、个人能力等因素的影响，各分支机构法律部门的履职情况会有差异，会存在履职不到位或工作出现差错的情况。通过开展检查，可以及时发现问题、纠正问题，可以有效提高下级法律部门的履职保障和履职能力。

（6）法律风险的报告。报告是管理风险的一个有效手段。商业银行应建立法律风险报告制度，明确规定以下报告事项：①报告路线。基于商业银行的组织架构，法律风险的报告路线只能采取矩阵式报告路线。②报告类型。法律风险的报告类型包括一般性工作报告和法律风险事件报告。一般情况性工作报告主要是定期报告各机构的法律风险及其管理状况。法律风险事件报告则具有事件偶发性、报告及时性、反馈务实型的特点，即在法律风险事件发生后，相关机构的责任人应立即向本机构负责人报告，组织查明事件基本情况，并及时向法律部门报告。法律部门收到法律风险事件报告后，应当及时组织相关部门对事件的性质、原因、影响等进行研究分析，并提出应对方案或者处理意见。③报告时限。一般性报告基本是在季初、年初的前五个或十个工作日内，报告上一个季度/年度的法律风险及其管理情况；风险事件报告则是根据事件的影响程度而实行限时报告，如事件发生后 12 个小时内或 24 个小时内报告等。

（7）法律风险的处置。处置是法律风险管理的善后环节，包括处置措施、处置方式和处置程序三个环节。处置措施主要有整改、协商谈判、诉讼、仲裁。处置方式主要有化解风险（主张权利）、转移风险（增加担保）、规避风险（放弃业务）、承担风险（执行中止）。处置程序包括法律部门在收到法律风险事件报告后，应当及时组织相关部门对事件的性质、原因、影响等进行研究分析，并提出应对方案或者处理意见。对需要采取应对措施的法律风险事件，相关机构应在法律部门的组织协调下，及时落实应对处置措施。

（8）法律风险的预警。为提高法律风险的应对处置能力，商业银行应逐步建立法律风险预警机制，明确法律风险预警和应急处理的职责、流程、时限、内容和方式等，增强法律风险预警能力和应急处理能力。预警机制的作用发挥主要取决于法律风险的基础数据库建设，只有具备一定数量的法律风险数据时，才有可能进行常态化的风险预警。为此，商业银行的法律部门需要在法律审查、检查、报告、处置等日常工作中，收集、整理法律风险数据，并建立法律风险数据库，才有进行风险预警的可能。

（9）法律风险管理评估。作为一种管理，有必要对其管理状况、管理效果进行定期评估，以评估过去的管理成效，并对未来的管理指明方向。法律风险管理评估主要包括以下内容：①评估主体。法律部门是法律风险管理评估的组织开展部门，各机构是被评估机构。法律部门的组织开展部门地位是相对的，在审计部门对法律部门的审计中，法律部门也是法律风险管理评估的被评估机构。②评估程序。一般包括自评和复评两个环节。自评由各机构根据评估要求，自己组织开展；复评是法律部门对各机构的自评结果进行的复核。③评估频度。为将评估落到实处，法律风险管理评估应保持适当的频度。各机构的自评可以每年一次；法律部门的复评可以三年一轮回。这样，既有利于促进各机构定期自我评估、自我发现、自我总结和自我改进，以提升本机构的法律风险管理，而且有助于法律部门在成本可控的基础上，深入、全面地核实各机构的法律风险管理情况。④评估的结果运用。评估的结果，一方面可以在全行范围内通报，让各机构自我了解、对比本机构法律风险管理情况；另一方面，也可以作为考核奖惩的依据。

（10）法律风险管理绩效。商业银行法律风险管理的目的是促进商业银行战略目标的实现。因此，商业银行的法律风险管理给商业银行的业绩提升乃至战略实现所带来的影响以及影响的大小，是评判法律风险管理是否最终有效以及效果程度的主要依据。法律风险管理要形成长效机制必须要建立相应的绩效管理制度。[①] 法律风险管理的绩效包括整体绩效与个体绩效两种：整体绩效指法律风险管理体系投入与产出的关系，具体可进一步分为商业银行全行/分行的法律风险管理绩效和总分行法律部门的绩效。商业银行需要根据自身情况设计一套实施法律风险管理绩效评估的体系，明确本银行和法律部门在法律风险管理中的投入与收益情况，以更好地控制成本，提高收益。个体绩效指通过执行法律风险管理中的某一项行为的后果，对个体进行法律风险管理绩效考核，并与其个人利益挂钩，以提高个人管理法律风险的工作动力。适当的法律风险管理绩效考核，可以将商业银行各级管理者和员工在制定和实施法律风险管理措施的过程中前后联结起来，促使法律工作从法律事务管

---

① 陶光辉.公司企业法律风险管理七要素.法网［EB/OL］.［2019 - 10 - 18］.http：//www.thefirstlaw.cn.

理走向法律风险管理，并推动法律风险管理真正走向定量化、经营式管理，最终融入业务的主流和风险管理的主流。

（11）法律风险的考核奖惩。在评估的基础上，法律部门可以代表上级行对下级机构进行考核，并据此对各机构、员工进行适度的奖励和惩罚。对法律风险管理态度积极、成效良好的机构和法律部门，应给予一定的奖励，以带动更多的机构积极主动地做好本机构的法律风险管理工作；对态度消极、特别是发生了重大法律风险事件的机构和责任人，应给予一定的惩罚，以教育相关责任人并警示其他员工。

（12）法律风险管理系统。法律风险的全面、全员、全程的特点决定了有必要开发建设法律风险管理系统，以此作为法律风险的工作平台、管理平台和数据库，这样才能有效地管理好法律风险。目前，商业银行基本上都开发了自己的法律工作系统，但一些商业银行的法律工作系统仅是工作平台，并不能很好地满足法律风险管理的需要。这种系统是根据"事务工作"而不是"风险管理"的思维进行开发。其结果仅是将线下的工作搬到了线上；有些系统难以抓取、整理系统中的工作数据，更不能满足风险管理的需要。法律风险管理思维要以"风险数据"为中心，围绕风险数据的获取、整理、分析和展示等环节，全链条地由系统自动处理，从而更好地满足法律风险管理的需要。

此外，法律培训、合同审查、法律审查、法律咨询、知识产权管理、诉讼管理、内部法律顾问管理、外聘律师管理等，也是法律风险管理体系的主要内容。

四、法治报告管理机制

（一）法治报告管理概述

1. 法治管理报告的概念和作用

法治报告，也称法治管理报告，指商业银行的各级机构按照规定的职责和报告路线，向上级机构报告本机构法治管理状况和法律风险的报告。广义的法治管理报告还包括商业银行向社会公众发布的《法治管理报告》，以塑造商业银行积极践行金融法治、依法合规经营、诚信审慎发展的企业公民形象。

对外发布《法治管理报告》，对商业银行而言是一个高要求的工作，需要有内外部环境的支持才能实现。因此，在本书中，如无特别说明，法治管理报告仅指商业银行内部的报告。法治管理报告是实施法治管理、推进法治建设的重要抓手，商业银行在法治管理和法治建设中，需要高度重视法治管理报告。

法治管理报告对商业银行实施法治管理、推进法治建设的促进作用具体体现为以下几点：①提高各机构对实施法治管理、推进法治建设的重要性和相关性的清醒认识；②传递商业银行实施法治管理、推进法治建设的决心和信心；③实施并支持一致的法治管理语言/术语；④使各级管理者、员工之间分享实施法治管理、推进法治建设方面的信息；⑤明确各级管理者和员工在实施法治管理、推进法治建设中的角色和职责；⑥利用内部数据和外部事件、活动、状况的信息，为商业银行实施法治管理、推进法治建设提供支持；⑦保障法治管理的管理信息及时、准确地向上级机构、外部监管部门、投资者报告；⑧向社会公众展现依法合规、诚实守信、审慎稳健的企业形象。

2. 法治管理报告的种类

根据不同的标准，对法治管理报告可进行不同分类。

（1）根据报告的内容可分为综合报告和专项报告。综合报告是反映各机构在一定时期内实施法治管理、推进法治建设整体情况的报告；专项报告是反映法治管理和法治建设中的某一项具体的事件、行为或法律风险的报告。

综合报告是法治管理报告中一种定期性、格式性的报告。其主要内容为：①法治文化建设情况。包括在法治文化建设中有关活动的组织、采取的措施、形成的成果等情况。②完善依法治行制度建设情况。包括完善各项管理制度情况，提高制度制定过程中员工参与度情况，建立管理制度清理长效机制等情况。③实现管理决策法治化情况。包括健全依法依规决策机制，加强合法合规性审查，坚持"三重一大"集体讨论决定，严格决策责任追究等情况。④坚持依法依规办事情况。包括完善内部管理程序、健全创新管理方式、落实管理责任制、落实合同履行监督责任制度、健全管理人员管理制度等情况。⑤强化对管理权力的制约和监督情况。包括完善管理权力运行制约和监督体系，自觉接受党内监督、纪检监督，加强内控合规监督和审计监督，按照要求推进管理公开，完善纠错问责机制等情况。⑥依法有效化解内部矛盾纠纷情况。包括健全员工、客户投诉举报管理机制，加强和改进管理问责、合规问责、纪检问责制度等情况。⑦全面提高法治思维和依法管理能力情况。包括重视法治素养和法治能力的用人导向，加强对辖内管理人员和员工的法治教育培训，完善管理人员和员工法治能力考查测试制度，坚持学以致用等情况。⑧其他需要报告的内容。如对本年度按照上级机构部署实施法治管理、推进法治建设各项重点工作的落实执行情况；或上级机构根据需要，要求下级机构报告的重点事项等。

专项报告是法治管理报告中的一种随机性、常态性报告。具体包括：①工作进展报告。在实施法治管理、推进法治建设过程中，上级机构可能就其中的某个具体事项，要求下级机构报告落实进展情况；下级机构也可以就某个事项的推进进展情况，或有创新的工作推进方案、取得突破性的进展等情况主动向上级机构报告，以达到"机构智慧、全行共享"的效果。②法律风险事件报告。即在发生涉嫌金融犯罪行为、可能引起商业银行承担赔偿责任、合法权益受损、承受监管处罚、引发声誉风险等相对比较重大的法律风险事件时，下级机构应及时向上级机构专项报告。

（2）根据报告的频率可分为月报、季报、年报和动态报告。月报、季报和年报，一般都是下级机构向上级进行的综合报告。其主要的区别是，月报相对简单，主要报告该月之内的重点事项；季报相对全面；年报则是全面性报告。动态报告一般适用于专项报告，特别是法律风险事件报告。

（3）根据报告的方式可分为书面报告和口头报告。书面报告是常态性、正式性报告，适用于所有的报告类型和报告场景。口头报告是另外性报告方式，是电话或面对面的报告，一般在紧急情况时使用。在口头报告后，报告机构应及时补充提交书面报告。

（4）根据报告的主体可分为机构报告和个人报告；法律部门报告和其他主体报告。机构报告是以支行、分行、法律部门等机构的名义提交的报告。机构报告是法治管理报告中最普遍的形式。个人报告是以个人名义提交的报告。为强化法治管理，有些商业银行会要求各分行行长提交个人报告，报告其在实施法治管理、开展法治建设等工作中的所作所为。个人报告是法治管理要抓关键少数的具体体现，有利于提高分行行长对法治管理的重视和实施。

法律部门报告是下级法律部门向其所在机构负责人、上级法律部门提交的报告。其他主体报告范围则比较宽泛，可以是下级机构的报告、下级机构负责人的报告，也可以是员工的报告。在法治建设中，对报告主体应该有明确的规定，但也应广开言路，鼓励员工主动自愿报告，便于上级机构充分听取各方面意见。

（5）根据报告的对象可分为内部报告和外部报告。内部报告是商业银行组织架构体系内的报告，这是法治管理报告的主要形态。外部报告指商业银行将其实施法治管理、推进法治建设情况向监管机构、社会公众提交的报告。外部报告是商业银行上一阶段实施法治管理和推进法治建设成果的体现，也是下一阶段实施法治管理和推进法治建设的推动力量，商业银行应有意识地通过外部报告来推动内部建设。在法治建设有一定基础时，商业银行可以通过每年对外发布《××银行法治管理报告（××××年)》的方式，多渠道打造自己正面的社会形象。

3. 法治管理报告的时限

为保障管理时效，对各类法治管理报告都有相应的报告时限要求。一般来说，确定报告时限的原则是"事项越具体、报告越紧急"。因此，对于专项报告和法律风险事件类报告，原则上应在事件发生后三个工作日之内书面报告，一个工作日之内口头报告；具体工作报告，原则上应在工作结束后五到十个工作日之内报告。对于综合性报告和月度报告，可设置为月初五个工作日内；季度报告，可以设置为季初十个工作日内；年度报告，可以设置为年初十五个工作日之内。上述时限仅为参考时限，具体时限，需要根据各商业银行的管理风格、报告传统等实际情况确定。

4. 法治管理报告的原则

法治管理报告应该遵循全面性、真实性、及时性、务实性的原则。

全面性：指法治管理报告应包含所报告事项的全部信息。在实务中，全面性要求有时会出现两种倾向：对于法治管理工作报告，无论是否有实际工作内容，尽可能全面地报告；对法律风险事件报告，特别是可能涉及内部管理者的法律风险事件报告，有时则是能短则短。这两种倾向都不利于法律风险管理。前一种，无用的信息太多，浪费时间；后一种，有用的信息太少，则是耽误时间。

真实性：指报告的事实、信息和数据等是真实发生或真实存在的，不能歪曲事实、虚假捏造。虚假的报告不仅给法治管理造成不良影响，而且可能造成冤假错案。因此，真实性是法治管理报告的基本要求。真实性的反面是虚假性。虚假的报告可能出现于以下两种情况：一是对法治管理的实施情况和法治建设的成果编造报告；二是对法律风险的信息有选择性地报告。这两种报告都不是法治管理报告的理想方式，第二种报告可能会贻误处理时机，直接造成损失。

及时性：指各类报告主体应在规定的时限内报送法治管理报告。对于管理来说，迟到的报告不是报告。特别是法律风险事件报告，早报告早处置、迟报告贻时机。作为管理规范性的一种具体体现，对于法治管理报告，各类报告主体都应在规定的时限内提交报告。

务实性：指法治管理报告要言之有物，有具体内容，而且，还要尽量地简洁。在商业银行内部，除专项性报告外，综合性报告数量也很多，而接受、处理报告的人员时间有限。这就要求法治管理报告必须务实、简洁、言之有物。实务中，一些管理者或报告的写作者，为了凸显自己工作的辛苦和工作业绩，在撰写法治管理报告时，喜欢大事小事都说、有用没用都写，结果洋洋洒洒而干货无几。这种做法是对自己和他人时间的双重浪费。

5. 法治管理报告的路线

为督促各级机构及其管理者了解、掌握和践行法治管理要求、推进法治建设，也为了增强上级机构对下级机构的了解、管理和监督，法治管理报告应实行逐级报告制度。具体有以下四种路线：①支行、分行部门向分行法律部门报告。②分行、总行部门向总行法律部门的报告。③分行管理部门向总行对口管理部门报告。④分行法律部门向分行管理层、总行法律部门向总行管理层的报告。

由于报告效果与管理半径成反比，与管理力度成正比，商业银行在确定法治管理报告路线时，要充分考虑管理链条长度与管理效率的关系，并结合法治管理的组织架构关系。由此，法治管理报告应实行矩阵式报告路线。即上述四种报告路线中，①④实行实线报告；②③实行虚线报告。实线报告与虚线报告的最大区别是报告的时间：实线的先报虚线的后报。从报告的真实性、及时性等角度来讲，应实行实线报告。但究竟采用哪种报告路线，是综合考量管理成本和管理效果的结果。虚线报告虽然存在选择性报告的隐患，但能深入了解各级的实际情况，且能降低管理成本。因此，虚线报告，即矩阵式报告路线，是相对合理的报告路线。

6. 法治管理报告的方式

口头报告和书面报告是传统的报告方式，也是目前主流的报告方式。这种报告方式简单易行，但也存在明显的弊端，即不方便抓取报告中的信息和数据，难以多轮次、多角度利用。为提高报告效果，商业银行应在法治管理系统中，开发或优化法治管理报告模块，实现线上报告。

在开发法治管理报告模块时，除实现线上报告的基本功能外，还要注重开发以下两个功能：一是法治管理数据库。要根据法治管理的需要和法律风险识别、评估的需要建立法治管理数据库，作为法治管理的基础性数据和依据。为此，在系统开发时，需要统一报告要素和报告术语，并实行格式化管理，以便于数据的报送、存储和提取。二是数据抓取的自动化。自动化分为三个层级：基本应具备的是对当次报告中的数据以及以往报告中的数据，能按要求自动抓取、整理和展示；提级升档的是对法治管理系统其他模块中的相关数据，能按要求自动抓取、整理和展示；目标追求的是实现法治管理系统与主要业务系统的对接，能从法治管理系统中按要求自动抓取所对接系统中的相关数据，并能按要求整理和展示。

（二）法治报告管理中存在的问题

1. 存在的主要问题

目前，各商业银行都基本建立了法治管理报告制度或法律风险报告制度，作用也在逐步显现。但与法治管理的需要相比，还存在以下一些需要改进的问题：

（1）在报告主体方面：存在上下级间的报告执行得较好，同级间报告较差的现象。即支行向分行法律部门、分行法律部门向总行法律部门、总分行法律部门分别向管理层报告，在报告内容、报告时效等方面，执行效果相对比较好；但分行其他部门向分行法律部门，总行其他部门向总行法律部门的报告执行效果相对差些。

（2）在报告内容方面：存在多报成绩、少报问题的现象。更多地报告法治建设的工作情况，特别是工作成绩；较少报告法律风险信息，对已发现的法律风险或存在的法律风险隐患，"报喜不报忧""报轻不报重"的特征比较明显。

（3）在报告类别方面：务虚事项报告得好、具体事项报告得差。一般来说，法治管理综合报告执行效果较好，工作类的专项报告次之，法律风险报告执行效果较差。

（4）在报告时效方面：存在报送及时、信息滞后的现象。各机构都能按照规定的时限提交报告，但所报告的风险信息却存在滞后现象，部分法律风险事件在被有关机构处理完毕后才进行上报，报告的时效性不能得到保证。

（5）在报告价值方面：存在质量差次不齐、价值高低不一的现象。前述四个问题的综合反映，即法治管理报告的质量、报告的价值，存在较大的差异。

2. 上述问题造成的影响

上述问题的存在，给法治建设造成了一些不良影响。主要有：①信息不对称。执行机构掌握着有关法治管理、法治建设、法律风险的具体情况；而主管的法律部门，特别是总行法律部门，不能及时、准确了解和掌握分支机构的实际情况。②工作难深入。法治建设需要根据实践情况的反馈不断优化提升。但由于法律部门并不能完全掌握执行机构的具体情况，导致法治管理和法治建设难以有效推进，法律风险管理也难以深入业务流程。③处置贻时机。对法律风险的应对处置，越早越好、越快速越有利。但由于法律风险报告所存在的迟报、漏报等现象，经常会错失良机，给后续处置带来种种不便。

3. 存在上述问题的原因

造成法治管理报告存在上述问题的原因主要有：

（1）心理上，不愿自揭家丑。一些管理者，对所在机构发生的法律风险事件或其他影响不好的事件，想自己处理、自己解决。因而，不愿意对外报告。另外，极少数情况下，对下级机构上报的一些问题，上级机构可能因种种原因长时间不予答复，下级机构失去了上报问题的动力。

（2）能力上，不知如何报告。报告能力存在两种情形：一是管理者的推进能力。法治管理是一种新型的管理模式。从了解、认知到应用需要一个过程，在一些管理者还不能熟练运用时，很难提交有价值的法治管理报告。二是写作者的写作能力。所有的报告，最终都要由具体的人来撰写，而每个人撰写报告的能力不一样，因此导致每份管理报告的质量和价值也不一样。

（3）技术上，报告数量太多。目前，一些商业银行的法律部门管理的事项较多、管理系统的智能化有限，导致需要提交的管理报告数量多，且各类管理报告都需要人工撰写再上报。在分行法律部门人手紧张时，报告的内容和质量无法得到保证。

（4）机制上，缺乏约束手段。在法律部门负责法律事务管理的认知下，法律部门的影响力有限，导致一些机构对法治管理报告的重视程度有限，而法律部门又缺乏约束手段，只能接受一些价值不高的报告。另外，在一些商业银行对报告的管理考核中存在逆向管理问题，将下级机构报送的风险事件，在考核时将给予扣分，由此导致报告了的将被惩罚，不报告的反而没事。其结果就是下级机构都不再上报风险事件。

（三）法治报告管理的改进

法治管理报告是推进法治管理的重要抓手，法律部门需要通过不懈的努力，逐步解决存在的问题，有效提高法治管理报告的质量和价值，发挥法治管理报告的应有作用。针对法治管理报告管理中存在的问题及其原因，需要在以下方面持续改进：

1. 建立健全法治管理考核机制

考核是指挥棒，将其纳入考核范围才能提高管理力度。要提高法治管理报告的质量和价值，就需要在考核上优化完善：①纳入考核。将法治管理和法治建设纳入机构综合考核评价体系，即在平衡计分卡指标体系中，法治管理报告占有一定的权重。法治管理报告考核的重点是：在报告类别上，突出法律风险报告；在考核要求上，突出报告的质量、价值和时效。②实行报告免责或减责管理。对于主动报告法律风险的机构，在考核时，应酌情考虑扣分；在追究责任时，应作为免除责任或减轻责任的依据。③奖励和惩罚要结合使用。对于符合全面性、真实性、及时性、务实性要求的报告，应给予相应肯定，特别是对所报问题属实，建议措施有效，能带来显著效益或避免重大损失的报告，应给予相应奖励。而对故意或屡次缓报、漏报、错报，或者故意歪曲事实的报告，应给予相应处罚。④实行报告公示制度。将各项工作类报告整理成《法治管理报告汇编》，向全行公示，既可以让人学习那些工作做得好、报告也写得好的报告；也可以让人看看那些工作一般般、报告一般般的报告，从而不断促进报告质量的提高。

2. 提高报告系统自动抓取数据的能力

提高系统自动抓取数据的功能，既可以有效解决法律风险信息报告的全面性、及时性和准确性问题，又可以解决报告意愿、报告能力和报告时效等诸多问题。而目前的网络爬虫技术、数据抓取技术，为系统自动抓取法律风险数据提供了可能。商业银行的总行法律部门应开动脑筋或借助外脑，设计开发法律风险数据管理系统或模块，以实现系统自动抓取法律风险数据的功能。这样既可以解决自己受制于人、工作被动的局面，也可以提高管理的成效和价值。

3. 大力推进法治管理能力建设

法治管理能力是实施法治管理、推进法治建设的基础，也是履行好法治管理报告职责的基础。商业银行的总行法律部门，要积极通过法治文化建设、法治管理实践引导等措施，逐步提高法治管理能力，从而一并提高法治管理报告能力，最终提高法治管理报告的质量和价值。

4. 积极引导主动报告的意识意愿

通过大力推进法治文化建设，让各级管理者充分认识到法治管理的大势所趋；科学优化报告管理，减少对法律风险报告的顾虑等综合治理措施，塑造正向的导向，提高各级管理者报告的积极性和主动性。对下级机构上报的问题，上级法律部门也要及时给予回复与帮助，不能不帮助不答复；如此，形成上下级之间良性的互动循环。

第五章　商业银行法治管理评价

正如党的十八届四中全会所强调："把法治建设成效作为衡量各级领导班子和领导干部工作实绩重要内容，纳入政绩考核指标体系。"商业银行的法治管理和法治建设也应该定期进行回顾、总结和评价，以系统、深入地总结一个阶段的工作进步与存在的问题，从而进行有针对性的整改提升。通过这种"实施—评价—整改—实施"的闭环运行，将法治管理和法治建设不断地推向新台阶，最终有效地实现法治管理目标。

一、法治管理评价概述

（一）法治管理评价的定义和作用

1. 法治管理评价的定义

法治管理评价是对法治管理有效性的评价，包含两层含义：

（1）工作有效性的评价，即对商业银行法律部门在团队实施法治管理、开展法治建设过程中所采取的政策、制度、措施、技术的有效性进行的评价。

（2）结果有效性的评价，即对各机构在实施法治管理、推进法治建设过程中取得的实际成效进行的评价。

在商业银行管理实务中，结果导向是衡量各项管理工作的基本准则。因此，法治管理工作是否有效，可用法治管理工作的结果是否有效来衡量。在本书中，如无特指，法治管理评价指结果有效性的评价，即上级机构对下级机构实施法治管理、推进法治建设成效的评价。

2. 法治管理评价的作用

有管理就应该有评价、有考核。法治管理评价是法治管理的重要组成部分，有宽度、有深度、有适度的法治管理评价对促进商业银行各级机构实施法治管理、推动法治建设具有重要作用。具体体现为：

（1）掌握各级机构实施法治管理的实际情况。法治管理作为一种管理模式融合于各级机构日常的经营管理之中。在没有发生重大法律风险、重大管理事故前，上级机构对下级机构法治管理的实际情况没有真正的了解。通过组织开展法治管理评价，有助于了解、掌握各级机构实施法治管理的实际情况和成效，从而有效实现过程化管理。

（2）检测和改进法治管理工作。不同的商业银行，由于经营规模和内部经营环境不同，使用同样的法治管理体系所产生的效果会不尽相同。而且，即使在同一个商业银行，由于内外部环境的变化，不同时期的法治管理效果也会不一样。因此，对法治管理本身的政策、制度和措施等，也要不断地反思、总结和改进。虽然法治管理评价的对象是下级机构，但是根据评价的结果，也可以体现法治管理工作的适当性和有效性，从而推动商业银行不断地反思、总结法治管理工作的得失，发现法治建设中的缺陷和漏洞，不断完善改进法治管理建设。

（3）作为法治管理考核的重要依据。法治管理也应纳入经营管理考核体系。法治管理和法治建设都是一项综合性工作，需要有一套相对科学的考核体系。法治管理评价就是定期对各级机构法治管理情况进行全面体检。这种评价/体检是全面的、客观的，能比较准确地反映各级机构法治管理实际情况。因此，法治管理评价可以作为法治管理考核的重要依据，以此保障法治管理考核的科学性和有效性。

（4）作为合规与审计等内部监督的重点依据。在当前的严监管形势下，为保证合规经营，各商业银行都加大了合规管理、审计的工作力度。但合规管理、审计等工作在有明确的针对性、指向性时，可以更好地发挥其效用。通过法治管理评价可以发现各级机构管理中存在的问题、缺陷和法律风险隐患。根据这些被发现的问题，可以进行有重点地进行合规管理和审计，从而提高合规管理和内部审计工作的准确性和针对性，并降低管理成本。

（5）提高法治管理水平。通过法治管理评价以及基于法治管理评价基础上的延伸性工作，可以总结法治管理的成功经验，找出法治管理所存在的短板，不断提高商业银行法治管理水平和绩效。在良好的法治管理模式下，可以将法治管理与商业银行的经营发展战略紧密结合，确保商业银行实现快速、稳健发展。

（二）法治管理评价的原则

商业银行在开展法治管理评价时，应遵循以下基本原则：

（1）客观、准确原则。法治管理评价是对商业银行内部各机构法治管理实际成效的检验，将直接影响到各级机构在法治管理方面的评定、荣誉以及由此带来的授权、绩效。因此，要尽量做到评价的客观和准确。具体体现为：①评价指标要科学合理。法治管理的评价指标体系，要立足于商业银行实施法治管理、推进法治建设的实际情况，突出不同阶段的管理导向、工作重点和重点要求等内容，而不能照抄照搬。②评价依据要客观全面。在评价时，尽量收集能佐证被评价机构法治管理实际情况的材料和数据，做到用事实说话、用数据说话、用结果说话。③评价结果要客观准确。评价分数要以事实为依据，以指标为准绳，避免主观臆断、印象评价、人情评价。

（2）公平、公开、公正原则。法治管理评价的目的是促进商业银行各级机构积极践行法治管理，而不是仅为了完成评价这项工作。这就要求法治管理评价本身也应遵循法治管理的基本要求。即在开展法治管理评价时，要做到标准公平、过程公开、结果公正，不能随意制定标准、暗箱操作、结果不公。

（3）注重实质、体现导向原则。法治管理作为一种价值观念，带有一定主观性。而且，法治管理评价的主要目标是促进各级机构积极落实法治管理要求，提高法治管理实效。因此，法治管理评价要重工作而不唯工作，要注重实际效果，即被评价机构管理者的法治意识和法治行为。同时，要突出各阶段的重点管理目标、管理事项、管理要求，引导和督促被评价机构围绕重点事项、实现重点目标。

（4）奖惩结合原则。根据法治管理评价结果，可以采取以下措施以奖优罚劣：①全行通报公示。②纳入考核。将评价结果作为被评价机构的考核结果，纳入全行经营管理考核体系。③与授权管理挂钩。将评价的分值，作为差异化授权的重要依据之一，可适当加大或下调授权的参考系数。④直接奖励。对分值高的被评价机构，可给予荣誉、物质等方面的奖励。通过奖惩结合的管理措施，以提高各级机构实施法治管理的积极性。

（三）法治管理评价方式与频次

1. 法治管理评价的方式

法治管理评价方式主要有三类：

（1）根据评价的主导机构不同可以分为：①上级机构主导式。这种方式是上级机构完全主导、承办对下级机构的评价，下级机构仅承担提供材料和数据等配合职责。如总行法律部门代表总行对分行的评价，分行法律部门代表分行对二级分行、支行的评价等。②上下机构结合式。这种方式是上级机构和下级机构共同完成法治管理评价工作。这种方式具体包括自评和复核两个程序。下级机构对本机构法治管理情况进行自评；上级机构对下级机构的自评结果进行再次复查和核实，即再评价。

比较而言，上级机构主导式的评价相对客观、准确，但需要总分行法律部门有足够的人手能推动评价工作的有效开展。上下机构结合式的评价能够保证在法律部门人数不足的情况下开展法治管理评价工作，是法治建设初期阶段可以采用的方式。这种方式可能存在的主要问题是下级机构自评时容易自我高分。对于这个问题，上级机构需要收集足够的材料、运用正确的方法、投入足够的时间来做好复核工作。随着法治管理建设的推进，法律部门力量的壮大和能力的提高，应逐步从上下机构结合式过渡到上级机构主导式。

（2）根据被评价机构的覆盖面可分为：①全面覆盖式。全面覆盖式指法治管理评价覆盖所有的机构，包括自评和复核。②重点评价式。重点评价式指在自评环节或复核环节，只抽取部分机构开展评价。这种方式只对被抽取的机构发生作用。

在这两种方式中，全面覆盖式可以对各级经营机构的法治管理和法治建设情况进行一次全面体检和督促。因此，应成为法治管理评价的基本方式。但因为法治管理及其评价都是新生事物，在刚开始推行时，可以采取重点评价式进行试点探索。随后根据发现的问题，修改完善评价指标体系和评价方式，即可以采取全面覆盖式评价。

（3）根据评价指标的性质可分为：①定量评价，指以量化的指标和数据评价法治管理成效的一种评价方式。②定性评价，指根据对法治管理成效的主观判断而进行评价的一种评价方式。

相比较而言，定性评价是评价者根据被评价对象的审查材料，通过访谈、调查等方式来实施，存在一定的主观性，评价结论也有一定的弹性，其公信力难免会受到一些影响。而定量评价则以数据作为评价依据，具有客观、准确的特点，也具有便于评价的优点，应作为法治管理评价方式的主流导向。但将法治管理成效通过定量化、数据化来刻度，需要一定的数据积累和数据工程的构建和开发，在法治建设的初期有一定的难度。因此，在法治建设初期，可以以定性评价为主、定量评价为辅。但商业银行总行的法律部门应积极作为，不断总结法治管理评价的规律，提炼数据化规律评价指标，逐步建立数据化规律评价指标体系。当能够实现法治管理评价以定量评价为主、定性评价为辅时，不仅意味着法治管理评价的科学化，而且也意味着法治管理和法治建设的成熟和科学。

2. 法治管理评价的频次

法治管理评价覆盖全商业银行各级机构。每次开展工作都需要投入较多的人力和时间，因此不宜太频繁，可以采用"年度全面评＋季度重点评"的方式。即每年对各级机构进行一次全面评价；在每季度对重点指标进行评价。如此，可以兼顾结果管理和过程监督的要求，也适当降低了管理成本，提高管理效益。

（四）法治管理评价方法

1. 法治管理评价的基本方法

无论是自评还是复核，在法治管理评价时都可以运用以下五种方法：统计调查法、层次分析法、量化值加权函数法、德尔菲法、绩效评估法。这五种评价方法各有优劣，需要结合使用。

（1）统计调查法。统计调查法是法治管理评价的基础性方法，主要用于收集能反映和证实各机构实施法治管理和推进法治建设的事实材料和数据。具体的统计调查方法包括访问法、观察法、报告法、问卷法等。评价所依据的事实材料和数据主要来源于内部数据，但也可适当参考外部数据。内部数据主要由被评价对象主动配合和提交；外部数据则需要评价主体主动获取，如从与金融、法律相关的外部门户网站获取，也可以"采用实名或匿名抽查验证、申请公开等方式，如提出与实际工作相关的业务申请、咨询等，来评估相关部门的法治推进水平"①。

统计调查法是管理评价中的常用方法，但在法治管理评价中，获取作为评价依据的材料和数据时，也可能存在以下问题：①内部数据的自证性。作为评价依据的内部数据和材料由被评价机构自己提供，属于自己证明自己，因此难免会出现选择性提供，即对自己有利的，多提供；对自己不利的，少提供或不提供。这就会造成评价依赖于被评价机构的汇报、总结等材料，出现"做得好不如说得好"的弊病。②外部数据的有限性。外部数据只是一些公开的数据，也是一些有限的数据，并不能反映被评价机构的全貌。由于数据的全面性、真实性和关联性存在这些问题，导致统计调查法也存在不准确的可能。这就需要法律部门通过采取以下两个措施尽可能地规避：①评价时全面收集数据。即在每次评价时，要列出详细的材料清单和数据清单，要求被评价机构根据清单提供材料和数据。②日常中收集积累数据。在日常管理中，安排专人负责数据库建设，通过下级报告和自己收集，建立翔实的法治管理和法律风险数据库，既作为管理的依据，也作为管理评价的依据。由此，通过被评价机构提供的数据和自行积累数据的相互印证，可以有效地规避统计调查法的缺陷。

（2）层次分析法。该方法主要是为了确保评价标准或评价维度的客观、准确，根据从抽象到具体的原则，运用从归纳到演绎的方法对评价标准或评价维度进行层次化、结构化的解构和分析，从而确定评价标准或评价维度的构成指标以及各构成指标的权重。概括讲，就是将法治管理评价指标分解为一级指标、二级指标、三级指标甚至四级指标，然后对各级指标设置不同的分值。

层次分析法有利于建立指标具体、逻辑清晰、结构分明的评价指标体系，但也存在指标繁杂琐碎、结构搭配不协调的问题。一些商业银行为了追求考核评价的客观和准确，设计制定了非常详细具体的考核指标体系，且每年都

---

① 陈甦．法学研究所的法治量化研究．中国社会科学网［EB/OL］．［2018－01－08］．https：//mp. weixin. qq. com.

在补充。但商业银行的经营环境和经营过程都有一定的不确定性。如果过于细化考核指标，可能会使部分经营机构为了满足考核要求而忘记了经营客户、赚取收入和创造利润的核心职能职责。法治管理体系也是如此，如果过于追求层层分解、步步解构，建立具体明确的评价考核指标体系，可能容易偏离关键人、关键事的核心要求。这就要求商业银行总行法律部门在设计法治管理评价指标体系时，把握好"度"。总的原则是大项全覆盖、细项取关键、逻辑要统一、结构要协调。

（3）量化值加权函数法。该方法主要用于各个评价指标数据的计算。法治管理环境评价内容中，评价指标比较多，确定了各单项指标实际得分后，再根据各自的权重或占比，计算出整体的得分。

使用这个方法时，要防止指标分值的平均分配，从而导致评价的重点不突出、导向不明确。在法治管理实践中，每个阶段都有其重点目标、重点事项、重点要求和主要问题，考核评价的目的是通过考核评价，督促经营机构围绕这些重点而努力。工作中的重点内容在考核评价中也要有所侧重。因此，在设计法治管理评价指标体系时，应将每个阶段的重点目标、重点事项、重点要求和主要问题作为考核评价的重点，赋予相对较高的权重和分值。

（4）德尔菲法。该方法也是应用比较多的一种评价方法。具体包括专家参与法、专家意见法、专家直观综合法。该方法主要是通过组建商业银行内部法治管理评价专家库，在实施评价时，从专家库中随机抽取人员组成专家工作小组，由小组成员通过讨论或匿名的方式，对被评价对象的工作进行评价打分。

这个方法可能存在专家评价打分具有主观性和随意性的问题。专家要作出客观、准确的评价需要了解情况、有标尺。但在实际工作中，专家的评价打分会存在一定的主观性和误差性，原因在于：①专家能力的相对性。专家并不了解所有领域的知识，其研究领域有所局限。②数据掌握的相对性。商业银行的专家有自己的本职工作，一些专家可能没有足够的时间来阅读、理解和掌握与法治管理评价有关的材料和数据。③评价标尺的相对性。对于定性类的指标，即使制定了评分标准，也会有较大的主观性。在专家背对背评价打分时，难免会根据自己的尺度进行评价，导致各专家之间的评价出现差异。"首因效应"是专家评价中容易出现的现象。为解决这个问题，需要法律部门做以下努力：①指标定量化。设计评价指标体系时尽量增加定量指标，以减少定性指标后续评价时存在的问题。②评价专门化。一是由相对固定的专家负责法治管理评价；二是评价时的基础数据、工作时间等方面，给予保障；三是评价的标尺，要尽量准确、佐证客观、操作方便。

（5）绩效评估法。绩效评估法具体包括平衡计分卡、述职打分法、标杆管理法、目标管理法、关键绩效指标法、关键事件法、360度评价法、满意度调查法等。

绩效评估法是"目标责任制""压力型"管理体制中最有效的考核评价方法，它具有以下特点[1]：①内向性。评价考核由商业银行内部组织、内部开展、内部使用。②单向性。是一种上级对下级的评估。③控制性。着眼于推动经营管理目标的实现、管理措施的执行，监督和控制下级机构。④目标性。以商业银行的年度经营目标为核心，根据目标层层分解。评价时，对这些指标完成情况进行核实与评价打分。⑤重点性。在评价指标权重分配中，注意"主次分明"，重点工作重点评价。⑥参与性。通过员工满意度调查和360度评价等方式，使员工一定程度上参与考核评价。

目前，绩效评估法，尤其是平衡计分卡、360度评价法、员工满意度调查法，是商业银行内部经营管理考核评价使用的基本方法和成熟的方法，也是法治管理评价的基本方法。但由于绩效评估法本身的特点，使这种评价方法也存在以下问题：①单向性容易走向官僚化。单向性评价容易出现两个问题：一是评价指标体系的科学性取决于上级机构的自觉主动优化；二是只评价考核下级机构，使上级机构有权无责。其最后的结果，就是使总行管理部门的部分员工，如果没有正确的职业价值观，很容易出现官僚化。②参与性容易走向形式化。员工满意度调查、360度评价，都需要参与的员工了解被评价机构、被评价人员，基于对自己、对他人的负责，结果才能客观准确。但实际操作中有一定的难度，且需要投入相当多的时间。

法律部门在运用绩效评估法的同时，还要改进其存在的缺陷：一是加强

---

① 周志忍. 内部控制与外部责任：论政府绩效评估的目标定位［J］. 北京电子科学学院学报，2015（3）.

自身建设，将自身打造成法治管理的标杆和榜样；二是注重实质评价，减少不必要的形式评价。

2. 复核时的专有方法

在复核环节，除需要运用上述方法外，还需要综合运用以下几种专有的方法：

（1）可信度分析。可信度分析即上级机构对下级机构的自评分值、所提供材料和数据的真实性进行再次检测，以验证其是否可信。对于可信的信息，在复核时应予以采纳；对于不可信的信息，在复核时不予采纳。

（2）有效性分析。有效性分析即上级机构对下级机构所提供材料和数据能反映被评价机构真实情况的程度进行检验。经检验后，如认为材料和数据不足以支持复核，应要求进行补充。

（3）误差值分析。误差值分析即上级机构对复核分值和自评分值之间的差距进行分析。在法治管理评价中，多数指标是定性指标，所以会存在一定的主观性。在评价时，不同的人对同一个被评价对象或同一个人对不同的被评价对象，都会有所差异；因此，不一定上级机构的复核就一定比下级机构的自评要准确。为尽量做到客观和准确，就需要进行对自评和复核的分值进行误差值分析。误差值分析，包括三个维度：①单个被评价机构维度。即对同一个被评价对象之间的误差值所进行的分析。②多个被评价机构维度。即对所有的被评价对象之间的误差值所进行的分析。③复核人员维度。即对不同复核人员之间的误差值进行的分析。一般来说，三个维度之间差距越小，分值会相对客观。理想的状况是对误差值进行逐一分析、逐一修正，但在实际操作中可以采取折中取值的办法来矫正误差。

（4）指标合理性分析。在实施法治管理考核的初期，有些评价指标可能不合理、不适当。上级机构在复核时，应基于自评和复核结果对法治管理评价指标进行复盘分析，以校验评价指标体系、指标内容、分值权重等的合理性。对不合理的内容，应予以修改完善。通过不断地复盘反思和持续完善，将法治管理评价逐步推向科学化和有效化。

详细介绍法治管理评价中的各种方法及其优劣势，并不是否定、质疑这些评价方法的作用和意义，只是从正反两面都进行观察，提醒商业银行在构建法治管理评价体系、实施法治管理评价考核时，要注意各种方法的作用和缺陷，发挥各种方法的优势，避免各种方法的缺陷，扬其长、避其短，综合运用各种考核评价方法，以尽量实现科学、客观、准确的评价目标，充分发挥评价考核对法治管理的推动促进作用。

二、法治管理评价指标体系

（一）设计评价指标体系的准则

为准确评价并比较各机构的法治管理和法治建设状况，需要设计一套科学的、能全面、客观、准确反映各机构法治管理和法治建设状况的评价指标体系。基于法治管理的特性，在设计法治管理评价指标体系时应遵循以下准则：

（1）关联性。关联性有两层含义：①事项关联。即法治管理评价指标应与法治管理具有直接的关联性，应属于法治管理和法治建设的内容。与法治管理和法治建设没有关联关系或没有直接关联关系的事项，则不用作为法治管理评价的指标。②结构关联。对法治管理进行评价会有若干个指标，而且，有些指标可能还需要进一步具体化。对于这些数量较多的指标，要根据一定的逻辑和维度进行结构化、体系化。在对评价指标进行结构化、体系化时，关联性是一个基本的工作方法和工作依据。即在同一级科目下，将相互关联的指标归集到一起；再逐级往上归集。如此，就可以建立一套结构合理的法治管理评价指标体系。

（2）重要性。重要性即法治管理评价指标在法治管理和法治建设中具有一定的地位和作用。法治管理涉及经营管理的各个方面，但并不需要将所有的事项和工作纳入评价对象，而是仅需要将那些对法治管理、法治建设具有一定作用和意义的事项、工作予以指标化，并纳入评价对象。

重要与否是一个相对的概念。一个事项是否能够作为法治管理评价的指标需要根据法治管理评价指标体系的结构来决定。重要与否有两个维度的判断标准：①评价宽度上——将有可能需要评价的事项全部罗列，对于需要全行各级机构实施、实施期限为连续两年或多年、需要投入一定资源的事项排列在前；而将部分机构实施、期限较短、不需要投入太多资源的事项排列在后；在此基础上，根据实施执行的困难程度再次排序，困难的事项排在前面。排定这个执行难度顺序表后，根据法律部门的执行能力，再选择需要纳入评价指标体系的事项。②评价深度上——根据思维导图，对评价宽度上的指标层层解构，直至三级、四级或五级科目。当法治管理评价指标体系设计为三级科目时，列为四级科目的指标就是非重要性指标；当评价指标体系设计为二级科目时，列为三级科目的指标就是非重要性指标。这些非重要性指标都无须纳入评价指标体系。

（3）可评价性。可评价性即作为法治管理评价指标一定是通过可以获取的材料和数据进行直接佐证和衡量的指标。而对过于主观难以客观评价的事项，不需要纳入评价范围。如法治意识、法治精神和法治思维等，虽然对法治管理具有决定性作用，但这些概念都属于主观范畴，难以直接通过材料来证明，也无法通过数据来衡量。因此，这些概念可以不纳入评价范畴。

（4）主次分明性。主次分明性即在构建法治管理评价指标体系时，无论是评价的宽度还是评价的深度，都要主次分明、重点突出。具体体现为两个方面：①形式分明。即重要的指标排序在前，次要的指标则排序在后。②实质分明。重要指标的分值权重高，次要的指标分值权重低。

（二）法治管理评价指标体系的构成

目前，商业银行的法治管理和法治建设还处于探索阶段，没有相对成型的法治管理评价指标体系。综合考虑法治管理和法治建设的主要内容，商业银行其他管理评价的思路和框架结构，法治管理评价指标体系的准则等因素，在探索期，法治管理评价指标体系可以包括以下构成部分。

1. 内容要素构成

与法治管理和法治建设相关的主要工作内容都应成为评价的内容。根据评价指标体系的体系化、结构化要求，评价的内容要素应逐步具体化、细节化。

从理论结构上讲，法治管理的评价构成应包括法治管理环境、法治管理运行、法治管理成效等部分，再据此进一步细化。但为了体系能尽量简化、直接，也可以直接进入事项层级。由此，法治管理评价的内容要素及其构成主要有：

（1）法治建设的组织领导。法治管理不会自动自发形成，而要有强有力的组织领导。因此，组织领导应成为评价体系的第一个构成部分。具体包括各级机构党委的组织领导、经营班子的组织实施、法治管理委员会的具体行动等。

（2）法治文化建设。法治文化是法治管理的思想保证和引领，法治文化建设可以作为第二个构成部分。根据可评价性准则，法治文化建设的评价可以分为法治培训、法治宣传两个方面。对法治培训、法治宣传还可以进一步细化。

（3）制度建设。制度是法治管理的基础和工作保障，可以作为第三个构成部分。根据制度制定管理的主要内容和基本流程，制度建设的评价内容具体包括制度管理、制度的立项与起草、制度制定程序科学、制度内容科学、制度的解释、制度的评估与清理等。

（4）机构和编制管理。组织架构是法治管理的支撑力量，组织架构的构建本身也要遵循法治化的要求。因此，作为组织架构具体体现的机构、岗位和编制可以作为第四个构成部分。具体包括机构管理、主管部门的职能职责、岗位管理情况、人员编制管理等内容。

以上四个构成部分是法治管理的支持性要素，属于法治管理环境的有关内容。

（5）管理决策。管理决策是法治管理的具体运行和关键体现，可以作为第五个构成部分，也是法治实际运行部分的第一个内容。具体包括决策机制、合法决策、科学决策、公开决策、决策追踪等。

（6）管理执行。法治管理重在决策，难在执行。管理执行也是商业银行内部管理的常态性工作，能否真正贯彻落实法治管理要求也需要通过执行环节是否"严格执规"来体现。因此，管理决策的执行不仅是法治管理评价的重点内容，也可以作为第六个构成部分，具体包括：授权审批管理执行情况、授信管理执行情况、理财产品销售管理执行情况、金融市场/投行/票据业务管理执行情况、合同管理执行情况、不良资产管理执行情况、人力资源管理执行情况、资产负债管理执行情况、财务管理执行情况、招投标管理执行情况、固定资产管理执行情况、科技开发管理执行情况、印鉴管理执行情况、档案管理执行情况以及其他管理执行情况等。

（7）管理信息公开。法治管理的平等、公平、公正等价值观念和具体要求都需要通过公开来保障和体现。因此，管理信息公开可以作为第七个构成部分。商业银行是竞争性企业，其商业秘密等不适宜公开。因此，其管理信息公开是相对的公开；评价的对象及其要求也是部分公开。在评价指标上，具体包括信息公开制度建设、主动公开、依申请公开等。

（8）纠纷解决。商业银行在经营管理活动中，有可能与其客户、员工发生分歧、纠纷、矛盾。这些问题都需要妥善解决。而根据法治精神解决纠纷可以很好做到"定纷止争"。因此，纠纷解决可以作为第八个构成部分。具体内容包括客户纠纷的解决和员工纠纷的解决等。

（9）法律风险管理。商业银行在各项经营管理活动中都有可能产生法律风险，而且，法律风险管理也是法治管理的重要内容。因此，有必要对法律风险实行统一的、集中化的管理评价。鉴于其贯穿运营管理的各个环节，法律风险管理可以作为第九个构成部分。具体内容包括法律风险管理的制度建设、法律审查、被诉/仲裁案件管理、主诉/仲裁案件管理、法律风险报告等。

（10）法治建设保障。法治建设的保障可以作为法治管理的环境部分，但由于在多数商业银行中，法治管理目前处于起步阶段，法律部门的力量也比较薄弱，法律部门也需要重点加强建设，因此，可以将其作为法治管理运行的内容，并排列为第十个构成部分。具体内容包括机构与人员保障、经费保障、考核保障等。

（11）监督与问责。监督与问责是法治管理建设、法治管理运行的最后一道保障。因此，将其排列为第十一个构成部分。其中，监督包括监管监督、媒体监督、内部监督三个部分。从理论上讲，监督也包括社会监督，但因难以验证，不具有操作性，因此，虽然社会监督也具有重要的意义，但不作为评价内容。问责指内部的违规违纪问责。外部的问责针对的都是相对严重的违法违规行为，因此，可以作为减分项的内容，予以单独强调。

以上七个部分是法治管理运行的主要内容，其实际的运行状况是法治管理状况的直接体现。

（12）员工法治管理满意度。法治管理是否真正实施，其实施效果如何，员工最有发言权；而且，法治管理的目的之一就是构建良好的管理秩序，更好地推动商业银行的发展，以增强员工的安全感、获得感和幸福感。因此，员工的法治管理满意度是评价法治管理实际成效的重要指标，可以排列为第十二个构成部分。具体内容是员工对法治管理主要事项的评价。

（13）加分项。在法治管理各项工作中，如果有突出贡献或者法治管理工作获得了社会各界的认可和肯定，在基本评价打分的基础上，可以给予额外的加分。其实，突出贡献，也是法治管理成效的一个体现，如果对法治管理不认同，哪会有动力去思考和创新？可以给予加分的内容包括：管理者的额外支持、法治作品创作、制度管理的创新、重大法律风险事件报告、财务管理、社会认可度、监管评级等。

（14）减分项。因法治管理工作不到位而发生了一些重大的风险事件时，不仅要在相关评价中给予低评价，而且有必要给予一定的加重否定。减分项的具体内容包括刑事案件、违反党纪、重大客户投诉举报/群体性事件、重大员工纠纷事件、重大法律风险事件，以及由这些事件所引起的监管处罚等。

以上三个部分是法治管理成效的内容。法治管理的实际效果主要取决于这三个部分的评价结果。

为了评价的准确性，可以对上述各构成要素进一步细化、具体化。即根据制度建设、管理权限和流程、事项执行等维度，进行细化和具体化。

2. 分值权重分配

分值权重分配包括三个层次的内容：

（1）总分值。评价的总分值基本都是百分制或千分制，由于法治管理评价指标较多，为了计算的方便，可以采用千分制。在需要按照百分制计算时，可直接折算。

（2）各部分分值分配。各部分分值分配即在具体组成部分之间的分值分配。分配的规则是重要性和均衡性，即越重要的部分，分值越高，同时，各部分分值差异也不要过大。根据这个规则，各部分分值可做如下分配：法治建设的组织领导、制度建设、机构和编制管理、管理决策、管理执行、法律风险管理、法治建设保障、监督与问责八个部分，各为100分；法治文化建设、管理信息公开、纠纷解决、员工法治管理满意度四个部分，各为50分；加分项和减分项的基准分值各为100分；对有突出效果或问题的项目，加分或减分，不受限制。

（3）具体评价项目分值分配。具体评价项目分值分配即在各组成部分分值的分配基础上，在具体评价指标上的再分配。其分配规则，也是重要性和均衡性。因具体指标有点多，这里就不具体介绍。需要说明的是：管理执行，既可以从执行环节角度，也可以从执行条线角度；鉴于商业银行的业务/管理条线较多，如果从执行环节角度评价，将使每个环节的评价纳入过多，不便于操作；而且，商业银行的传统管理及其评价，都是按照条线进行的；因此，法治管理评价也可以按照条线进行。但按照条线维度的缺点是，个别业务条线在有些机构可能并不存在；每个条线的管理环节又基本相同，如果按照重要性进行差异化分配将过于复杂，且容易顾此失彼。因此，可以采取先均等再平均的分配规则，即先是每个条线分配的分值相等，再根据其项下评价项目的重要性进行分值分配；评价时，先对需要评价条线进行评分，再通过简单数学平均法计算出本部分分值。

3. 评价规则

评价规则包括两个部分：

（1）评分规则。评分规则即如何对每一个具体的评价项目进行评判打分。打分的逻辑有两种：①正向打分制。正向打分制即先确定打分要素和打分标准，在具备打分要素并达到打分标准时，即给予规定的标准分。累加后，得出一个评价项目的汇总分。②倒扣分制。倒扣分制即先给予满分，在出现扣分情况时扣减相应的标准分。由于法治管理具体评价的项目情形不一，需要根据具体情况，分别运用正向打分制和倒扣分制。

（2）评分依据。评分依据即支持打分的证明、证据或依据。为保障评分的客观性，这些依据应是与具体评价项目相关的书面材料，且应是行为发生时的书面材料，而不是评价时补充制作的材料。

内容要素构成、分值权重分配和评价规则是法治管理评价指标体系的框架性要素。为对法治管理评价有直观的认识，可参考附录《商业银行法治管理评价指标体系》。

三、法治管理评价程序

法治管理评价程序主要包括评价准备、评价实施、评价等级认定、评价报告、评价结果公示。

（一）评价准备

为做好法治管理评价，商业银行总行法律部门需要做好以下准备。

1. 制订评价方案

（1）明确评价的方式和评价对象。即明确本次评价由法律部门直接评价还是采用"自评+复核"的方式；仅评价部分机构还是评价辖内所有机构。这是决定如何开展法治管理评价的基础，是首先需要确定的事项。

（2）明确评价的期限。一是明确评价的期限范围。即评价的事项期限为一个年度，还是半个年度。基于法治管理的成效显现需要时间；评价期限为一个年度比较合理。二是评价工作的开展时间。一般在每年1月至2月比较合适。在此基础上，根据被评价对象的数量确定评价的工作期限。

（3）明确工作组人员组成。无论是法律部门主导式评价，还是"自评+复核"式评价，由于法律部门人手比较紧张，需要从下级法律部门或业务部门借调一部分人员组成工作组。对借调事项，需要事先与相应机构负责人、本人进行沟通。在人员基本确定后，需要进行内部分工分组，明确各工作小组的评价对象。

（4）明确评价要求。除通常性要求外，需要明确本次评价中的重点关注事项。

2. 起草组织开展评价工作的通知

在确定评价方案后，即应起草关于组织开展评价工作的通知，将评价工作事项、评价的指标体系构成、评分规则和评分依据等事项告知被评价对象，以便于其做好准备。

3. 组织培训

在基本确定评价方案后，对各机构的主要自评人员和复核工作组成员进行培训。重点培训内容包括：评价的指标构成及其含义解释；评价方法；需要准备的材料、数据等依据；各项具体指标的评价尺度把握等。

（二）评价实施

在完成评价准备后，即可印发关于组织开展法治管理评价的通知，并组织开展评价。对于法律部门而言，主导式评价工作和"自评+复核"式评价中的"复核"工作基本相同；因此，下面以"自评＋复核"式评价为例，简要介绍评价工作的实施开展。

1. 自评

自评即由各级机构自己评价自己的法治管理状况。为做好自评，各机构需要将本机构具体实施自评的人员上报法律部门，以便于工作对接。同时，为提高自评的效果，法律部门应适当地进行现场推动。对规模大、人员多，或在评价年度内曾出现过较大法律风险事件的机构，应派人进行现场推动、现场督导。各机构的自评，在由自评实施人员完成基本工作后报告其机构负责人；由机构负责人审核并签署意见后，将自评结论和自评依据一起上报同级法律部门。

2. 复核

在自评完成后，法律部门即可开展复核。为便于沟通，复核原则上应在复核对象现场进行。在复核工作组成员就位后，根据分工开展工作。复核时，首先核实各机构提交的自评依据是否符合要求。不符合要求的，应告知补充或更换。其次是对各机构自评结论的复核。复核时，尽量不受自评的影响，而是根据依据、标准和规则进行。复核工作中需重点注意评价尺度的把握。这既需要评价开始前的培训，也需要复核时工作小组内互相讨论沟通，以尽量统一评价尺度。复核后，应作出明确的分值结论。复核结论与自评结论差异较大的，应与被复核对象进行沟通。沟通后，复核工作小组不能认同被评价对象原因说明的，应坚持自己的评价。

3. 评价方法

在自评和复核时都需要运用一定的评价方法。可根据实际情况，综合运用法治管理评价的各种方法。

（三）评价结果认定

法律部门对工作小组的复核结论进行再次审核认定后，就可以作出评价结论，并与分值差异较大的被评价对象进行沟通。被评价对象对评价结果有异议的，可以再次提交相应材料和数据，法律部门再次审核认定后，可以作出最终结论。如还有分歧，可上报主管行领导裁定。

为更直观地体现各机构的评价结论差异，可以对评价分值进行分类分级。

一级（优秀）：分值在900（含）分以上。这类机构法治管理和法治建设的各项工作落实执行到位，法治效果也比较良好，法治管理的作用已经显现；法律风险管理较好；机构的经营管理秩序良好，经营管理效果良好。

二级（良好）：分值在800（含）～900分。这类机构法治管理和法治建设的各项工作落实执行比较到位，法治效果也比较好，法治管理的作用初步显现；法律风险管理基本有成效；机构的经营管理秩序比较好，经营效果也比较好。

三级（普通）：分值在600（含）～800分。这类机构法治管理和法治建设的各项工作都在落实执行，法治管理效果和作用有所显现；存在一些法律风险隐患；机构的经营管理秩序一般，经营管理效果在系统内处于平均水平。

四级（较差）：分值在600以下。这类机构法治管理和法治建设的各项工作落实执行较差，部分工作还没有开展，法治管理效果和作用一般或较差，存在较大的法律风险隐患或已经发生过较大的法律风险事件；机构的经营管理秩序一般，经营效果也一般。

为对评价对象进行具体画像，可以在级别下进一步分档，即通过级档的方式，对每一个评价对象进行更具体的区分。

为保证法治管理评价的严肃性，对一级、二级、四级的认定，需要从严把控；可以根据正态分布曲线分别设置10%、20%、60%、10%的比例，把握各个级别的评定数量。这需要在复核时严格把握，以避免后续工作的被动。

（四）评价报告

评价结果认定后，应撰写评价报告。法治管理评价报告主要分为两类。

1. 工作报告

工作报告是法律部门向上级机构、主管行领导提交的报告。这种报告的主要内容包括：评价工作的组织情况、评价后的整体结论、评价中发现的法治管理和法治建设主要成效、评价中发现的法治管理和法治建设存在的主要问题、下一步主要工作事项。

2. 结论报告

结论报告是法律部门对被评价机构出具的评价结论性报告。这种报告可以有以下四种具体形式：

（1）简洁型。简洁型即仅告知评价分值及其排名。这种方式比较简单，但要慎用。可在评价结束后的初期阶段或在工作点评时使用。

（2）标准型。标准型即通过通行报告的方式，一对一地向被评价机构出具评价报告。这种报告主要是告知被评价机构的评价结果、评价中发现的法治管理和法治建设主要成效、评价中发现的法治管理和法治建设存在的主要问题、下一步工作改进要求等。这种报告是正式的评价报告，应通过公文的方式发送。

（3）点评型。点评型虽然是一对一的方式，但采用了"热力图""仪表盘"等技术。对被评价机构的每个评价部分，每类评价指标的分值，本次评价的主要得分点和失分点，与系统内最高分、平均分的比较，与本机构去年的分值比较等维度，通过图、表、文字相结合的方式进行立体式的展现并点评被评价机构法治管理的优劣势、得失分情况和改进要求等内容。这种方式的工作量相对较大，但形象生动、能抓住注意力。

（4）综述型。综述型即对评价的整体情况向全行进行通报。这个报告可以在评价工作报告的基础上，将报告对象以及与报告对象相关联的内容，做相应修改即可。

（五）评价结果公示

评价结论报告应根据报告类型分别在相应的范围内发送，以正式告知评价结果，指明评价发现的成效和问题，并提出明确的改进要求。在后续管理工作中，可以根据评价结论进行针对性督导。

四、法治管理评价结果运用

法治管理评价的结果可以运用在三个方面：

（1）综合奖励。根据评价结果，可以对各被评价机构给予差异化的奖励：①通报肯定。将评价结果全行通报，表扬评价结果好、分值高的机构；对评价结果不理想、分值较低的机构，提出明确的管理改进要求。②专项奖励。对分值排名靠前的机构，可以给予精神奖励，如"法治管理先进单位""法治管理先进集体""法治管理先进个人"等，也可以给予一定的物质奖励。③综合奖励。将法治管理评价的分值作为授权管理中权限大小的参考依据；在合同审查、法律审查中，给予绿色通道待遇等，这是法律部门能给予的差异化奖励。

（2）绩效考核。将法治管理评价纳入商业银行综合绩效考核体系并占有一定的权重。当然，商业银行的综合绩效考核可能分为季度、半年度、全年度三个时间段进行。法治管理评价可以直接作为年度绩效考核中法治管理的考核依据；对于季度和半年度考核，法律部门可以在法治管理评价体系基础上，制定简单版本的考核体系，对其中主要的指标进行半年度、季度的考核，由法律部门直接评价打分，并作为考核依据。

（3）管理改进。通过真实的评价可以发现法治管理中存在的问题。对这些问题的反思和总结可以推动法治管理持续改进。这种改进具体体现在三个方面：①被评价机构法治管理改进。针对评价中发现的被评价机构在法治管理和法治建设中存在的问题，法律部门帮助被评价机构进行诊断，制订改进计划，并逐一落实，从而不断推动被评价机构法治管理的进步和成熟。②法律部门法治建设改进。通过评价也可以发现法律部门在推动法治建设中，所应用的思路、规划的事项、制定的制度、采取的措施等方面存在的问题。法律部门应正视这些问题的存在，并主动改进，促使法治建设不断科学化。③评价指标体系改进。通过评价也可以发现评价指标体系中存在的问题，如指标内容、权重分值、佐证材料等方面的问题。对这些问题，法律部门应及时优化，调整评价指标体系，使评价指标体系不断完善，真正发挥对法治管理和法治建设的促进作用。

附录：商业银行法治管理评价指标体系

一级科目	二级科目	三级科目	标准分	实际分	评分说明
法治建设的组织领导（100分）	法治建设的组织领导（100分）	党委对法治建设工作的研究、决策和部署	30		每季度至少1次研究具体的法治管理事项，并有明确决策内容的，得满分；每少1次，扣8分；扣完为止。以会议纪要为准。
		经营班子会议对法治建设工作的讨论、决定	30		2个月至少1次研究具体的法治管理事项，并有明确决策内容的，得满分；每少1次，扣5分；扣完为止。以会议纪要为准。
		法治管理委员会的运行情况	10		1个月至少1次研究具体的事项，并有明确的决策，可得满分；每少1次，扣1分；扣完为止。以会议纪要为准。
		党委会、班子会、法治委决策执行跟踪情况	20		对每个决策都有执行跟踪，得满分；每少1次，扣1分；扣完为止。以书面跟踪记录为准。
		法治建设报告情况	10		每季度分别向本机构负责人、上级机构提交报告，可得满分；每少1次，迟交1次，扣5分；扣2分；扣完为止。以书面报告为准。

续表

一级科目	二级科目	三级科目	标准分	实际分	评分说明
法治文化建设（50分）	法治培训（30分）	法治培训年度计划制订情况	5		有明确具体计划的，得满分。没有计划的，0分。计划不具体的，适当扣分。以发文或法治建设工作计划（可作为法治建设工作计划一部分）为准。
		培训主题计划完成率	10		根据计划完成率得分。以发文计划完成率为准。
		培训员工覆盖率	10		以每次员工参加率的数学平均率参加率得分为准。以培训签到记录作为证明。
		培训考试及格率	5		以每次考试员工及格率的数学平均及格率得分为准。以考试成绩记录为准。
	法治宣传（20分）	内部宣传计划完成率	10		根据计划完成率得分。以宣传资料为准。
		外部宣传计划完成率	10		根据计划完成率得分。以宣传资料为准。
制度建设（100分）	制度管理（20分）	建立有效的制度管理制度	5		制度内容包含立项、起草、合法合规性审查、会签、审批等内容的，可得满分。制度内容每缺失1项，扣1分。以发文的制度为准。
		制度体系完备	5		在监管机构、审计、内控合规检查/审计报告中，每缺少1个制度，扣1分；扣完为止。以检查/审计报告为准。
		制度归档，汇编符合要求	5		符合"统一登记、统一编号、统一发布"的，得满分。每出现1份不统一的，扣1分；扣完为止。制度归档、汇编情况为准。
		制度库建设和制度查询的方便性	5		随机抽查10份制度，制度不符合要求的，制度不符合要求的，得满分。每出现1份不方便查找的，扣1分；扣完为止。以实际查询情况为准。
	制度的立项与起草（20分）	制定年度制度制订计划	5		有明确计划的，得满分。设计计划的，0分；计划不明确、不具体的，适当扣分。以发文计划为准。
		制度制定计划的执行情况	5		根据计划完成率得分。以实际发文和计划发文的比例为准。
		制度起草的论证、调研情况	5		对基本类制度，每论证1次，得1分，或调研1次，调研的书面记录为准。以论证、满分为止。

续表

一级科目	二级科目	三级科目	标准分	实际分	评分说明
制度建设（100分）	制度的立项与起草（20分）	制度制定的时效性	5		监管机构、内控合规、审计等机构提出制定制度需求后，2个月内完成制度印发的，满分；每迟延1个月，扣2分；扣完为止。以检查/审计报告和发文时间的比较为准。
		制度制定的职责和权限符合要求	4		每出现1次不履职，或越权，扣1分，扣完为止。以上级机构的要求和实际发文作比较为准。
	制度制定程序科学（20分）	制度制定前的法律审查	4		每缺失1次审查意见或审查意见未落实，扣1分，扣完为止。以审查意见和发文的制度间作比较为准。
		员工参与制度制定	4		公开向员工征求意见，并基本反映员工意见的，每次得1分；满分为止。以征求意见的书面记录为准。
		制度报批程序符合要求	4		制度报批时，所附材料应包括论证意见、员工意见、法律审查意见等材料。随机抽查10份制度，都符合的，得满分；每出现1份不符合的，扣1分，扣完为止。以随机抽查情况为准。
		制度发文程序符合要求	4		审批流程、审批权限、公布实施，归档应符合制度管理要求。随机抽查10份制度，都符合的，得满分；每出现1份不符合的，扣1分，扣完为止。以随机抽查情况为准。
	制度内容科学（20分）	制度内容具有可操作性	15		监管机构、内控合规、审计检查/审计报告中，每指出1次制度缺陷，扣1分，扣完为止。以检查/审计报告为准。
		制度内容具有公正性	5		在绩效、奖惩、同类制度中，对同类机构、同类员工的待遇等政策应一致。随机抽查10份制度，都符合的，得满分；每出现1份不符合政策的制度规定，扣1分，扣完为止。以随机抽查制度规定情况为准。

续表

一级科目	二级科目	三级科目	标准分	实际分	评分说明
制度建设（100分）	制度内容科学（20分）	制度印发时间与生效时间的间隔符合要求	5		随机抽查10份制度，都符合的，得满分；每出现1份1次不符合的，扣1分，以完成扣完为止。以随机抽查规定情况为准。
	制度的解释（5分）	对制度解释的权限、程序和形式符合要求	5		随机抽查10份制度，都符合的，得满分；每出现1份1次不符合的，扣1分，以完成扣完为止。以随机抽查的解释记录情况为准。
		新制度的学习培训情况	5		随机抽查10份制度，都符合的，得满分；每出现1份1次不符合的，扣1分，以完成扣完为止。以随机抽查的培训记录情况为准。
	制度的评估与清理（15分）	对制度实施效果的评估情况	5		组织制度效果评估的，每个条线得1分，满分为止。以评估报告为准。
		对制度体系、内容的清理情况	10		组织开展制度清理的，每个条线得2分，满分为止。以制度清理计划、清理结果报告为准。
		制度清理的废改立情况	10		根据清理报告、实际的废改立完成率得分。以清理报告和实际废改立发文的比较为准。
机构和编制管理（100分）	机构管理（20分）	有明确的机构管理制度	5		有制度、内容符合要求的，得2分，制度内容符合要求的，加3分，以发文的管理制度为准。
		机构设置、撤销、调整符合要求	15		每项都符合要求的，满分。每出现1次不符合要求的，扣5分，扣完为止。以机构设置、撤销、调整的发文为准。
	主管部门的职能职责（30分）	主管部门的职能职责明确具体并制度化	10		各主管部门都符合要求的，满分。每出现1个不符合要求的，扣2分，扣完为止。以有关部门职责的发文为准。
		管理职能不缺位，主管部门职责不交叉、不冲突	5		各主管部门都符合要求的，满分。每出现1个不符合要求的，扣2分，扣完为止。以有关部门职责的发文为准。

229

续表

一级科目	二级科目	三级科目	标准分	实际分	评分说明
机构和编制管理(100分)	主管部门的职能职责(30分)	主管部门制定权责清单,并公示	10		各主管部门都符合要求的,满分。每出现1个不符合要求的,扣2分,扣完为止。以有关部门的发文为准。
		主管部门职责有分歧争议时有协调机制	5		有机制的,得2分;协调成功的,加3分;没有机制或协调不成功的,0分。以协调制度或实际协调行为为准。
	岗位管理情况(30分)	岗位职责的制度化、规范化情况	10		各主管部门的岗位职责都符合要求的,满分。每出现1个不符合要求的,扣1分,扣完为止。以有关部门职责、岗位职责的发文为准。
		不相容岗位、离岗审计等制度落实情况	20		每出现1个要求未落实的,扣1分;扣完为止。随机抽查5个部门,每个部门抽查2个人,验证是否落实;以验证实情为准。
	人员编制管理(20分)	人员编制管理制度建设情况	5		有制度的,得2分,制度符合要求的,加3分。以发文的制度为准。
		机构职能职责的配置符合要求	5		每出现1个机构不符合要求的,扣2分;扣完为止。随机抽查情况为准。以实际配置情况为准。
		人员编制的落实符合制度要求	5		每出现10个人员不符合要求的,扣1分;扣完为止。以实际的人员编制情况为准。
		机构调整时,人员编制调整情况	5		每出现1次不符合要求的,扣2分;扣完为止。以实际的人员编制调整情况为准。
管理决策(100分)	决策机制(30分)	建立重大决策管理制度	10		有制度的,得5分,制度符合要求的,加5分。以发文的制度为准。
		建立突发事件的应急管理制度	5		有制度的,得2分,制度符合要求的,加3分。以发文的制度为准。

续表

一级科目	二级科目	三级科目	标准分	实际分	评分说明
管理决策（100分）	决策机制（30分）	建立重大决策终身责任追究制度和责任倒查制度	10		有制度的，得5分；制度符合要求的，加5分。以发文的制度为准。
		重大决策记录、保存制度	5		有制度的，得2分；制度符合要求的，加3分。以发文的制度为准。
	合法决策（20分）	制定重大决策事项目录情况	10		有目录的，得2分；目录内容完备的，加3分。以实际目录内容为准。
		重大决策合法合规性审查情况	10		每出现1次未经审查，或无正当理由不接受审查意见的，扣2分；扣完为止。以实际的审查情况为准。
	科学决策（20分）	重大决策风险评估情况	10		每出现1次未经风险评估评估/讨论研究，或无正当理由不接受评估意见的，扣2分；扣完为止。以实际的评估情况为准。
		重大决策行内专家论证情况	10		每出现1次未经论证/讨论，或无正当理由不接受论证意见的，扣2分；扣完为止。以实际的论证情况为准。
	集体决策（20分）	重大决策集体决定情况	10		每出现1次未经集体决策的，扣3分；按实际次数扣分。以党委会、班子会等的决策记录为准。
		员工参与重大决策情况	10		每参与1次，得2分；满分为止。以实际的参与记录为准。
	公开决策（5分）	重大决策结果及依据公开情况	5		每公开1次，得1分；满分为止。以实际的公开记录为准。
	决策追踪（5分）	重大决策后的信息追踪搜集以及向决策层进行反馈情况	5		每反馈1次，得1分；满分为止。以实际的反馈记录为准。

231

续表

一级科目	二级科目	三级科目	标准分	实际分	评分说明
管理执行（100分） 注：因机构类型和层级的不同，本部分内容，有些机构可能没有；因此，本部分得分计算规则是：先计算出需要评价的各部分实际得分后，再通过数字平均分，计算出本部分的最终实际得分。	授权审批管理执行情况（100分）	授权管理制度建设情况	20		有制度的，得10分，制度符合要求的，加10分。以发文的制度为准。
		授权管理程序符合要求	30		审批、发文的权限，流程等符合要求的，得30分；每出现1项不符合要求的，扣5分，扣完为止。以实际的授权文件管理情况为准。
		转授权的对象、权限、程序，报备符合要求	30		转授权都符合要求的，得30分；每出现1项不符合要求的，扣5分，扣完为止。以实际的转授权管理情况为准。
		需要调整时，授权和转授权调整的及时性	20		每迟延1天，扣10分；扣完为止。以聘任免发文或分工调整发文时间与授权或转授权文件签署时间的比较为准。
	授信管理执行情况（100分）	分类建立授信审批、放款、贷后管理制度	10		每缺少1份制度，扣2分；每出现1份不符合要求的制度，扣3分；扣完为止。以监管机构、内控合规、审计的检查/审计报告中，指出的问题为准。
		授信审批、放款、贷后管理的部门设置、人员配置情况	10		每有1个部门的设置不符合要求，扣3分；每有1个岗位的人员配置不符合要求，扣2分；扣完为止。以实际的部门设置、人员配备情况为准。
		授信审批的权限、程序遵守情况	30		每越权1次，扣10分；每逆程序操作1次，扣10分。从公司、审批等放款要求，零售等业务条线中，各随机抽查20份，以实际抽查情况为准。
		放款的权限、程序遵守情况	30		对于取得印核保面签、抵质押登记办理，授信条件落实，审批等放款要求，每逆程序操作1次，扣10分。从公司、零售、金融市场等业务条线中，各随机抽查20份，以实际抽查情况为准。
		贷后开展和贷后管理意见落实情况	20		贷后开展10分，按完成率得分。贷后意见落实得10分，按实际落实率得分。以贷后管理计划和实际的贷后管理情况比较为准。两项合计得出总分。

续表

一级科目	二级科目	三级科目	标准分	实际分	评分说明
管理执行（100分）注：因机构类型和层级的不同，本部分内容，有些机构可能没有，因此，本部分得分计算规则是：先计算出需要评价的各部分得分后，再计算出本部分平均分，计算出实际分的最终得分。	理财产品销售管理执行情况（100分）	理财人员的资格情况	20		按理财人员的实际持证率得分。以持证记录或考试通过记录为准。
		（录音录像）设备配置和使用情况	20		在监管机构、内控合规、审计的检查/审计报告中，每指出1个问题，扣1分；扣完为止。以检查/审计报告为准。
		产品的合规性情况	20		每发现1次飞单，扣20分，不封顶。以监管机构、内控合规、审计的检查/审计报告，或客诉投诉举报诉讼等记录为准。
		产品宣传情况	20		产品宣传材料内容的合法合规性审查，印刷、发放等每出现1次不符合要求的，扣10分，扣完为止。随机抽查10个产品宣传材料的审查、印刷、发放记录，以实际抽查情况为准。
		产品营销情况	20		在理财经理与客户面对面销售时，在销售话术、合同签署、录影录像等方面，每发现1次不符合要求的，扣5分，扣完为止。随机抽查10个理财经理的销售录影录像情况，以实际抽查情况为准。
	金融市场、投行、票据等业务管理执行情况（100分）	业务管理制度建设情况	20		有制度的，得10分，制度符合要求的，加10分。以发文的制度为准。
		业务审批的权限、流程遵守情况	30		每越权1次的，扣10分，扣完为止；每逆程序操作1次的，扣10分。从金融市场、投行、票据等业务条线中，各随机抽查20份，以实际抽查情况为准。
		融资款项发放的权限、流程遵守情况	30		对于取回核保面签、抵质押登记办理、授信条件落实、审批等款放操作，每越权1次的，扣10分；每逆程序操作1次的，扣10分。从金融市场、投行、票据等业务条线中，各随机抽查20份，以实际抽查情况为准。
		投后管理情况	20		投后开发10分，按完成率得分。投后意见落实10分，按实际落实率得分。以投后管理计划和实际落实的投后管理情况比较为准。两项合计后得出总分。

续表

一级科目	二级科目	三级科目	标准分	实际分	评分说明
管理执行（100分）注：因机构类型和层级的不同，本部分内容、有些机构可能没有；因此，本部分得分计算规则是：先计算出需要评价的各部分实际得分后，再通过数学平均分，计算出本部分的最终实际得分。	合同管理执行情况（100分）	合同经法律审查，并落实审查意见	50		对于授信类、固定资产采购类、科技开发类等非标准合同，各随机抽查30份合同，20份非授信类合同，各扣10分，以实际抽查情况为准。
		合同签订流程、权限符合要求	50		对于授信类、固定资产采购类、科技开发类等非标准合同，各随机抽查30份合同，20份非授信类合同，每发现1份合同签订流程、权限不符合要求的，扣10分，扣完为止。以实际抽查情况为准。
	不良资产管理执行情况（100分）	建立不良资产管理制度	10		对于公司类、零售类不良资产管理，均有制度的5分，每缺1类制度的扣5分；制度符合要求的，再加5分，有1类制度内容不符合要求的，扣5分。以发文制度为准。
		不良资产管理部门设置、人员配置符合要求	20		公司类、零售类不良资产清收处置部门，每出现1个部门的设置不符合要求的，扣3分；每设置1个岗位的人员配置不符合要求的，扣2分。以实际的部门设置、人员配备情况为准。
		不良资产的清收处置程序、权限执行情况	30		随机抽查公司类、零售类不良资产各30户不良资产清收处置档案，每发现1户不符合要求的，扣10分。以实际抽查情况为准。
		按期催收、诉讼情况	20		从已核销的公司类、零售类不良资产中，各随机抽取20户，超过诉讼时效的，扣20分，不封顶。以实际抽查情况为准。
		不良资产转让的审批和执行情况	20		随机抽查公司类、零售类不良资产各20户不良资产转让档案，每发现1户不符合要求的，扣10分；制度符合要求的，加5分。以实际抽查情况为准。
	人力资源管理执行情况（100分）	人力资源管理制度建设情况	10		有制度的，得5分，以发文的制度为准。

续表

一级科目	二级科目	三级科目	标准分	实际分	评分说明
管理执行（100分）注：因机构类型和层级的不同，本部分内容，有些机构可能没有。因此，本部分得分计算规则是：先计算出需出要评价的各部分，再计算出实际得分后，再通过数学平均分，计算出本部分的最终得分。	人力资源管理执行情况（100分）	管理人员的聘任权限、程序执行情况	10		对每个拟聘任管理人员任前要求都进行公示的，得6分；对反馈意见进行回应的，加4分；每出现1人次未按要求公示，或对反馈意见未进行回应的，扣1分，扣完为止。以任前公示文件、意见及其回应材料为准。
		人员招聘管理情况	20		招聘程序符合要求的，得10分；对社招的管理人员进行背景调查的，加5分；对社招的管理人员进行妥善处理的，加5分，进行了妥善处理的，每1人次招聘程序不符合要求的，扣5分；对调查的回应意见，或未进行背景调查，或未对调查的反馈意见进行回应，扣5分，扣完为止。以书面的招聘记录、处理记录、背景调查记录及其回应为准。
		员工绩效管理情况	30		有明确具体的员工绩效管理政策的，得10分；在制定政策时，与各级管理者和员工进行沟通并有回应的，加5分；对政策进行宣讲的，加5分，再加2分；按照政策兑现绩效管理政策的，再加8分；对绩效较差员工进行绩效辅导的，加3分。以书面的绩效管理政策文件、沟通记录、宣讲记录、兑现记录、辅导记录为准。
		员工成长管理情况	20		有明确具体的员工成长管理制度、政策的，得10分；制度或政策能够落实的，加5分；对制度和政策能持续完善的，加5分。以书面的制度、政策以及完善记录为准。
		员工离职管理情况	10		能按照规定的程序，要求办理员工离职手续的，得6分；能在离职责任处理的，加5分；能完成离职责任处理的，加5分，每发生1起扣2分，扣完为止。以员工离职、离职责任认定，员工有劳动争议仲裁、诉讼的，领导争议仲裁/诉讼记录为准。办理离职手续，领导争议仲裁/诉讼记录为准。

235

续表

一级科目	二级科目	三级科目	标准分	实际分	评分说明
管理执行（100分） 注：因机构类型和层级的不同，本部分内容，有些机构可能设有；因此，本部分得分计算规则是：先计算出需要评价的各部分，再计算实际得分后，通过数学平均分，计算出本部分的最终实际得分。	资产负债管理（100分）	资产负债制度建设情况	10		有制度的，得5分，制度符合要求的，加5分。以发文的制度为准。
		风险资产额度管理事项审批、执行情况	45		风险资产实际额度，在年初限额，并在追加的限额内的，加8分；超过限额的（不含）以上追加限额申请并经经营创收的，加5分。超过限额时，事先进行申报审批，得27分；对剩余的限额进行经营创收的，加5分。以申报审批记录、限额经营审批为准。
		价格管理事项审批、执行情况	45		在资产和负债价格超过基准价时，均能进行申请审批，并执行批准的价格符合基准价的，得27分；存款平均价低于系统内平均水平的，存款价格高于当地价格自律组织最高价的，每高于1个bp，加1分；存款价格低于系统内公布的价格信息，价格自律组织出的价格基准为准。每低1个bp，加1分；扣5分。以价格申报审批记录为准。
	财务管理执行情况（100分）	财务管理制度建设情况	10		有制度的，得5分；制度符合要求的，加5分。以发文的制度为准。
		财务资源配置政策和兑现情况	40		有明确具体的财务资源配置政策的，得24分；在政策制定过程中，与各级管理者和员工进行面对面沟通，并有回应的，加5分；对政策进行全行宣讲的，加6分；以书面的财务资源配置政策文件、沟通记录、宣讲记录、兑现记录为准。能按照政策完全兑现的，加5分。
		财务审批权限、流程遵守情况	30		随机抽查固定费用和管理费用使用审批材料50份，能在规定的权限、流程内审批的，得满分。发现不符合要求，每1份扣5分，扣完为止。以随机抽查记录为准。抽查业务费用100份，发现抽查审批权限、流程不符合要求，得12分。
		禁止设立、清理"小金库"制度执行情况	20		对"小金库"有清理行动的，得12分；对存在的"小金库"进行清理解散的，加4分。对面有"小金库"存在的，加4分，以清理行动的书面记录为准。

续表

一级科目	二级科目	三级科目	标准分	实际分	评分说明
管理执行（100分）注：因机构类型和层级的不同，有本部分内容，有些机构可能设有；因此，本部分得分计算原则是先计算出需要评价的各部分实际得分，再通过数学平均分，计算出本部分的最终实际得分。	招投标管理执行情况（100分）	招投标制度建设情况	10		有制度的，得5分；制度符合要求的，加5分。以发文的制度为准。
		应招尽招执行情况	50		在固定资产购买、办公用品购买、装修装饰等方面，中介机构合作、食堂服务商与供应商选择方面，均通过招投标方式选择合作者的，得满分。在各类合作业务中，按10%的比率随机抽查合同，每发现1次没有通过招投标选择合作者，扣5分；没有正当理由，不按照招投标结果选择合作者，每次扣10分，扣完为止。以招投标文件、合同为准。
		招投标权限、程序遵守情况	40		招投标对象、抽查比率等事项同前一项，并实行倒扣分制。对于需要上级机构审批的，或需要在上级机构名单库中选择的供应商等事项，每发现1次不符合要求的，扣10分，扣完为止。以审批文件、供应商名录为准。
	固定资产管理执行情况（100分）	固定资产管理制度建设情况	10		有制度的，得5分；制度符合要求的，加5分。以发文的制度为准。
		固定资产采购制度执行情况	50		实行倒扣分制。按10%的比率，随机抽查固定资产采购合同，从供应商招投标、行内审批、合同签订、固定资产实物对照等方面执行情况。每发现1个采购行为不符合制度要求，扣10分，扣完为止。以采购书面材料，及其与实物对照情况为准。
		固定资产登记、清理执行情况	20		有具体人负责固定资产登记、清理工作人员的，得5分；有详细的固定资产登记、清理目录的，加10分；按10%的比率，随机抽查，名实相符的，加5分。以目录登记情况，目录与实物查验情况为准。
		固定资产处置情况	20		有处置记录的，得10分；通过公开拍卖（行内、行外皆可）渠道，进行处置的，每成功处置成交价值10万元的，加1分，加满为止。以处置记录为准。

续表

一级科目	二级科目	三级科目	标准分	实际分	评分说明
管理执行（100分）注：因机构类型和层级的不同，有些机构可能设有、本部有，本部分内容，本部分得分计算规则是：先计算出需要评价的各部分的实际得分后，再通过数学平均，计算出本部分的最终实际得分。	科技开发管理执行情况（100分）	科技开发制度建设情况	10		有制度的，得5分；制度符合要求的，加5分。以发文的制度为准。
		开发项目的报批审批情况	30		根据项目审批通过率得分。但存在越权审批或逆流程审批，在前述得分基础上，每发现1次，扣10分，扣完为止。以审批记录为准。
		项目开发完成情况	40		以项目开发审批通过后6个月期限为准。根据完成率得分。以项目开发和科技产记录的对比为准。
		项目投产后效果评估情况	20		对投产后运行1年的科技开发项目，根据实际组织开展的项目评估率得得分。但投产没有根据评估结论对系统进行改进完善的，或没有根据评估结论，每发现1次，扣10分，扣完为止。以评估记录和评估后实施改进记录为准。
	印鉴管理执行情况（100分）	印鉴管理制度建设情况	10		有印鉴分类管理制度的，得5分；分类管理的要求内容符合上级机构要求的，加5分。以发文的制度为准。
		印鉴的刻制、领取和作废管理情况	20		有详细的印鉴刻制、领取和作废名录的，得10分；每次刻制都有审批记录，加5分；对作废实行统一管理的，加3分，每次作废都有记录的，加2分。以书面的各录和审批、作废记录为准。
		印鉴保管情况	30		需要统一上收保管的印鉴，都统一上收保管的，得18分；保管条件符合要求，加6分；印鉴保管的密码等管理符合要求的，加6分。对一线的业务公章、个人名章，在前述得分基础上，扣5分。以印鉴记录和实物管理比较为准。
		印鉴使用情况	40		实行倒印分割。按印鉴使用量10%的比率，随机抽查机构公章、合同章、负责人或被授权人名章及业务公章及业务人名章的使用情况；按5%～10%的基层网点量，随机抽查一线业务人名章的使用情况；每发现一次印鉴使用情况不符合要求的，扣5分，扣完为止。以实际的抽查情况为准。

续表

一级科目	二级科目	三级科目	标准分	实际分	评分说明
管理执行（100分）注：因机构类型和层级不同，有些机构可能设有本部分内容，有些机构可能设有；因此，本部分得分计算规则是：先计算出需要评价的各部分实际得分后，再通过数学平均分，计算出本部分的最终实际得分。	档案管理执行情况（100分）	档案管理制度建设情况	10		对档案有分类管理制度的，得5分；制度符合要求的，加5分。以发文的制度为准。
		档案库建设情况	30		会计档案、信贷档案、不良资产清收档案、财务档案、人事档案、科技档案等，都有相应的档案库，档案库在封闭、面积、防火、档案柜或箱、钥匙等方面，符合要求的，得满分，不符合要求的，扣10分，扣完为止。以档案库现场查验情况为准。
		档案的归档、存储、查找情况	60		各类档案都有详细具体的归档存储，查找使用目录的，得36分，归档、存储符合要求，加10分；对会计档案、信贷档案等类别，能实现档案自动化查找的，加10分；有专人负责档案管理的，加4分。在此基础上，按当年每类新增档案数量10%的比率，随机抽查，存在档案丢失的，每发现1起扣10分；档案装订混乱的，每发现1起，扣5分；档案缺页的，每发现1起，扣3分，扣完为止。以实际档案保管情况、随机抽查情况为准。
	其他管理执行情况（100分）	管理制度建设情况	10		有制度的，得5分；制度符合要求的，加5分。以发文的制度为准。
		管理权限、流程遵守情况	40		实行倒推扣分制。按10%的比率，随机抽查相应管理事项，在审批权限、审批流程方面，每发现1次越权审批的，扣10分，扣完为止。以实际抽查情况为准。
		管理事项的实际执行情况	50		实行倒推扣分制。按10%的比率，随机抽查相应管理事项，在审批权限、在审批的管理事项执行方面，随机抽查相应管理事项执行的，扣10分，扣完为止。以实际抽查情况为准。

续表

一级科目	二级科目	三级科目	标准分	实际分	评分说明
管理信息公开（50分）	信息公开制度建设（10分）	有相应的管理信息公开管理制度	10		有制度的，得5分；制度符合要求的，加5分。以发文的制度为准。
		经营业绩按月、按季、按年公开	5		实行倒分制。每缺少1次扣1分，扣完为止。以书面会议记录、发文为准。
		干部聘任免信息公示	5		通过办公系统正式公示。每少公示1个人次，扣1分，扣完为止。以实际的公示记录为准。
		考核激励政策公开	5		考核激励政策及其修改，分别向机构内部员工公示。公示期限不少于5个工作日。实行倒扣分制，每少公示1次扣1分，扣完为止。以实际的公示记录为准。
	主动公开（30分）	机构业务费用使用情况定期公开	5		班子成员的业务费用，在班子成员之间公开。各机构的业务费用，在各机构管理者之间公开。公开的要素包括总金额以及其具体的项目及其金额。公示期限：按季。实行倒扣分制，每少公示1次扣1分，扣完为止。以实际的公示记录为准。
		工会费用使用定期公开	5		每年初，将上一年度工会费用的收入与支出情况，向员工公示。公示了的，得满分；未公示的，0分。以实际的公示记录为准。
		获取公开信息渠道的便捷性	5		渠道是机构内部正式的工作渠道，信息公示的对象能正常获取，满足上述要求的，得5分；不满足的，0分。以对公示渠道现场验证情况为准。
	依申请公开（10分）	有规范员工申请管理信息公开的管理制度	4		有制度的，得2分；制度符合要求的，得2分。以发文的制度为准。
		对员工申请管理信息公开的答复	4		对员工的申请，有答复的，加2分；答复内容适当的，加2分。以实际的申请和答复记录为准。

续表

一级科目	二级科目	三级科目	标准分	实际分	评分说明
管理信息公开（50分）	依申请公开（10分）	对申请信息公开的员工的保护	2		实行倒扣分制。访谈申请信息公开的员工，在申请后，如果对其进行各种为难、核实属实的，每出现1人次扣1分，扣完为止。以访谈和核实情况为准。
		客户投诉举报管理制度建设情况	6		有制度的，得3分；制度符合要求的，加3分。以发文的制度为准。
	客户纠纷的解决（30分）	客户投诉举报的渠道建设	6		除总行统一的对外渠道外，各机构有对外公开的受理电话、邮箱等渠道的，得3分；受理渠道能正常使用的，加3分。以对渠道的实际验证情况为准。
		客户投诉举报的受理和处理情况	6		对客户投诉举报有登记记录的，得2分；投诉举报信息能及时转交相关主管部门处理的，加2分；处理过程和处理结果有书面记录的，加2分。但同一客户就同一事情，投诉举报2次（含）以上的，每多投诉举报1次，在前述得分基础上，扣2分。以各环节书面记录为准。
纠纷解决（50分）		群体性事件的发生和处理情况	6		实行倒扣分制。每发生1起群体性（5名及以上、共同行为）事件，扣1分；同1群体，发生两次及以上的，每增加1次，扣1分，扣完为止。以事件处理报告为准。
		考核投诉举报、群体性事件数量同比增减率	6		实行倒扣分制。两类指标中，任何一类，每增加1个百分点，扣1分，扣完为止。以数据统计结果为准。
	员工纠纷的解决（20分）	员工投诉举报管理制度建设情况	5		有制度的，得3分；制度符合要求的，加2分。以发文的制度为准。

续表

一级科目	二级科目	三级科目	标准分	实际分	评分说明
纠纷解决（50分）	员工纠纷的解决（20分）	员工投诉举报的受理和处理情况	10		对员工投诉举报有登记记录的，得3分；投诉举报信息能及时转交相关主管部门处理的，加2分；处理过程和处理结果有书面记录的，加5分。但同一员工就相同的事情，投诉举报2次（含）以上的，每多投诉举报1次，在前述得分基础，扣1分。以各环节书面记录结果为准。
		员工投诉举报数量同比增减率	5		实行倒扣分制。每增加1个百分点，扣1分，扣完为止。以数据统计结果为准。
法律风险管理（100分）	制度建设（10分）	法律风险管理制度建设情况	10		对有关法律风险管理的事项，分别有管理制度的，得5分；制度符合要求的，加5分。以发文的制度情况为准。
	法律审查（20分）	法审制度的落实情况	15		实行倒扣分制。随机抽查应经法律审查的决策事项10件，授信业务非格式合同或协议50份，每发现1起未经法律审查的，扣5分，扣完为止。以实际抽查情况为准。
		审查意见的落实执行情况	15		实行倒扣分制。在前述抽查中，每发现1起没有落实法律审查意见的，扣5分，扣完为止。以实际抽查情况为准。
	被诉仲裁案件管理（30分）	被诉案件应诉审批情况	5		实行倒扣分制。在被诉案件应诉审批材料中，每发现1起规避权审批或逆流程审批的，扣2分，扣完为止。以书面的审批材料为准。
		被诉案件的数量及胜诉率败诉率	20		实行倒扣分制。数量每增加1起的，或胜诉率每降低1个百分点的，扣2分，扣完为止。以实际的统计数据为准。
		被诉案件赔偿金额及同比增减率	5		实行倒扣分制。金额每增加100万元的，或比率每高1个百分点的，扣2分，扣完为止。以实际的统计数据为准。

续表

一级科目	二级科目	三级科目	标准分	实际分	评分说明
法律风险管理（100分）	主诉/仲裁案件管理（30分）	主诉案件数量、金额及同比增减率	5		数量或金额每增加1个百分点，得1分，满分为止。以实际的统计数据为准。
		主诉案件胜诉率/败诉率	10		实行倒扣分制。终审胜诉率每低于100%一个点的，扣2分，扣完为止。以实际的统计数据为准。
		主诉案件诉讼执行回款率	10		按诉讼执行回款率得分。以实际的统计数据为准。
		主诉案件诉讼时效及过期率	5		实行倒扣分制。数量每增加1起的，或过期率每增加1个百分点，扣2分，扣完为止。以实际的统计数据为准。
	法律风险报告（10分）	报告的数量和时效	5		实行倒扣分制。根据报告要求，每少报1次，扣3分；每迟报1次，扣2分，扣完为止。以报告记录为准。
		报告的质量	5		实行倒扣分制。被上级法律部门每退回1次，扣3分，或要求补充报告1次的，扣3分，扣完为止。以报告记录为准。
法治建设保障（100分）	机构与人员保障（40分）	法律部门设置情况	10		实行倒扣分制。未按要求设置法律部门的，扣6分；未按要求设置法律岗位的，每出现1个岗位扣2分，扣完为止。以实际的部门设置和岗位设置情况为准。
		法律部门负责人、法律人员的数量、资质	10		实行倒扣分制。在3个要素中，任何1个要素不符合要求，扣3分。以实际情况为准。
		法律部门履职情况	20		实行倒扣分制。根据法律部门的职能职责，每发现1个应而未做，或未做到位的，扣5分，扣完为止。以上述各项事项的检验情况、以及法律部门工作报告为准。

续表

一级科目	二级科目	三级科目	标准分	实际分	评分说明
法治建设保障（100分）	经费保障（10分）	法治文化建设必要的经费保障情况	10		上级机构规定的事项，能正常开展的，得6分；在上级机构规定事项外，有需要经费支持的自选动作的，每支出2万元，加1分，以实际开展活动经费和费用支出记录为准。
	考核保障（50分）	在综合考核体系中，法治管理考核的权重与占比	25		纳入人考核体系的，得15分；在考核体系中，以权重占比20%为准，每增加1个百分点，得1分，满分为止。以实际考核体系数据为准。
		法治管理考核的实际执行情况	25		实行倒扣分制。每发现1次，未按要求进行考核的，扣5分，扣完为止。以实际的考核结果为准。
监督与问责（100分）	监管监督（20分）	监管机构检查发现的问题与整改情况	5		根据整改完成率得分。以上报监管机构的整改报告数据为准。
		监管处罚的数量、金额及同比增减率	10		实行倒扣分制。数量每增加1起，或金额每增加10万，或比率增加1个百分点的，扣2分，3个要素累计扣分。以实际的统计数据为准。
		监管评级的变化情况	5		实行倒扣分制。含人民银行综合评价、外管局评级、银保监局评级、消保评级、反洗钱评级。以监管评级维持不变为满分，每降低1个档次，扣1分；五类监管评级实行累加，扣完为止。以实际的监管评级为准。
	媒体监督（10分）	重大舆情发生的数量及同比增减率	10		实行倒扣分制。数量每增加1件，或比率每增加1个百分点，扣3分，扣完为止。以实际统计数据为准。
	内部监督（30分）	不良资产的责任认定情况	10		以已核销的不良资产为范围，按照不良资产责任认定完成率得分。以实际的统计数据为准。
		内控合规检查、审计等发现的问题与整改情况	15		根据整改完成率得分。以上报上级内控合规、审计部门的整改报告数据为准。

续表

一级科目	二级科目	三级科目	标准分	实际分	评分说明
监督与问责（100分）	内部监督（30分）	内控、审计等内部评级的变化情况	5		实行倒扣分制。以内控合规、审计等评级维持不变为满分，每降低1个档次，扣1分；两类内部评级实行累加，扣完为止。以实际的内部评级为准。
		内部问责的制度建设情况	5		有管理制度的，得3分；制度符合要求的，加2分。以发文的制度为准。
		应问责的落实执行情况	15		实行倒扣分制。根据监管检查报告、审计报告，内控合规检查报告，抽查10%不良资产责任认定报告进行验证，每发现1起应问责未问责的，扣3分，扣完为止。以实际抽查的情况为准。
	内部问责（40分）	问责程序、权限的遵守情况	10		实行倒扣分制。在上述验证材料中，每发现1起问责员工的权限、程序、不符合要求的，扣3分，扣完为止。以实际抽查的情况为准。
		对员工上诉的处理情况	5		实行倒扣分制。对于员工上诉，每发现1起，未按要求进行处理的，扣3分，扣完为止。以员工上诉申请和实际处理记录为准。
		对问责解除的处理情况	5		实行倒扣分制。对于员工问责的解除，每发现1起，未按要求进行处理的，扣3分，扣完为止。以员工问责解除申请和实际处理记录为准。
法治管理员工满意度（50分）	法治管理员工满意度（50分）	重要制度征求意见情况	5		本部分，可通过发放员工调查问卷进行。员工调查覆盖率不低于机构员工总数的95%，问卷回收率不低于发放数量的95%时，调查有效。具体操作方式，由总行法律部门统一设计问卷，并通过IT系统进行。具体机构得分为该机构辖内员工评价的数学平均分；最后汇总本部分的总得分。
		管理层作出重大决策时听取员工意见建议的情况	5		
		各级管理者的清正廉洁情况	5		
		各级管理者的诚实守信情况	5		
		职能部门的办事效率	5		
		管理信息公开情况	5		

续表

一级科目	二级科目	三级科目	标准分	实际分	评分说明
法治管理员工满意度（50分）	法治管理员工满意度（50分）	防范、化解和解决内外部争议情况	5		本部分，可通过发放员工调查问卷进行。员工调查覆盖不低于机构员工总数的95%，问卷回收率不低于发放数量的95%时，调查有效。具体操作方式，由总行法律部门统一设计问卷，并通过IT系统进行。具体机构各项得分为该机构辖内员工评分的数学平均分；最后汇总成本部分的总得分。
		各级管理者和职能部门依规办事情况	5		
		同责处理的公平性情况	5		
		法治培训宣传教育工作情况	5		
加分项（100分）	管理者支持（20分）	机构一把手讲授法治专题课	20		机构一把手（含党委书记、行长），对辖内机构各级管理者，公开讲授法治管理课的，每讲1次，加5分，加满为止。以书面的讲课材料、照片记录为准。
	法治作品创作（20分）	创作法治主题的小品、专著、论文、报告文学等	20		有公开发表或表演的作品，得10分；篇幅较长、难度较大的，根据实际情况加1～10分，加满为止。以作品发表或表演方面有创新的创新成果为准。
	制度管理的创新（10分）	制度制定管理和执行监督的创新	10		在制度的制定、执行、审计、内控合规等方面有创新，每有1个创新，加5分，加满为止。以实际的创新成果为准。
	法律风险管理（20分）	主动报告重大法律风险的	10		主动报告未经该机构、审计、内控合规等机构发现的，涉及中层管理者，或涉案金额5000万元以上，每报告1个，得满分，上不封顶。以实际报告为准。
	财务管理（10分）	财务审批的实质审查情况	10		在报销审批时，对巧立名录、能给予否定退回的，每给予否定退回记录的。上级管理者占有下级机构费用等不符合财务管理制度的报销行为，加5分，加满为止。以书面的否定退回记录为准。

续表

一级科目	二级科目	三级科目	标准分	实际分	评分说明
加分项（100分）	社会认可度（10分）	政府、监管机构、司法机关、主流媒体的认可程度	10		各级政府机关、监管机构、司法机关、主流媒体，通过现场调研、报道等方式，对法治建设情况给予认可的，每发生1次，加2分；可累加；加满为止。以实际的书面认可材料为准。
	监管评级（10分）	监管评级上调	10		人民银行综合执法评价、反洗钱评级、银保监局评级、外管局外汇管理评级、人行与银监消保评级中，每上调1个档次，加3分；累加加满为止。以实际监管评级比较为准。
减分项（100分）	刑事案件（20分）	非职务行为犯罪	10		各级管理者和员工发生非职务行为犯罪的，如酒驾等等，每发生1起，扣5分，扣完为止。以法院判决书为准。
		职务行为犯罪	10		各级管理者和员工发生职务行为犯罪的，如违法违规放贷等，每发生1起，扣20分；不封底。以法院判决书为准。职务犯罪行为引起党和国家领导人关注的，每发生1起，加扣20分，不封底。以实际情况为准。
	违反党纪（20分）	党内纪律处罚	20		各级管理者和员工因违规违纪被给予党内纪律处罚的，每发生1起，扣20分，不封底。以纪律处分文书为准。
	重大客户投诉举报、群体性事件（20分）	发生重大客户投诉举报、群体性事件	20		引起中国银保监会、中国人民银行等机构介入的重大客户投诉举报、群体性事件，每发生1起，扣10分；不封底。以介入材料为准。这些情况引起党和国家领导人关注的，每发生1起，加扣20分，不封底。以实际情况为准。
	重大员工纠纷事件（20分）	发生重大员工纠纷事件	20		员工纠纷，引起主流媒体报道的，或中国银保监会等介入的，扣10分；引起员工生命危险的，扣20分。以实际情况为准。
	重大法律风险事件（20分）	发生重大法律风险事件	20		发生单笔涉案金额5000万元以上的法律风险事件，不及时报告的，扣10分。主诉案件超过诉讼时效造成损失，或被诉案件需要承担赔偿责任的，每5000万元，扣10分。以实际的事件为准。判决书、调解书等文书为准。

247

参考文献

［1］孟涛．法治评估与法治大数据［M］．北京：法律出版社，2020．

［2］陈甦，田禾．法治蓝皮书：中国法治发展报告 No.18（2020）［M］．北京：社会科学文献出版社，2020．

［3］王若磊．国家治理法治化的实践逻辑［M］．北京：法律出版社，2019．

［4］江必新．新时代企业经营管理人员法治素养［M］．北京：人民出版社，2019．

［5］丁伟华，陈金心．人治到法治——华为人力资源管理方法［M］．北京：机械工业出版社，2019．

［6］卓泽渊．法治国家论［M］．北京：法律出版社，2018．

［7］中国政法大学法治政府研究院．中国法治政府评估报告（2018）［M］．北京：社会科学文献出版社，2018．

［8］朱景文．中国法律发展报告2018：2015—2017年中国法治满意度评估［M］．北京：人民出版社，2018．

［9］周尚君等．法治定量：法治指数及其中国应用［M］．北京：中国法制出版社，2018．

［10］徐汉明等．社会治理法治研究［M］．北京：法律出版社，2018．

［11］陆云良．大转型：CAM 企业法治管理模式［M］．杭州：浙江人民出版社，2016．

［12］杨斌．职业经理的革命［M］．北京：企业管理出版社，2016．

［13］陶光辉．公司法务——揭开公司法务的面纱［M］．北京：法律出

版社，2016.

[14] [美] 彼得·德鲁克. 21 世纪的管理挑战 [M]. 朱雁斌，译. 北京：机械工业出版社，2013.

[15] 凌斌. 法治的中国道路 [M]. 北京：北京大学出版社，2013.

[16] 张羽君. 企业制度与法治的衔接 [M]. 北京：人民出版社，2011.

[17] 邵平. 商业银行合规风险管理 [M]. 北京：中国金融出版社，2010.

[18] 申佳平. 银保监会：2020 年要坚决打赢防范化解金融风险攻坚战 [EB/OL]. [2020 - 01 - 13]. http：//economy. gmw. cn.

[19] 阿布等. 核心竞争力. 搜狗百科 [EB/OL]. [2020 - 05 - 14]. http：//baike. sogou. com.

[20] 杨贵院. 商业银行法律风险管理. 阿尔法渔 [EB/OL]. [2020 - 03 - 21]. https：//mp. weixin. qq. com.

[21] 百科用户. 科学立法. 搜狗百科 [EB/OL]. [2020 - 06 - 19]. https：//baike sogou. com.

[22] 叶晓华. 合规、法律风险管理：不是一码事 [J]. 董事会杂志，2019 (9).

[23] 陶光辉. 公司企业法律风险管理七要素. 一法网 [EB/OL]. [2019 - 10 - 18]. http：//www. thefirst law. cn.

[24] 陈甦. 法学研究所的法治量化研究. 中国法学网 [EB/OL]. [2018 - 02 - 22]. https：//mp. weixin. qq. com.

[25] 杨贵院. 对商业银行合规管理与金融法治建设的认识与思考 [J]. 上海法学研究，2019 (1).

[26] 阎丽. 金融犯罪大数据分析报告. 德和衡律师事务所 [EB/OL]. [2019 - 03 - 15]. http：//jcgh. tiandl. com.

[27] 风险管理智慧. 从管理学角度探讨全面风险管理体系的要素构成 [EB/OL]. [2019 - 05 - 13]. https：//mp. weixin. qq. com.

[28] 蒯正明，孙武安. 着力加强法治文化建设 [N]. 人民日报，2018 - 09 - 26.

［29］郑万春．民生银行郑万春：建设法治银行［EB/OL］．［2018－02－22］．http：//finance. hebnews. cn.

［30］王利明．新时代中国法治建设的基本问题［J］．中国社会科学，2018（1）．

［31］蓝岚．企业法治建设的意义与内容［EB/OL］．［2018－07－12］．https：//mp. weixin. qq. com.

［32］王成国．社会主义法治文化建设的思考［EB/OL］．［2015－02－09］．http：//theory. people. com. cn.

［33］杨治安．自觉提高依法办事的能力和水平．中国文明网［EB/OL］．［2015－01－14］．http：//www. wenming. cn.

［34］王一彪．对法治文化建设的几点思考［J］．党建，2015（9）．

［35］洪崎．法治是银行持续发展之基［EB/OL］．［2015－07－20］．https：//finance. huanqiu. com.

［36］刘松山．科学立法的八个标准［J］．中共杭州市委党校学报，2015（5）．

［37］周志忍．内部控制与外部责任：论政府绩效评估的目标定位［J］．北京电子科学学院学报，2015（3）．

［38］何华辉，马克昌，张泉林．实行法治就要摒弃人治［C］．法治与人治问题讨论集．北京：社会科学文献出版社，2003.